Ingrid Riedel

Die Welt von innen sehen

Ingrid Riedel

Die Welt von innen sehen

Kreuz

Bibliografische Information der Deutschen Bibliothek
Die Deutsche Bibliothek verzeichnet diese Publikation in der Deutschen Nationalbibliografie; detaillierte bibliografische Daten sind im Internet über http://dnb.ddb.de abrufbar.

Postfach 80 06 69, 70506 Stuttgart

www.kreuzverlag.de

Umschlaggestaltung: P.S. Petry & Schwamb,
Agentur für Marketing und Verlagsdienstleistungen, Freiburg
Umschlagbild: © mauritius images/IPS
Autorenfoto: © privat
Satz: de·te·pe, Aalen
Druck: GGP Media GmbH, Pößneck

ISBN 978-3-7831-3008-9

Inhalt

Vorwort

Die Welt von innen zu sehen, wen würde das nicht locken, wenn es nur möglich wäre? Aber mit welchem Instrument, vielmehr mit welchem Organ, könnten wir, wenn wir es denn versuchen wollten, den Zugang zu solch einer Innensicht der Welt gewinnen?

Unter einer bestimmten Perspektive ist uns das Innere der Welt nicht ganz fremd, da wir die Welt aus unserem eigenen Inneren heraus wahrnehmen und betrachten, aus der Sicht unserer Psyche. Damit finden wir uns selbst als Teil der Welt vor, die wir von innen erleben, und erfahren uns in ihr als denkendes und fühlendes Wesen, das sich reflektiert – als ein Ich erlebt. Wenn uns also überhaupt Zugang zum Inneren der Welt gegeben ist, dann in unserer Psyche und vermittelt durch unsere Psyche, die – vom Leben selbst hervorgebracht – im Laufe der Evolution an der Chemie, Physik und Biologie des ganzen Lebensprozesses partizipiert. Physisch und psychisch sind wir aus dem gleichen »Stoff« wie alles Lebendige um uns herum.

Die Psyche also, von der ein Psychologe wie C. G. Jung noch unbefangen als Seele sprechen konnte, stellt unseren persönlichen Zugang zum Innenraum der Welt, zum »Weltinnenraum« (Rilke) dar. Die Psyche ist unser sensibelstes Empfangsorgan für die Welt, das nach innen und nach außen unendlich weit über die Grenzen unserer Person, über unser Ich und seinen Bewusstseinsradius hinausreicht und über das die Außenwelt uns erreicht, beeindruckt und erschüttert. Die Psyche ist aber zugleich unser intensivstes Sendeorgan und als solches auch ein energetisches Feld, das unser Inneres an die Außenwelt vermittelt, indem es sie beeinflusst, auf sie einwirkt und sie im Sinne unserer inneren Impulse umgestaltet. Sorgfaltige Beachtung, ja »Wartung« dieses einzigartigen Sende- und Empfangsorgans, unserer Psyche, wäre also die Voraussetzung dafür, dass wir unsere Fähigkeit, die Welt von innen zu sehen, weiterentwickeln können.

Die sorgsame Wahrnehmung der Psyche in ihren emotionalen Äußerungen, ihren Imaginationen, Träumen, ja Visionen wie auch in ihren schöpferischen Ideen und Gestaltungen führte zu einer Kultur der Seele. Die Spiritualität, von der wir heute gerne sprechen, wenn es um einen bewussten Umgang mit den Kräften des *spiritus,* den geistigen und seelischen Energien des Menschen, geht, wäre aus tiefenpsychologischer Sicht nichts anderes als eine solche Kultur der Seele und des Geistes, die nicht auf das Feld des Personalen beschränkt bleiben muss, sondern auch Erfahrungen des Transpersonalen zulässt.

Eine solche gelebte Spiritualität nimmt die Einwirkungen des Inneren auf das Äußere und die Widerspiegelungen der Seele in der Welt ebenso ernst wie umgekehrt die Einwirkungen des Äußeren auf das Innere und die Widerspiegelungen der Welt in der Seele. Diese Wechselwirkungen in ihrer Sinnhaftigkeit und ihrer Sinndeutung füreinander zu beachten, gehörte auch zu der spirituellen Lebenspraxis, die ich meine.

Eine so geerdete und verantwortete Spiritualität wäre weit entfernt von der Selbstbezogenheit und Weltferne einer einseitigen Gnosis, wie sie manchmal aus Unkenntnis der Psychologie C.G. Jungs unterstellt wird. Aus jungianischer Sicht ist die Wahrnehmung der Innenperspektive vielmehr ein authentischer Zugang zur Außenwelt und eine Herausforderung, die von innen her erfahrenen Wandlungsimpulse umzusetzen und in die Außenwelt hineinzuwirken. Mystik und Weltverantwortung, das Thema des letzten Kapitels in diesem Buch, gehören in diesem Sinne untrennbar zusammen. In eine solche Zusammenschau von Innen und Außen münden alle Überlegungen dieses Buches ein.

Mit dem Dank an Frau Dr. Christiane Neuen, Köln, die mich zu diesem Buch inspirierte, verbinde ich nun den Dank an den Kreuzverlag, der die Neuauflage in ansprechendem Gewand und damit viele Präzisierungen ermöglicht.

Einleitung

Dieses Buch handelt von dem Versuch, mit dem Instrumentarium Jung'scher Tiefenpsychologie die Welt unter ungewohnten Perspektiven zu betrachten, sie gleichsam »von innen« zu sehen. »Von innen« – das hieße aber in diesem Zusammenhang, die Welt und ihre aktuellen Probleme aus der Perspektive der Psyche zu betrachten, zu der auch die Widerspiegelungen in Träumen, Imaginationen und Fantasien zählen, in denen sich oft genug ein kritisches Korrektiv zur allgemeinen Bewusstseinslage ausdrückt. So treten hier Symbole auf, die der weitgehenden Entzauberung, Entseelung und Überrationalisierung unserer Welt widersprechen und sie zu kompensieren suchen, wie z.B. der Engel, das »göttliche Kind«, der Clown und der Zauberer – ein Symbolfeld, dem z.B. auch eine Romangestalt wie Harry Potter zugehört.

Im ersten Teil des Buches stelle ich Träume und Imaginationen vor, in denen das Zeitgeschehen der letzten zehn Jahre in Politik und Ökologie gleichsam vom kollektiven Unbewussten zurückgespiegelt wird; in Gegenbildern, die dem Trend des herrschenden Bewusstseins widersprechen. Das »kollektive Unbewusste«, ein Konstrukt C.G. Jungs, hat nach dessen Vorstellung die Funktion, die Einseitigkeiten des jeweiligen kollektiven Bewusstseins zu kompensieren. Würden wir die Gegenbilder, die das »kollektive Bewusstsein« uns zuspielt, beachten, könnten wir gefährliche Schieflagen der herrschenden Einstellung rechtzeitig erkennen und korrigieren, ehe es zu gesellschaftlichen Entgleisungen kommt.

Zuletzt wird in diesem ersten Hauptteil die Frage aufgeworfen, unter welchen psychologischen Voraussetzungen der Einzelne von solchen großen Symbolen aus dem kollektiven Unbewussten heimgesucht werden kann und ob z.B. mit einer vorausschauenden, ja prophetischen Funktion solcher Träume im Blick auf das Zeitgeschehen zu rechnen ist.

Im zweiten Teil wende ich mich verstärkt der Innenwelt des Einzelnen zu und versuche herauszuarbeiten, wie sich die innerpsychisch-subjektive Welt in Kontakt und Reibung mit der Außenwelt entwickelt und entfaltet. Als Einzelne erleben wir dabei unsere Abhängigkeit von den Menschen, mit denen wir uns verbinden – eine Abhängigkeit, aus der wir uns nur dann, wenn wir sie als etwas Lebensnotwendiges bejahen und als »Anhänglichkeit« verstehen, schließlich auch zu der unumgänglichen Ablösung aufschwingen können, die uns der möglichen Autonomie näher bringt. Aus einer solchen Verankerung im Eigenen heraus wird sich der Mut einstellen, so manches Mal gegen den Strom der allgemeinen Trends zu schwimmen, ohne dabei verleugnen zu müssen, dass wir als Menschen einem größerem Ganzen zugehören, das uns trägt und birgt. Unsere Autonomie kann nie eine absolute sein, es sei denn nur um den Preis der Unbezogenheit.

Im dritten Teil schließlich versuche ich, der religionspsychologischen Perspektive der Psychologie C.G. Jungs den Raum zu geben, der ihr in der jetzigen Situation der Gegenwart gebührt, da sie zu ihren aktuellsten Aspekten zählt: Sie eröffnet dem heutigen, nach Spiritualität und Sinn suchenden Menschen eine Möglichkeit, Innenwelt und Außenwelt in engster Verbindung miteinander zu sehen – als zwei Pole der einen Wirklichkeit, die letztlich beide übersteigt und transzendiert. In diesem Buch kommt es mir jedoch nicht so sehr darauf an, eine Theorie zu entwickeln, die Tiefenpsychologie und Theologie miteinander verbindet – obgleich dies unter Jung'scher Perspektive denkbar wäre –, sondern Zugänge zu einer gelebten Spiritualität aufzuspüren und zu erschließen, die Außen und Innen miteinander versöhnt. Diese Verbindung von Innen und Außen kann in einer Einheits- und Ganzheitserfahrang wahrgenommen werden, die sich bei den Einzelnen in Traum und Imagination, Meditation und mystischer Schau ereignet, nicht weniger aber auch in bedeutsamen Geschehnissen und Begegnungen in der Außenwelt, die auf die Innenwelt einwirken oder in denen Innenerfahrung sich gestaltend verwirklicht. Da sich andererseits, wie wir sehen werden, in Traum, Imagination und Meditation immer auch die erfahrene und verantwortete Außenwelt widerspiegelt, kann es in der Aufmerksamkeit auf solche Spiegelungen zu einer neuen Sicht auf die Wirklichkeit kommen. Diese Weise der Weltwahrnehmung könnte man als »symbolisierende Einstellung« bezeichnen: als eine Selbst- und Weltwahrnehmung, die uns auf Sinnerfahrung hin sensibilisiert. Wie es unter dieser Perspektive auch zu einer neuen Identitätserfahrung kommt, die es uns erlaubt, zum anderen Menschen hin elastische Grenzen zu haben, die nicht ausgrenzen, sondern durchlässig sind, wird im Kapitel »Paradoxe Identität – Wurzeln, Schutz und fließende Grenzen« deutlich werden.

In dieses Buch, das ich unter dem Druck von Gegenwartsfragen neu erarbeitet habe, sind auch einige der Traumbilder aufgenommen, denen meine Leserinnen und Leser bereits in anderen Zusammenhängen begegnet sein mögen. Sie sind hier jedoch unabdingbar, da sie aufzeigen, dass Mystik und Weltverantwortung zusammengehören – eine Einsicht, zu der alle Kapitel dieses Buches hinführen wollen und zu der wir gelangen, wann immer wir versuchen, die Welt »von innen« zu sehen.

Teil I
Die Welt im Spiegel der Seele

Der Tiefenpsychologie, vor allem der Richtung C. G. Jungs, wird manchmal vorgeworfen, sie betreibe nur »Innenschau«. Ihr geht es aber gerade, wie ich im Folgenden aufzeigen möchte, um die Verbindung von Seele und Welt, von Innen und Außen, so dass die Welt im Spiegel der Seele sichtbar werden kann.

Die Psychologie C. G. Jungs versteht Träume, Imaginationen, Visionen, aber auch Trends im öffentlichen Kontext von Kunst, Kultur und Subkultur als Nachrichten und Impulse aus dem sogenannten »kollektiven Unbewussten«, mit denen dieses kompensierend auf Notstände der Zeit und des öffentlichen Bewusstseins reagiert. Das Konzept des kollektiven Unbewussten stellt somit ein psychologisches Instrumentarium dar, mit dessen Hilfe Zeitströmungen kritisch kommentiert und auch prospektiv gedeutet werden können. In diesem Sinne versuche ich zunächst, die auffälligen Modekulte, die sich zuerst um die Dinosaurier, dann um die Zauberergestalt des Harry Potter und zuletzt – auf einer höheren Ebene! – und anhaltend um die lange vergessenen Engel herausgebildet haben, psychologisch als aktuelle »Konstellation archetypischer Symbole« zu verstehen, die aus der Tiefe des kollektiven Unbewussten aufsteigen und die gravierenden Mangelerscheinungen unserer allgemeinen (»kollektiven«) Bewusstseinslage zu ergänzen und zu beheben suchen.

Das Kapitel über »Politische Umbrüche im Fokus der Träume« geht umgekehrt von symbolischem »Material« aus dem Unbewussten Einzelner aus: Es beschäftigt sich mit Träumen, die während besonderer Umbruchzeiten geträumt wurden und als Kommentare zum Zeitgeschehen verstanden werden können. An diesen Träumen wird deutlich, dass das Unbewusste Einzelner in besonderer Weise an das kollektive Unbewusste der Gesellschaft angeschlossen sein kann. Hier wird die Schwarz-Weiß-Malerei öffentlicher Medien, etwa beim Irak-Krieg, kritisch zurechtgerückt, wird die sozialpsychologische Problematik hinter dem damaligen Wiedervereinigungstaumel der Deutschen frühzeitig offenbar, wird hinter der Islamisten-Phobie des Westens dessen eigenes Schattenproblem im Blick auf religiöse Werte erkennbar.

Das kollektive Unbewusste schlägt darüber hinaus Alarm im Blick auf das weitgehend verdrängte Umwelt- und Mitweltproblem, auf die gefährdete Ökologie der Erde. Während vor einem Jahrzehnt noch eine ausgesprochene Sensibilität des öffentlichen Bewusstseins für diesen Problemkreis bestand, wird er mit Hinweis auf wirtschaftliche Belastungen zur Zeit weitgehend heruntergespielt. Die Träume, die ich seit Jahrzehnten zu hören bekomme und die ich seither zu sammeln und zu dokumentieren suche, sprechen hier eine andere, aufschreckende und aufweckende Sprache. Unter der Überschrift »Vom Umweltgewissen des Unbewussten« stelle ich diese Träume, die ich an anderem Ort zum Teil schon veröffentlicht habe,[1] um ihrer bleibenden Aktualität willen erneut vor. Eine Vertiefung findet das Thema noch unter der Fragestellung nach dem prophetischen Aspekt solcher Träume, also nach ihrer Aussagekraft als Vorausschau von Kommendem, als Präkognitionen. Es ist dabei auch zu fragen, ob eine bestimmte psychische Disposition oder auch eine bestimmte lebensgeschichtliche Situation dahinter steht, wenn ein Mensch »durchlässig« wird für Konstellationen des kollektiven Unbewussten und dann solche »großen« und für alle bedeutsamen Träume träumt.

1. Dinos, Zauberer und Engel – Modetrends und das kollektive Unbewusste[2]

Heute wird wohl niemand mehr auf die Idee kommen, nach einem der schönen Radiergummis in Dinogestalt zu fragen, die es seinerzeit überall gab. Seinerzeit, denn der Dino ist nicht mehr »in«, das Symbol ist nicht mehr konstelliert, wie man in der Jung'schen Terminologie sagt, auch wenn vielleicht noch manches einzelne Kind recht gern so einen Dino-Radiergummi hätte. In Engelsgestalt kann man dagegen momentan fast alles haben, von der Seife in Engelsgestalt über die Putte bis zum Erzengel, denn der Engel ist noch immer konstelliert. Und wer noch immer nicht Harry Potter gelesen hätte, wird sich kaum weiterhin als Vater, Mutter, Pädagoge, Lehrerin, Kinder- oder Jugendpsychotherapeutin halten, geschweige denn mithalten können – und das gilt inzwischen auch schon fast für Erwachsenenpsychotherapeuten. Denn selbst in den Träumen der Erwachsenen tauchen inzwischen Harry Potter und seine Themen auf. Wie damit umgehen? Darüber hinweglächeln, sich ärgern, vielleicht gelegentlich sich aufregen über diese schrecklichen Vermarktungsmechanismen, diese verrückten und alles verflachenden Modetrends, denen alle nachrennen?

Oder einmal gelassen bei C.G. Jung nachschlagen. Da erfahren wir etwas, das uns nachdenklich stimmen kann: Nach Jungs Theorie des kollektiven Unbewussten werden nämlich entsprechend der Selbstregulierung der Psyche diejenigen Archetypen belebt, die dem kollektiven Bewusstsein zu einem bestimmten Zeitpunkt am meisten fehlen. Jung geht davon aus, dass die Psyche, auch die kollektive Psyche, ein sich selbst regulierendes System ist. Diese Sichtweise ist uns heute in der Psychologie vertraut. Um 1916 war sie revolutionär. Das Revolutionäre dieser Sicht, vor allem im Blick auf die Regulierung der Kollektivpsyche, haben wir Jungianerinnen und Jungianer aber weitgehend auf sich beruhen lassen, es kaum genutzt in seinem Potenzial zur Diagnose, aber auch zur Therapie von Mangelerscheinungen der Gesellschaft oder des kollektiven Bewusstseins.

Ich habe den fragenden Vorwurf eines Soziologen der Frankfurter Schule, Tilman Evers, noch im Ohr, den er 1987 in seiner kritischen Annäherung an C. G. Jung, einem Buch über »Mythos und Emanzipation«[3], an uns richtete: Warum wir diese Hypothese Jungs weder je richtig verifiziert noch falsifiziert hätten, die Hypothese Jungs, die Evers – auch unter soziologischer Perspektive – für fruchtbar hält, nämlich, dass im kollektiven Unbewussten jeweils diejenigen Archetypen belebt seien, die dem kollektiven Bewusstsein am meisten mangeln. Wenn diese Hypothese stimme, müsse es möglich sein, aus Traummaterial auszufiltern, was das kollektive Bewusstsein zur Ergänzung und zur Heilung bedürfe.

In einer Gruppe von Kolleginnen und Kollegen wurde – einer Anregung von Verena Kast folgend – der entsprechende Versuch gemacht, über mehrere Jahre hinweg Traummaterial auf diese Hypothese hin zu überprüfen. Man stieß dabei allerdings auf das Problem, dass das kollektive Unbewusste jeweils nur gefiltert durch das persönliche Unbewusste zu uns spricht, und es dann gar nicht so einfach erscheint, jeweils festzustellen, was wirklich kollektiv bedeutsam ist und was nicht.

Natürlich erhielten die Untersuchungen einige interessante Teilergebnisse, z. B. dass während des Golf-Kriegs signifikant häufiger von Kühen geträumt wurde als zuvor. Dieses zunächst merkwürdig erscheinende Phänomen lässt sich damit erklären, dass das kollektive Bewusstsein damals nichts stärker entbehrte als nährende Bilder des Mutter-Archetyps, zu denen auch das Bild der Kuh gehört. Ein anderes Beispiel war, dass sich während der leidenschaftlichen Umweltdebatten um Verschmutzung und Vergiftung von Ost-

und Nordsee das Traummotiv des Delphins, des intelligentesten aller Meerestiere, häufte. Dies könnte bedeuten, dass Intelligenz aus der Tiefe des kollektiven Unbewussten als Seelennahrung gefragt ist.

Die Methode, durch Filterung von Traummaterial zu eindeutigen Ergebnissen zu kommen, erschien jener Kollegengruppe zwar nicht unfruchtbar, aber doch ungenau. So bot es sich an, von einer neuen Perspektive aus an das Ganze heranzugehen: Müsste man, wenn Jungs These stimmt, nicht einfach fragen können, welche Symbole im »kollektiven Bewusstsein« belebt, also allgemein verbreitet sind, welche Symbole Hochkonjunktur haben und vermarktet werden, zu welchen Themen Weltbestseller geschrieben und Filme gedreht werden? Das müssten dann auch die archetypischen Themen sein, die belebt sind, weil sie dem kollektiven Bewusstsein bisher fehlten.

In einem zweiten Schritt könnte man (mit Lorenzo) fragen, ob die Konstellation dieser Symbole wirklich nichts anderes als eine Rückkehr des Verdrängten einer Gesellschaft sei, sozusagen eine Austarierung des Ungleichgewichts im kollektiven Bewusstsein, die »ewige Wiederkehr des Gleichen« (Nietzsche) in allenfalls variierenden Bildern – oder ob darüber hinaus doch eine Selbstregulierung festzustellen sei, die auch schöpferisch etwas Neues beitrüge zu Gegenwartsfragen. Im Hinblick auf die belebten Symbole wäre also die Frage zu stellen, warum gerade sie heute Aktualität haben, aber auch, in welcher Weise, auf welchen Ebenen sie rezipiert werden, ob z.B. eher regressiv oder auch progressiv. Vom Engelsymbol beispielsweise kann man sich im regressiven Sinne jegliche Eigenverantwortung abnehmen, aber auch progressiv beauftragen und zu schöpferischem Eigenen inspirieren lassen.

Anders gefragt: Wie können solche Symbole so aufgenommen werden, dass sie nicht einfach nur eine Wiederholung, sondern Entwicklungsimpuls für das kollektive Bewusstsein der Gesellschaft bedeuten? Dann müssten sie wohl vom Bewusstsein aktiv aufgenommen und kritisch verarbeitet werden. Archetypen bringen nämlich nach Jung nicht immer nur die allgemein bekannten Bilder hervor, sondern sie tragen auch einen unerschöpflichen Bedeutungsüberschuss in sich und enthalten noch Unverbrauchtes, das durch die damit verbundene Emotion ans Bewusstsein herangetragen wird.[4] Aus einer Anzahl von Symbolen, die mir heute konstelliert zu sein scheinen, werde ich den Dinosaurier, den Zauberer und den Engel näher beleuchten.

Im Dino-Fieber

Vor etlichen Jahren – es ist inzwischen schon fast eine historische Geschichte geworden, an der man die Entwicklung einer solchen Konstellation ablesen kann – waren viele von uns von einer Art »Dino-Fieber« ergriffen. Seltsam, war der Dinosaurier nicht ein Symbol, das wir vor allem aus Kinderträumen, aus Figuren im Sandspiel und aus Kinderzeichnungen kennen? Gewiss, er ist und war vor allem ein Symbol der Kinder. Doch Erwachsene spielten auf einmal mit, so z. B. ein Theologe, der in seinem Traum einen Dino immer wieder neckte und ihn überlegen anstupste, bis dieser sich plötzlich aufrichtete und ihn dazu trieb, sich auf den Schrank zu flüchten, sich vor ihm zu verstecken und um Gnade zu flehen – die Überlegenheitsgefühle gegenüber dem vermeintlichen Kinderspielzeug sackten in sich zusammen, als sich das Symbol des Dinosaurus in seinem Unbewussten zu seiner vollen Größe aufrichtete.

Erwachsene waren es, die den Dino an die Öffentlichkeit brachten und ihn vermarkteten – von Filmen wie Jurassic Park bis hin zu der Flut von Dinosymbolen auf Kleidern, Schuhen, Schultaschen und eben sogar auf Radiergummis. Was regte sich da im kollektiven Unbewussten, was drängte ins kollektive Bewusstsein, wenn plötzlich das Symbol eines vorzeitlichen Urwesens, eines Urtieres und Untieres überall auftauchte? Geht es da nicht um Vorzeitliches, Urzeitliches, könnte es nicht ein Bild für das kollektive Unbewusste selbst sein, das sich regt, jedenfalls in einem besonders urtümlichen Aspekt? Dieses Riesentier, das eigentlich nur ein Leib ist und nur einen winzigen Kopf hat, könnte es ein Symbol sein für unser frühes, vielleicht perinatales Körperempfinden, für die Körperseele selbst? Steht es für das, was an uns Menschen nur Bios ist, vorbewusst, viel früher und körperlicher als z.B. der Drache mit seinen Flügeln, der immerhin einen Vogelkopf trägt?

Frühestes körpergebundenes Erleben, früheste damit verbundene Komplexlandschaft könnte sich im Dinosymbol bildhaft gespiegelt und belebt haben, nicht nur beim Kind, sondern auch beim Erwachsenen und in der Erwachsenenwelt. War es nicht die gleiche Zeit, in der der Archetyp des Körpers und des Körpererlebens – gerade in seinen frühen archaischen Formen und den darauf beruhenden Störungen – auch in der Psychotherapie und der Forschung verstärkt auftauchte? Man könnte fragen, ob da nicht gleichzeitig eine sehr bedeutsame Entwicklung vor sich ging, die dem gleichen archetypisch-symbolischen Feld zugeordnet werden kann wie das Dino-Symbol. Hier wollte etwas wieder neu gesehen, neu durchlebt, neu durchgearbeitet werden, was zum Themenbereich des frühen Körpererlebens gehört.

Nun gibt es den Dino ja in harmloserer, nämlich pflanzenfressender, und auch in gefährlicher, nämlich fleischfressender Art. Übermächtig groß, sodass er uns spielend erdrücken könnte, ist er allemal. Monströs ist er auch gestaltet, er ist gewissermaßen ein Monster. Wenn man ihn aber bei sich hätte, z.B. als Begleittier, wäre die Angst vor der vorzeitlichen Bedrohung gebannt. Und die mögliche Bedrohung, die aus der Körpersphäre aufsteigen kann, wäre mitgebannt. Mit dem Dino als Schutztier kann man die Angst vor dem Monströsen bannen wie mit einem Abwehrzauber, kann man selbst Stärke zeigen gegenüber dem Archaischen, dem Unheimlichen der Vorzeit – im persönlichen wie auch im kollektiven Bereich.

Das Dinosymbol war enorm belebt, nachdem es dem kollektiven Bewusstsein wohl lange gefehlt hatte. Dann verschwand es jedoch ähnlich rätselhaft und plötzlich, wie die Gattung der Dinos auch in der Außenwelt aus dem Kollektiv der Arten verschwand.

Ist nun das kollektive Bewusstsein ein wenig vertrauter geworden mit dem unentbehrlichen Kontakt zur frühen Körpersphäre und allem, was damit zusammenhängt? Oder hat es versäumt, die Zeichen der Dinokonstellation bewusst zu verarbeiten, und ist einfach, der Mode folgend, zum nächsten konstellierten Symbol übergegangen? Wie ist das nun mit der Selbstregulierung? Es ist interessant, dass nach dem Dino nahezu der Gegensatz zum Dino erschien und ein gegenpoliges Symbol nun aus dem kollektiven Unbewussten ins kollektive Bewusstsein drängte: das Symbol des Engels.

Der Aufstieg der Engel

Dino und Engel – erst das Urtier, dann der Engel, der in einem witzigen Buchtitel[5] jener Zeit sogar zu den »bedrohten Arten« gerechnet wurde. Ehe die neue Engelschwärmerei ausbrach, gehörte diese meist geflügelt auftretende Spezies gewiss zu den bedrohten Arten. Inzwischen aber hat sie sich gewaltig vermehrt.

Was bedeutet der neue Engelglaube, die Invasion der Engelkarten, Engelbilder, Engelkonzerte nun für die Deutung des geistigseelischen Klimas im Kollektiv unserer Zeitgenossen, für die entsprechende Verfassung eines großen Teils unserer Mitmenschen? Dazu einige Stichworte: Ist der Engel – meist ein geflügeltes Verbindungsglied zwischen Himmel und Erde; eine Art Seelenvogel, Seelenbote – nicht vielleicht sogar ein Symbol für die Seele selbst? Ein Vermittler zwischen dem Ich und dem Göttlichen ist der Engel gewiss, ein Verbindungswesen zu dem sonst vielleicht allzu weit entfernten Transzendenten. Wo ist Gott heute zu finden? Engel könnten die Verbindung zu einem oft allzu abstrakt gewordenen Gottesbild herstellen. Ist der Engel aber vielleicht auch ein Symbol für die Psyche selbst, ein Sehnsuchtssymbol für deren Verbindung zur Transzendenz? Ich werde später noch einmal auf das Engelsymbol zurückkommen.

Harry Potter – ein »göttliches Kind«?

Dinos und Engel wurden vor wenigen Jahren – zumindest vorübergehend – spielend überholt von einer Symbolgestalt, die offenbar zum Archetyp des göttlichen Kindes und auch des Tricksters gehört, nämlich Harry Potter. Was für ein Phänomen, dass eine arbeitslose englische Lehrerin mit einem fantasiegeladenen Romanzyklus, der gattungsmäßig zwischen Kinderbuch, Fantasy und Krimi steht, einen durchschlagenden Welterfolg erzielt! Die Hauptgestalt, Harry Potter, ein elternloses, zutiefst verlassenes Kind, das bei völlig verständnislosen Erwachsenen aufwächst, hat nichts als seine Fantasie und eine unauslöschliche Erinnerung an seine besondere Herkunft von hochberühmten Meisterzauberern und an seine Mutter, der er verdankt, dass er überlebt hat.

Hauptthema des Buches ist bekanntlich die Möglichkeit, die Zauberei wieder zu erlernen – in unserer, nach dem Verständnis der »Muggel«, d.h. der Nichtzauberer, völlig entzauberten Welt! Hintergrundthema, und nach dem 11. September vielleicht das heimliche Hauptthema, ist ein weit gespanntes Kampfszenario zwischen Gut und Böse, das aber noch immer differenzierter ausfällt als das Weltbild gewisser Politiker dieser Tage – hier muss man sich nämlich durch ganze Bände hindurchlesen, um zu erfahren, wer nun eigentlich der Gute und wer der Böse ist. Vermeintlich Gutes erweist sich als Böses und umgekehrt; auch lassen viele der Gestalten wie Hagrid oder Lupin durchaus ihren Schatten erkennen, der nach Jung'scher Sicht auf alle Fälle zu ihnen gehört. Diesen nicht auszugrenzen ist für ein Kinder- und Jugendbuch bereits viel an Differenziertheit, wie ich meine.

Über die literarische Qualität der Harry Potter-Bücher möchte ich nicht streiten; in den späteren Bänden stellt die Verfasserin viele wichtige Hintergrundereignisse nur durch Erzählungen der Figuren dar, anstatt sie direkt zu beschreiben, so dass man sie miterleben könnte. Das ist darstellerisch nicht gut gelungen. Doch die Qualität dieser Bücher liegt zweifellos im Inhaltlichen: in dem enormen, fantasieanregenden Erfindungsreichtum, der Wiederverzauberung der Welt, dem anziehenden Freundschaftstrio der drei Kinder, Harry, Ron und Hermine – oder Hermione im Englischen –, das gemeinsam durch dick und dünn geht und sich durch außerordentlichen Mut bis hin zu Opfermut, Klugheit, Schlauheit und Einfallsreichtum auszeichnet. Dieses Kindertrio, das, wie ich finde, vor allem auch im ersten Harry Potter-Film bezaubernd herauskommt, ist letztlich nicht umzubringen, wie das bei »göttlichen Kindern« eben so zu sein pflegt. Es geht übrigens nicht einfach um das »innere Kind« (im Sinne der Transaktionsanalyse), nicht einfach um das Kind, das wir einmal waren oder wieder werden könnten, sondern um das »göttliche Kind« (im Sinne C.G. Jungs und Karl Kerényis), das aus dem wahren Selbst geborene Kind – das ist ein großer Unterschied.

Was mich hier interessiert, ist nicht die literarische Qualität des Buches als solche, sondern die psychologische, die kollektive Symbolkonstellation, die in ihm zum Ausdruck kommt. Denken wir allein daran, dass ein total verlassenes Kind im Zentrum steht, und dieses Thema löst eine Lesewelle aus, die um die ganze Welt geht und auch Kinder erfasst, die bisher noch gar nicht zum Lesen gefunden hatten.

Verständlicher wird dieses Phänomen bei einer näheren Betrachtung des archetypischen Symbols des »göttlichen Kindes«, das sich offenbar gerade im relativ depressiven, resignierten psychischen Klima der letzten Jahre konstelliert hat, in diesem düsteren Klima, das von Terroranschlägen, Kriegen und kritischen Wirtschaftslagen geprägt ist.

Jung hat bekanntlich im Jahr 1940 – das Datum ist hier nicht ganz unwichtig – einen Aufsatz *Zur Psychologie des Kindarchetyps*[6] verfasst, gleichsam als eine tiefenpsychologische Antwort auf Kerényis religionswissenschaftlichen Beitrag über das Urkind in der Urzeit. Jungs Aufsatz wurde noch im Jahr 1940, zusammen mit Kerényis, veröffentlicht, in der heutigen Fassung *Einführung in das Wesen der Mythologie*[7]. Diese Studien über das Göttliche Kind entstanden also in der Krisenzeit des Zweiten Weltkriegs, im Jahre 1940. Ob solche Zeiten diesen Archetyp als eine Art Gegengewicht konstellieren? Hierzu schreibt Jung: »Da es sich nun aber beim Archetypus stets um ein der ganzen Menschheit und nicht nur dem Einzelnen gehöriges Bild handelt, so formulieren wir vielleicht besser: *Das Kindmotiv repräsentiert den vorbewussten Kindheitsaspekt der Kollektivseele.«*[8] Das kollektive Kindmotiv erscheint und belebt sich nach Jung auch aus dem Grund, dass »die Menschheit vielleicht immer wieder in Widerspruch gerät mit ihrer Kindheitsbedingung, das heißt mit dem ursprünglichen, unbewussten und instinktiven Zustand«, und zeigt an, »dass die Gefahr eines solchen Widerspruches, der die Vision des ›Kindes‹ ermöglicht, vorhanden ist«[9]. Und Jung konstatiert schließlich: »Man ist unkindlich und künstlich geworden und hat so seine Wurzeln verloren.«[10] Dies sei aber andererseits die »günstige Gelegenheit für eine ebenso vehemente Konfrontation mit der ursprünglichen Wahrheit«[11].

Auch der Aufstieg der Säuglingsforschung mit ihren revolutionären Forschungsergebnissen gehört auf einer anderen Ebene zur Konstellation des Kindarchetyps. Schon Jahre bevor die Harry Potter-Bücher erschienen, ist die Wiederentdeckung des Kindes in vollem Gang. Auch eine Bücherserie wie die um Harry Potter ist gewissermaßen eine Wiedererzählung des Mythos vom Göttlichen Kind in zeitgenössischem Gewand. Hierzu meint Jung:

> *»[...] die Wiedererzählung und rituelle Wiederholung des mythischen Geschehens haben daher den Zweck, das Kindheitsbild und was alles damit zusammenhängt, dem Bewusstsein immer wieder vor Augen zu führen, und zwar zum Zwecke, dass der Zusammenhang mit der ursprünglichen Bedingung nicht abreiße.«*[12]

So stellt das Kindmotiv also nicht nur etwas Gewesenes und längst Vergangenes dar, sondern auch etwas Gegenwärtiges und Zukünftiges, d.h. es ist nicht nur ein Überbleibsel, sondern ein gegenwärtig wirkendes Symbol, welches dazu bestimmt ist, in sinnvoller Weise die unvermeidlichen Einseitigkeiten und Extravaganzen des Bewusstseins zu kompensieren und zu korrigieren.

So hätte also die Harry Potter-Begeisterung nicht nur der Jugendlichen, sondern auch der Erwachsenen, so undifferenziert und marktorientiert sie gelegentlich auch daherkommt, doch auch die Funktion, Einseitigkeiten und Extravaganzen der momentanen kollektiven Bewusstseinslage zu kompensieren, so beispielsweise die allgemeine Fantasielosigkeit, die natürlich zu Resignation führen muss, die Entzauberung der Welt, die hyperrationale Einstellung der Wirklichkeit gegenüber, die womöglich sogar zu der rigiden, für plausibel gehaltenen Einteilung der Welt in Gut und Böse führt. Die Neuerzählung des Mythos vom Göttlichen Kind in den Harry Potter-Büchern enthält natürlich auch neue, zeitgemäße Facetten.

Versuchen wir nun, die von Jung herausgearbeiteten Besonderheiten des Archetyps des Göttlichen Kindes genauer wahrzunehmen und im Harry Potter-Zyklus wiederzufinden. Ein wesentlicher Aspekt des Kindmotivs ist nach Jung ganz allgemein dessen Zukunftscharakter: »Das Kind ist potenzielle Zukunft.«[13] So bedeutet das Auftreten des Kindmotivs in der Psychologie des Individuums in der Regel eine Vorwegnahme künftiger Entwicklungen, auch wenn es sich auf den ersten Blick um Retrospektives zu handeln scheint. Auch die mythischen Heilbringer waren oft Kind-Götter und Zukunftsbringer. Das Kind als Symbol antizipiert jene Gestalt, die aus der Synthese bewusster und unbewusster Anteile sowohl der individuellen Psyche als auch der kollektiven Psyche hervorgeht. Jung schreibt: »Es ist daher ein die Gegensätze vereinendes Symbol, ein Mediator, ein *Heilbringer,* das heißt Ganzmacher.«[14]

Wie sollte ein solches Symbol nicht ergreifen? Das Symbol des Göttlichen Kindes hat bald mehr den Aspekt eines kindlichen Gottes, bald mehr den eines kindlich-jugendlichen Helden. Beide Aspekte verdanken sich seiner geheimnisvollen, wunderhaften Geburt: aus den Tiefen des Selbst nämlich, wie man sagen kann. Doch das Kindheitsschicksal dieses Helden ist alsbald Verlassenheit, Gefährdung durch Verfolger und Ausgesetztsein. In diesen Motiven der Unansehnlichkeit, des Ausgeliefertseins, der Verlassenheit und Schutzlosigkeit erweist sich auch die Gefährdung jenes elementaren Lebensimpulses zur Selbstentfaltung und Selbsterfüllung, den wir alle in uns tragen und dem doch bedrohliche Umwelteinflüsse in mannigfaltiger Form entgegenstehen.

Besonders die Bedrohung durch Symbole wie Drachen und Schlangen, die oft in Träumen erscheinen, weist auf die Gefahr hin, vom Unbewussten wieder verschlungen zu werden. Mehrköpfige Ungeheuer wie der Riesenhund Fluffy mit seinen drei Köpfen, der einschläft, sobald man Musik spielt – was für eine Erfindung! –, bedrohen Harry Potter, und es ist nicht nur dieses eine Ungeheuer! Vor allem die Verlassenheit des Kindes, die zur Symbolik des Göttlichen

Kindes so unabdingbar dazu gehört, spiegelt sich in Harry Potters Jugendschicksal. Nach dem Verlust beider Eltern durch Unfall oder gar Mord wird er allein gelassen, bei entsetzlich unbezogenen Verwandten, die seine Eigenart und seine noble Geburt nicht sehen, nicht wahr sein lassen wollen: den Dursleys.

Neben Harry steht die Schattengestalt Dudley, sein Cousin: ein verwöhnter, dicker, selbstbezogener, egozentrischer und feiger Junge, total fantasielos. Er symbolisiert eine Form der Frühstörung, die auf Verwöhnung beruht – eine interessante Form der Frühstörung, die wir oft nicht ganz erkennen, weil wir auf die andere Form, die auf Vernachlässigung beruht, eingestellt sind. Selbstverständlich identifizieren sich alle jungen und auch erwachsenen Leser mit Harry, diesem Kind, das alle Dispositionen zur Entwicklung einer Frühstörung aufgrund von Verlassenheit und Vernachlässigung gehabt hätte. Vielleicht identifizieren sich viele auch aufgrund ihrer eigenen Frühstörung, bei der Selbstentwertung durch große Fantasien kompensiert wird, mit Harry Potter, dem Kind, das seine Traumatisierung allein durch Fantasie bewältigt. So wäre er eine kollektive Identifikationsfigur für verbreitete Kindheitsprobleme. Erwachsene werden bei der Lektüre zugleich oft in die Elternposition versetzt und dann wachen alle Schutzinstinkte in ihnen auf, dieses Kind, genauer diese Kinderdreiheit, zu beschützen.

Verlassenheit, Aussetzung und Gefährdung des Göttlichen Kindes symbolisieren nach Jung eine leidensvolle Konfliktsituation, in der Altes mit Neuem ringt, wie wir sie so oft in der Therapie erfahren, beschreibt aber zugleich auch ein gewisses psychisches Erlebnis schöpferischer Art, eine werdende Ganzheit. Dabei nimmt sich die Natur, die Instinktseite selbst, dieses Kindes an: Es wird im Mythos auch von Tieren ernährt und geschützt, in den Harry Potter-Büchern von den Eulen, die ihm die Nachricht bringen, dass eine wundersame Möglichkeit seiner wartet, eine Möglichkeit der Befreiung aus bedrängenden, wesensfremden Umständen: Harry darf in die Schule der Zauberer nach Hogwarts gehen, nachdem er jahrelang in einem Schrankverhau leben musste. Es ist eine Befreiung durch die Wiedergewinnung der Fantasie.

»Imagination als Raum der Freiheit« heißt der Titel von Verena Kasts Anleitungsbuch zur Imagination,[15] es geht also um eine Fantasietätigkeit, die in der Tat einen Raum der Freiheit zu öffnen vermag. Dies erleben wir besonders schön bei Harry Potter. Aktive Imagination enthält aber auch Zauberkraft, wovon Marie-Louise von Franz wusste, die uns in diesem Sinne vor Missbrauch der Aktiven Imagination warnt. Aus purer Fantasielosigkeit warnen jedoch auch einige »Muggel« vor der Zauberei. So las ich, dass etliche Religionslehrer allen Ernstes befürchten, die Kinder könnten durch Harry Potter die Zauberwelt und Magie wieder ernst nehmen und würden dadurch psychisch gefährdet!

Auch die Größen- und Wunschfantasien der zu kurz Gekommenen könnten in dieser Zauberwelt gesehen werden, und dennoch öffnet die Fantasie – aus einem anderen Blickwinkel gesehen – immer auch den »Raum der Freiheit«. Das ist das Wohltuende bei der Harry Potter-Lektüre: Man gerät in Fantasiebereiche, die man nicht vermutet und nicht für möglich gehalten hätte!

Jung reflektierte im Übrigen auch die psychische Notwendigkeit einer gewissen Verlassenheitserfahrung für jedes Kind und jedes Werden, auch für jedes gesellschaftliche Werden, wie sie dem Mythos vom Göttlichen Kind entspricht: »›Kind‹ bedeutet etwas zur Selbstständigkeit Erwachsendes. Es kann nicht werden ohne Loslösung vom Ursprung: die Verlassenheit ist daher notwendige Bedingung, nicht nur Begleiterscheinung«[16] in der Entwicklung jenes besonderen Göttlichen Kindes. Der Konflikt wird nicht dadurch überwunden, dass das Bewusstsein den Gegensätzen zwischen Ursprung und Neuentwicklung, zwischen »Muggelwelt« und Fantasiewelt verhaftet bleibt. Deshalb eben bedarf es eines Symbols, das die Notwendigkeit der Loslösung vom Ursprung aufzeigt. »Indem das Symbol des ›Kindes‹ das Bewusstsein tangiert und ergreift«, so Jung, »tritt die erlösende Wirkung ins Bewusstsein über und vollführt jene Abtrennung von der Konfliktsituation, deren das Bewusstsein zuvor nicht fähig war.«[17] Harry selbst ist das Symbol des Göttlichen Kindes, das den Konflikt löst und damit zum Träger einer neuen Kultur wird – durch Wiedergewinnung der Zaubermacht der Kindheit, aber auch der Weisheit. Dieses Kind findet den »Stein der Weisen«. Das Kind ist auch hier verbunden mit einer grundgütigen Gestalt des »Alten Weisen«, Direktor Dumbledore, der schützend hinter ihm steht, dessen Wirkungsfeld Hogwarts aber auch von Harry wirksam geschützt und verteidigt wird. Harry tritt auch ein für diese Welt, die er genießt, um die er aber auch kämpft.

Die Unüberwindlichkeit des Kindes ist neben seiner geheimnisvollen Geburt und seiner Verlassenheit das dritte Wesensmerkmal des Mythologems vom Göttlichen Kind. Es ist das auffallende Paradox dieses Mythos, dass das Göttliche Kind einerseits von beständiger Auslöschungsgefahr bedroht ist, andererseits aber rettende überlegene Kräfte hat, die oft das übliche menschliche Maß übersteigen, so auch bei Harry Potter. Der »Du-weißt-schon-wer«, dessen Name nicht genannt werden darf, Voldemort, ist hinter ihm her; der Destruktive schlechthin will ihn vernichten. Er und seine Helfershelfer bringen Harry mehrfach in Lebensgefahr, so z.B. beim trudelnden Absturz seines fliegenden Besens bei einem Entscheidungsspiel, bei dem er sich mit übernatürlicher Kraft auffängt und siegt. Es geschieht aber schon unmittelbar nach seiner Geburt, dass er dem tödlichen Blick Voldemorts widersteht, von dem er jedoch ein Leben lang eine Narbe auf der Stirn zurückbehält. Diese Narbe und seine ärmliche Brille – er ist eine Art »blinder Seher« und künftiger »verwundeter Heiler« – charakterisieren ihn für sein Leben; er ist ein Verwundeter. Doch schützende Hintergrundmächte stehen ihm bei, auch aufgrund seiner geheimnisvollen Geburt und Identität. Hagrid ist sein erster großer Freund, Dumbledore, der Spiritus Rector des Ganzen, ist eine Verkörperung des »alten Weisen«. Doch viele Mitschüler, die Lehrer, alle erkennen an ihm die Zeichen seiner wundersamen Geburt und Herkunft, seiner geheimnisvoll-besonderen Identität. Etliche hassen ihn gerade dafür, wie es auch dem Mythos vom Göttlichen Kind entspricht: so vor allem Malfoy, der skrupellose Ehrgeizling, der Schattenbruder Harrys. Von besonderer Kraft ist Harrys fliegender Sportbesen, Nimbus 2000, von besonderer Kraft sein Blick, von besonderer Kraft seine Zaubermacht – so groß wie seine Gefährdung.

Jung führt zum Archetyp des Göttlichen Kindes weiter aus:

> *»Das ›Kind‹ tritt als eine Geburt des Unbewussten aus dessen Schoß hervor, gezeugt aus der Grundlage menschlicher Natur, oder besser noch, der lebenden Natur überhaupt. Es personifiziert Lebensmächte jenseits des beschränkten Bewusstseinsumfanges, Wege und Möglichkeiten, von denen das Bewusstsein in seiner Einseitigkeit nichts weiß, und eine Ganzheit, welche die Tiefen der Natur einschließt. Es stellt den stärksten und unvermeidlichsten Drang des Wesens dar, nämlich den, sich selber zu verwirklichen. Es ist ein mit allen Instinktkräften ausgerüstetes Nichtanderskönnen, während das Bewusstsein sich stets in einem vermeintlichen Anderskönnen verfängt.«*[18]

Damit also identifizieren sich die Leserinnen und Leser der Harry Potter-Bücher: mit diesem unüberwindlichen Drang des verkannten und verlassenen Harry Potter-Kindes nach sich selbst, nach seinem Selbst. Die Harry Potter-Begeisterung so vieler Menschen zeigt, dass eine Sehnsucht nach

Selbstwerdung über alle Rollenspiele und Leistungsbestrebungen hinaus offenbar doch in unserer Gesellschaft vorhanden ist, vielleicht vor allem bei den zahlreichen Frühgestörten unter uns mit ihrem sogenannten »falschen Selbst« und ihrem »Not-Ich«. Als kollektives Symbol aber bedeutet die Harry Potter-Begeisterung auch eine Sehnsucht, über die Spaltung der Welt in eine hyperrational-realistische, vielfach dummdreiste »Muggelwelt« und eine andere, die Realität sprengende Zauberwelt hinauszugelangen – auch dafür stehen die fliegenden Besen –, hin zu einer Lebenseinstellung, die rationales Bewusstsein und fantastische Welt des Unbewussten wieder zu verbinden wüsste.

Dies ist die eine Gegenüberstellung innerhalb der Harry Potter-Bücher: die Welt der »Muggel« und die der Zauberer. Geschichte und Handlung sind aber noch differenzierter. Gerade innerhalb der Welt der Zauberer besteht eine Spaltung von lebensfördernden und lebensfeindlichen Kräften, von biophilen und nekrophilen Werten, letztere verkörpert von Voldemort. Das ist die alte Spaltung von schwarzer und weißer Magie, es ist das Wissen um die sich erneuernden, aber auch verschlingenden Mächte des Unbewussten, und das macht die Sache so dramatisch. Das Göttliche Kind bedeutet auch die Hoffnung auf eine Überwindung des tödlich Zerstörerischen einer in Gut und Böse gespaltenen Außenwelt und Innenwelt durch die Kraft des menschenfreundlich Schöpferischen – einer schöpferischen Kraft, die nicht im Konflikt hängen bleibt, sondern ihn zu gestalten versucht, und die im Zeichen des Göttlichen Kindes auch zum Signal einer lebendigen Zukunft, nicht nur für den Einzelnen, sondern auch für die Gemeinschaft, die Gesellschaft, »das Kollektiv« wird.

Dass das Symbol des Göttlichen Kindes einen gewissen hermaphroditischen Charakter aufweist, in dem männliche und weibliche Anteile enthalten sind, wird von Jung betont und er sieht darin auch etwas Gegensatzvereinendes. Bei

Harry Potter kommt dies im Freundschaftstrio der Kinder zum Ausdruck: Das Mädchen Hermine ist ein so siebengescheites Mädchen, dass die Jungen es fast nicht aushalten, und bei der dramatischen Suche nach dem vom Ungeheuer bewachten »Stein der Weisen« wird sie zur Lebensretterin ihrer beiden männlichen Freunde. Es ist eine Kindertrinität, die aus dem zaubermächtigen Harry, dem opferbereiten Ron und der klugen Hermine mit ihrem überlegenen und bezogenen weiblichen Verstand besteht.

Zugleich weist Jung noch auf die in diesem Symbol enthaltene Bedeutung des Kindes als Anfangs- und Endwesen hin: Das Kind könne, so meint er, sowohl das vorbewusste wie das nachbewusste Wesen des Menschen symbolisieren: »Sein vorbewusstes Wesen ist der unbewusste Zustand der frühesten Kindheit, das nachbewusste Wesen ist eine Antizipation per analogiam über den Tod hinaus.«[19] Eine Antizipation des neuen ganzen Menschen! Der Mythos und das Mythologem vom Göttlichen Kind vermag also sowohl in persönlichen als auch in kollektiven Krisenzeiten zu faszinieren und vor allem zu ermutigen.

Als ich in einem Seminar, das terminlich in die Zeit nach dem 11. September 2001 fiel, das Grimm'sche Märchen *Der Teufel mit den drei goldenen Haaren* behandelte, da zeigte sich, dass dieses Märchen, das auch den ganzen Mythos vom Göttlichen Kind enthält, enorm aufzufangen und auch zu ermutigen vermochte. Ich selbst war damals gerade bei der Lektüre der späteren Harry Potter-Bücher und entdeckte die aktuelle Symbolik in ihnen wieder, wie Harry bzw. die Dreiheit der Kinder einem ungeheuer vernetzten Reich tödlichen Machtwillens, tödlich gemeinter Eifersucht und Vernichtungslust gegenübertritt.

Auch Voldemorts Reich entspringt dem Reich der unbewussten Fantasien und archetypischen Kräfte. Dabei erscheinen mir Gestalten, die um ihren Schatten und den Schatten des Kollektivs wissen, wie der so hilfreiche, aber doch Drachen züchtende Hagrid, besonders wichtig zu sein, am wichtigsten aber Dumbledore, der Schulrektor, der Hoghwarts als eine Schule für schöpferische Fantasie zu seinem Lebenswerk macht.

Letztlich ist es der unerschütterliche Glaube der Kinder an die rettende Kraft ihrer Kreativität, die sie trotz unglaublicher Rückschläge, aus denen sie manchmal mehr tot als lebendig hervorgehen, unüberwindlich macht. Über viele kleine, trickreiche Utensilien verfügen diese Kinder dabei zu ihrer Lebensbewältigung: vom Zauberbesen, mit dem sie sich über die Erdenschwere hinwegzuschwingen vermögen, bis hin zu den Umhängen, die sie bei Gefahr unsichtbar machen können. Zaubersprüche gehören dazu, aber auch ein Spiegel, der die eigenen tiefsten Wünsche aufzeigt. In Harrys Fall ist kein größerer Wunsch vorhanden als lebendige Eltern zu haben.

Joanne K. Rowling, die Autorin, kennt Jung und den Mythos vom Göttlichen Kind aller Wahrscheinlichkeit nach nicht. Das Buch zeigt aber, wie dieser Mythos sich in unserer Zeit zu konstellieren vermag – es zeigt auch die unzerstörbare Kraft des Werdenden, des Kindes, das sich zu verwirklichen sucht, auch im Kollektiv und in unserer Zeit.

Die Wiederkehr der Engel

Ich komme noch einmal auf das Engelsymbol zurück, zum Engelwesen, jener »bedrohten Art« also, die aber nicht nur den Dino, sondern auch Harry Potter bei weitem überflügelt und die vor beiden war und nach beiden sein wird – ist der Engel doch eine Wesenheit aus einer ganz anderen Dimension, von einer ganz anderen Dimensionalität. Dass das Engelsymbol allerdings eine Modeerscheinung werden würde – man trägt wieder Engel, glaubt wieder an Engel –, hätte man vor Jahren kaum gedacht, am wenigsten ich selber, die ich nicht einmal als Kind mit einer Schutzengelvorstellung aufgewachsen bin, obwohl ich sie im Krieg gut hätte brauchen können. Später in meinem Studium der evangelischen Theologie fand ich unter den Studierenden und Dozenten keinen, der ernstlich mit Engeln rechnete. Im Gegenteil, über Engel zu sprechen wäre fast peinlich gewesen, so kindlich glaubte man doch nicht mehr zu sein bzw. so unkindlich war man geworden! Engel galten als historische Vorstellungen aus biblischen Zeiten und damit basta! Und nun stehen wir vor dieser »Engelwelle«, die mir sogar eine Seife in Engelsgestalt bescherte. »Was geht hier vor in der Kollektivpsyche?«, so möchte man teils belustigt, teils beunruhigt und dann doch wieder seltsam angerührt und fast gerührt fragen. Zunächst gibt es drei Arten von Engel-Literatur, wenn wir sie einmal genauer wahrnehmen wollten:

Da finden sich zunächst Abhandlungen über den Engelglauben im wissenschaftlich-historischen Sinne, wie er sich in verschiedenen Religionen spiegelt; sodann gibt es spirituelle Engelliteratur, deren Vorreiter das wirklich tiefgründige Buch von Gitta Mallasz *Die Antwort der Engel*[20] *war,* in dem sie über wegweisende Engelerfahrungen während des Zweiten Weltkriegs berichtet. In diesen spirituellen Büchern werden existenzielle Engelerfahrungen mitgeteilt. Zuletzt stößt man heute auf eine Überfülle von sogenannter Engel-Gebrauchsliteratur. Hier geht es um die »Nutzung« von Engeln zur Lösung von Alltagsproblemen wie verlegte Schlüssel oder verpasste Züge. Zur Lösung solcher Probleme werden die Engel herbeizitiert. Auch der Engel wird dabei fast wieder zum Gebrauchsgegenstand und damit der Vorstellung unserer Zeit angepasst, dass eben alles zu instrumentalisieren sei. Von diesen Verfallserscheinungen ist jedoch keineswegs die gesamte Engelliteratur betroffen. Die spirituellen Engelbücher mit den dort mitgeteilten Erfahrungen können tief berühren.

Nach der Vorstellung vieler Religionen sind Engel nichts Geringeres als Jenseitsmächte, die im Dienste und im Auftrag einer Gottheit stehen und so den Lebens- und Sterbensweg des Menschen begleiten. Seit den sumerischen sechsflügeligen Wesen sind sie Boten, auch Schutzmächte gegen Unheimliches, die manchmal selbst unheimlich anmuten. Wenn sie als Boten erscheinen wie in der Bibel, lösen sie Erschütterung aus, ja Angst. »Fürchtet euch nicht«, heißt es daher in der biblischen Weihnachtsgeschichte, als die Engel ihre Botschaft, die Geburt des Göttlichen Kindes, verkünden. Aus Griechenland kennen wir den Götterboten Hermes, die regenbogenfarbige Göttin Iris, deren Erscheinung mit Heilkräften verbunden sein kann. Im persischen Sufismus gelten die Engel als alter ego des Menschen, gleichsam als sein höheres Selbst, das ihn von innen her geleitet und in das er im Tode vielleicht selbst verwandelt werden wird.

Als Boten übergeben die Engel den Menschen einen Auftrag. Dass Engel heute wieder belebt werden, auch erlebt werden, bedeutet, dass offenbar ein Bedürfnis besteht, einen Auftrag zu bekommen, vielleicht sogar eine Berufung, und das Leben wieder bezogen auf etwas Größeres zu erleben, das über die Unverbindlichkeit der Postmoderne hinausführt. Es heißt möglicherweise auch, dass im Zeichen des Engels Auseinandergerissenes wieder zusammengefügt werden kann:

Engel verbinden Himmel und Erde – dafür steht der Traum des biblischen Jakob von der Himmelsleiter! Transzendenz und Immanenz, Ich und Selbst, Auseinandergerissenes kann im Zeichen des Engels wieder zusammengefügt werden, und insofern vermag er selbst zum Symbol der »transzendenten Funktion« der Psyche zu werden, die – nach Jung – die Gegensätze vereint.

Von Engeln geht die Hoffnung auf Verbindendes, Versöhnendes, Heilendes aus. Raphael gilt als der Engel der Heilung. Wo er naht, spüren Menschen, dass sie heil werden können – manchmal aber auch, dass sie selbst zum Heilen berufen sind, also einen therapeutischen Auftrag haben. Wo

Engel auftreten, weicht letztlich die Angst, die ein Kennzeichen unserer krisengeschüttelten Zeit und der entsprechenden seelischen Verfassung unserer Mitmenschen ist: Als Kompensation tritt die Sehnsucht nach schützenden Mächten auf. Die Wiederbelebung der Engel kompensiert die Angst, die im kollektiven Bewusstsein vorherrscht, das Gefühl vieler, nicht mehr allein zurechtzukommen. In Zeiten, in denen das Gottesbild in allzu hohe Abstraktion, in allzu weite kosmische Ferne zu entschwinden droht, kommt immer wieder ein gelebter Engelglaube auf, wie in der Religionsgeschichte mehrfach zu beobachten ist. Gerade beim Umgang mit den Engeln aber wird deutlich, wie wichtig hier die Art der Rezeption ist. Engel können in einer sehr regressiven Weise aufgefasst werden: als hilfreiche Wesen, an die man die gesamte eigene Verantwortlichkeit abgeben kann. Die Begegnung mit ihnen kann andererseits im progressivem Sinne gerade die Energie frei machen, die zur Übernahme von Verantwortung und das Bewältigen wichtiger Aufgaben nötig ist, bei denen man auch sich selbst verwirklichen kann.

Es kommt heute darauf an, die vorhandenen, belebten Symbole bewusster wahrzunehmen und aufzunehmen, anstatt unreflektiert und verallgemeinernd die heutige »Symbolarmut« zu beklagen. Es ist nicht adäquat, Symbole wie den Engel einfach als prärationales Überbleibsel einer Zeit vor der Aufklärung anzusehen: Die Aufklärung habe eines nicht vermocht, so Habermas, »das Bedürfnis nach Trost zu stillen – oder zum Versiegen zu bringen«[21] – und diesem Bedürfnis entspricht das Suchen nach Erfahrungen, die auch die existenziellen Probleme des Einzelnen mit der Gesellschaft ernst nehmen. Wenn Jung meint, und es scheint mir auch nachweisbar zu sein, dass diejenigen Archetypen jeweils belebt werden, die dem kollektiven Bewusstsein zu der Zeit am meisten fehlen, so konstellieren sie sich in unserer Zeit im Symbol des Dinos, im Mythos vom Göttlichen

Kind und im Archetyp des Engels. Man könnte also bei diesem schöpferischen Angebot mit einer Selbstregulierung der Psyche rechnen, die nicht nur dem Einzelnen notwendige Erlebnisse ermöglichte, sondern auch kollektiv wirkte und bewirkte, dass man sich mit bestimmten Inhalten, die für das jetzige und künftige Leben der Menschen wichtig sind, bewusst auseinandersetzt.

2. Politische Umbrüche im Fokus der Träume

Politische Umbrüche unerhörten Ausmaßes haben wir in den letzten Jahrzehnten erlebt: Grenzöffnungen wie im Osten, Grenzerweiterungen wie in der EU, aber auch Grenzüberschreitungen, z.B. den Bombenkrieg gegen den Irak, aber auch die Terrorakte weltweit, vor allem im Irak und in Israel, in den USA, zuletzt in London, dazu die Militäreinsätze gegen die palästinensische Zivilbevölkerung. Dabei beschäftigen uns Deutsche durchaus unterschiedliche Themen: Während in den alten Bundesländern z.B. seinerzeit der Irakkrieg lange Thema Nummer eins war, danach kurzzeitig die Wahl des US-Präsidenten, ist es in den neuen Bundesländern anhaltend die Frage nach dem nackten wirtschaftlichen Überleben, nach dem rapiden Fortschreiten der Arbeitslosigkeit und den noch immer gravierenden Ungleichheiten zwischen den alten und den neuen Bundesländern, dem noch immer nicht gelungenen »Zusammenwachsen«.

Von alledem wird in diesen Jahren geträumt, von alledem gibt es eine innere Landkarte, die zeigt, wie innere und äußere Wirklichkeit, innere und äußere Erfahrung ineinandergreifen. Dabei erweist sich immer wieder, dass das Unbewusste gerade die Seite des Geschehens zur Geltung bringt, die von der bewussten und herrschenden Einstellung nicht wahrgenommen, sondern verdrängt wird.

Gegenakzente aus dem kollektiven Unbewussten

Nach Jung ist jede herrschende Bewusstseinslage, jede politische Situation durch eine gewisse Beschränktheit und Einseitigkeit bestimmt, die nach Kompensation verlangt. Hier setzt das kollektive Unbewusste mit seinen ergänzenden Vorschlägen und Bildern ein, die in Träumen, Fantasien und Imaginationen, manchmal sogar Visionen unserer Zeitgenossen aufsteigen, wobei sich – wie schon im vorherigen Kapitel beschrieben – diejenigen Archetypen konstellieren, derer die Situation am meisten bedarf, weil sie ihr am schmerzlichsten fehlten. Auf diese Weise kann das Gleichgewicht wiederhergestellt werden. Jung betont:

> *»Das Wichtige […] liegt darin, dass die Manifestationen des kollektiven Unbewussten in Beziehung auf die Bewusstseinslage kompensatorischen Charakter haben, das heißt dass durch sie eine einseitige, unangepasste oder gar gefährliche Bewusstseinslage ins Gleichgewicht gebracht werden soll.«*[22]

Jung schreibt in diesem Zusammenhang weiter:

> *»Eine Zeitepoche ist wie die Seele eines Einzelnen, sie hat ihre besondere, spezifisch beschränkte Bewusstseinslage und bedarf daher einer Kompensation, die dann eben durch das kollektive Unbewusste auf solche Weise geleistet wird, dass ein Dichter oder ein Seher dem Ungesprochenen der Zeitlage Ausdruck verleiht […].«*[23]

Entsprechend kann auch ein Traum bzw. ein Träumender dem Unausgesprochenen Ausdruck geben.

Man täte gut daran, die Gegenvorschläge des Unbewussten zu unserer einseitigen Bewusstseinslage nicht außer Acht zu lassen, schöpfen sie doch aus der Lebens- und Überlebenserfahrung der ganzen Menschheit, die mit heutigen Themen zu neuen Symbolen verbunden wird, zu Bildern, in denen die Möglichkeiten zum Überleben sichtbar werden.

Wie die Themen ineinandergreifen, zeigt sich im Traum einer 45-jährigen Pädagogin, den sie in der Nacht träumte, nachdem sie tagsüber Bilder von dem sich ausbreitenden bürgerkriegsartigen Terror im Irak gesehen hatte:

> »Ich bin in einem ziemlich offenen Wagen unterwegs in einem Kriegsgebiet, in dem geschossen wird. Es sitzen wohl nur Frauen in dem Wagen, der unterwegs ist in eine nahe gelegene Stadt, in der wir eine Unterkunft und auch Schutz bekommen sollen. Die Stadt scheint mir osteuropäisch zu sein, vielleicht auch türkisch oder irakisch. Der Raum, in dem ich mich dann mit anderen Frauen sehe, liegt im Obergeschoss eines kleinen Eckhauses und hat rundum Fenster. Von dort sieht man auf eine Straße, die stark bewacht ist: Alle paar Meter stehen mehrere scharf bewaffnete Soldaten. Hier wird keine Flucht möglich sein. Vor uns, die wir gerade angekommen sind, war schon eine irakische Frau im Raum, eine unauffällige, sehr einfach gekleidete, zierliche Frau. Sie hat ein ganz waches Gesicht und spricht gut Deutsch mit Schweizer Akzent. Im Gespräch stellt sich heraus, dass sie in der Schweiz sogar Theologie studiert hat. Sie muss eine besondere Frau sein! Diese Frau weiß, wie wir uns zu verhalten haben in diesem, von allen Seiten einsehbaren Raum: Jeweils zwei Frauen sollen an den Fenstern zu beiden Seiten sitzen und sich unterhalten, jeweils Frauen derselben Sprache. Ein nur stummes Bewegen der Lippen genügt nicht, das würden die Beobachter merken, es muss richtig gesprochen werden! Und uns ist doch nach Verstecken und Schweigen zumute.«

Es handelt sich um ein Kriegsgebiet, im übertragenen Sinne also um ein Konfliktgebiet, und die Betroffenen sind die Frauen. Die Stadt, die im Traum erscheint, könnte eine osteuropäische, eine türkische oder auch eine irakische sein. Schon hier vermengt der Traum die Städte, die in den heutigen Konfliktgebieten liegen, zu einer einzigen. Alle diese Städte sind in ihrer Problematik miteinander verwandt.

Auch die irakische Frau ist ein Mensch, in dem sich irakische und deutsch-schweizerische Kultur und Religion verbinden. Sie stellt eine Brücke zwischen diesen Welten dar, symbolisiert eine Gegensatzvereinigung, und sie ist zugleich eine Wissende. Sie kennt die Religion, ja die Theologie des Westens, und wenn sie in der Schweiz studiert hat, wird es wohl auch die politisch engagierte Theologie Karl Barths sein, mit der sie sich auseinandergesetzt hat. Auch ist die Schweiz ein neutrales Land, ein Ort internationaler Institutionen und Vermittlungsinitiativen. Ihrer Mentalität und Nationalität nach ist die Frau jedoch Irakerin, Orientalin. Sie weiß, wie man mit der Situation umgehen muss, um sie zu bestehen; sie weiß vor allem: Es muss miteinander gesprochen werden. Immer zwei, die dieselbe Sprache sprechen, sollen sich zusammensetzen und sich austauschen. Das Sprechen derer, die nach außen gewandt sind, die in den Fensternischen sitzen, schützt dabei die anderen, die nach innen ausgerichtet sind, die das innere Leben bewältigen müssen. Das Sprechen gibt ihnen auch Spielfreiheit, schützt sie vor dem totalen Ausgeliefertsein.

Anstelle von Verstecken und Schweigen, was den Menschen in dieser Situation, vor allem auch der Träumerin selbst, durchaus nahe läge, tritt die Notwendigkeit, miteinander zu sprechen. Dies ist, so glaube ich, eine Erfahrung, die wir alle damals in den Krisenwochen des Irakkriegs gemacht haben. Es ist sehr wichtig, miteinander zu sprechen, wenn Betroffenheit, auch Angst und Ratlosigkeit um sich greifen, wenn sich jeweils zwei zusammenfinden, die die gleiche Sprache sprechen, die gleiche Wellenlänge haben. Wenn wir Orte finden, an denen wir über das sprechen können, was uns von außen hereinbrechend erschüttert und bewegt, so schützen wir damit das Leben im Innenraum, schaffen auch wieder Freiraum dafür.

Wir alle, als individuelle Personen, können unser eigenes inneres Leben, auch unser Leben im Alltag, bestehen, wenn es uns möglich ist, über diese von außen hereinbrechenden

Ereignisse mit jemandem zu sprechen, sie durchzusprechen und zu verarbeiten. Aber auch als ganze Gesellschaft können wir nur dann, wenn wir der Klärung und der Diskussion der von außen andrängenden Ereignisse genügend Raum geben, auch nach innen wieder den notwendigen Freiraum gewinnen, um unsere täglichen Aufgaben zu erfüllen. Innenpolitisch gehört für uns Deutsche in den alten Bundesländern z.B. auch dazu, uns den unaufschiebbaren Existenzfragen unserer Landsleute im Osten zuzuwenden.

Die letzten Jahre standen im Zeichen der Öffnung vieler eingefrorener Grenzen. Was war es für eine Befreiung, als die Grenzen nach Osteuropa durchlässig wurden! Welch eine unbändige Freude war es zuvor gewesen, unvergesslich doch, als die Mauer in Ost-Berlin fiel! Dieses Ereignis war übrigens von manchen Menschen vorausgeträumt worden. Ich erinnere mich an einen Traum, der ausgerechnet in Südtirol spielte, geträumt von einem in Südtirol geborenen Deutschen: Er musste bis zu einer entlegenen Berghütte hinaufwandern, um von dort aus zu sehen, was sich in der Ferne in Berlin ereignen würde: dass dort Menschen aus Ost und West in einer ungeheuren Freude zur Kongresshalle, im Volksmund »die schwangere Auster« genannt, zusammenströmen und um sie herum tanzen würden. Bis nach Südtirol sah der Träumer die Freudenfeuer in und um Berlin. Dies träumte er Anfang des Jahres 1989.

Ein Amerikaner hat nachweislich das Ende der deutschen Teilung präzise vorausgeträumt, und zwar mehr als ein Jahrzehnt zuvor. Im Januar 1979 veröffentlichte die verbreitetste Zeitschrift der Welt, *Readers Digest,* in Heft 1/1979 einen Essay des namhaften US-Journalisten James P. O'Donnell über die Berliner S-Bahn, die für ihn »praktisch ein Schrotthaufen« war, ein »tragisches Symbol der Leiden einer geteilten Stadt«[24]. Im letzten Absatz seines Beitrages schrieb O'Donnell damals, also 1979:

»Neulich träumte ich vom Ende der Berliner Mauer. Es war im Jahre 1989. Überall erschienen Ost- und West-Berliner in hellen Scharen und rissen sie nieder. [...] Schüler bepflanzten die ganzen 165 km mit Linden und Eichen. Pfiffige Händler schlängelten sich durch die fröhliche Menge und verkauften Steine als Andenken. Wie gelangten so viele Menschen überhaupt so schnell an die Mauer? Mit der S-Bahn, versteht sich.«[25]

O'Donnell, Auslandskorrespondent der *Newsweek* und Mit-Autor des Bestsellers *Die Katakombe*[26], war als Captain der US-Streitkräfte nach dem Ende des Zweiten Weltkriegs ins besetzte Deutschland gekommen. Die Erfüllung seiner Prophezeiung hat er noch miterlebt, das Ende der Teilung nicht mehr: Am 16. April 1990, fünf Monate nach Öffnung der Mauer, starb er 72-jährig in Boston an Krebs.

Wenn man diesen Traum hört, stellen sich zwei Fragen, die oft angesichts von Träumen politischen Inhalts aufkommen: einmal die Frage, ob solche vorausschauenden Träume, solche Wahrträume tatsächlich möglich sind, ob es psychische Präkognitionen überhaupt geben kann – ein schwieriger Fragenkomplex für sich; sodann stellt sich die Frage nach der einerseits subjektiven und andererseits objektiven Bedeutung solcher Träume. Bei unserem Beispiel ist es auffällig, wie im Bild der Maueröffnung – subjektstufig gesehen! – für den Träumer zugleich der eigene Tod vorausgeträumt wird: als eine Öffnung lang verschlossener Mauern.

Dieser Traum vom Fall der Berliner Mauer ist zugleich ein Traum von der Befreiung von irdischen Mauern durch den Tod. In ihm sind Fragen enthalten, auf die ich hier nicht näher eingehen kann, auch wenn sich von der Jung'schen Psychologie her manches dazu sagen ließe und Jung dem Phänomen der Präkognition offen gegenüberstand. Ich werde in einem späteren Kapitel näher darauf eingehen. Alle Träume, das möchte ich an dieser Stelle betonen, enthalten jedoch selbstverständlich auch eine persönliche Disposition, sprechen von der Situation des Träumers selbst, mit der die Bilder großer öffentlicher und politischer Ereignisse zusammenklingen, sodass sich seine persönliche Situation in ihnen spiegelt. Dies geschieht oft aber auch so, dass die persönliche Situation durchlässig wird und durchlässig macht für ein tieferes Verständnis der politischen Ereignisse und somit auch ein Licht auf sie wirft, das sie selbst besser verständlich werden lässt.

Auch die problematischen Aspekte der Maueröffnung und Wiedervereinigung wurden vorweggeträumt. Schon zur Zeit der Maueröffnung wurden Träume geträumt, die in diesem Ereignis neben dem Anlass zur großen Freude auch Probleme, ja Schrecken herannahen sahen, so z.B. in einem Traum, den eine Frau am 23.10.1990 nach einem ersten Aufenthalt in Ost-Berlin träumte:

»Eine große Stadt – viele Menschen auf der Straße – freudige Stimmung wie bei einem Stadtfest. Ich war mit vielen Bekannten auch dort. Wichtig von ihnen war dabei Beate, wie ich sie nenne, eine Kollegin, die ich aus West-Berlin kenne und die mich einen Tag lang durch Ost-Berlin führte. Beate feierte mit uns, sagte aber: ›Morgen kann ich nicht mit euch zusammen sein, da bin ich mit meinen Freunden unterwegs.‹ Am nächsten Tag waren wir wieder zu mehreren in der Stadt; Menschenströme zogen in den Straßen herum. Plötzlich sah ich Beate in einem dieser Ströme. Ich rief sie und sie kam erfreut zu uns herüber und blieb dort. Ich wunderte mich noch etwas, warum sie nicht bei ihren Freunden geblieben war.

Wir alle zogen dann mit den Massen weiter, und plötzlich veränderte sich die Stimmung vom lustigen Volksfest zu einer politischen Demonstration. Ich fand das ganz normal, es wunderte mich nicht; im Gegenteil, es gefiel mir sehr gut. Die Masse sang Lieder, Kampflieder, und es kam die Stelle ›Roter Hahn …‹ vor. Sie stammt aus einem Lied, das ich in der Schulzeit gerne gesungen habe. Man sagte uns, wir gingen mit unserem Zug zu anderen Leuten, die auch singen würden. Und Beate und ich beschlossen, dorthin mitzugehen.

Wir kamen aus der Stadt heraus in felsiges Gelände. Es war in der Stadt immer eher dunkel gewesen und auch hier draußen war es düster, was aber unserer freudigen Stimmung nichts ausmachte. Wir kletterten über Felsen, eher übermütig, und kamen in eine Art Höhle, in deren Innerem Treppen hinaufführten. Beate und ich waren jetzt allein und stiegen in euphorischer Stimmung immer höher hinauf, ich ging voran. Ganz oben, am Ende der Höhle, kam uns plötzlich ein finster aussehender Mann mit struppigen Haaren und verwildertem Bart entgegen. Er sah roh und brutal aus, hatte einen nackten Oberkörper und eine Art Lederhose an. Er hatte ein Schwert in der Hand. Ich sprach ihn an oder er uns, ich weiß den Wortlaut nicht mehr. Was ich sagte, drehte sich um unsere freudige Aufbruchstimmung. Er redete völlig vernichtende Dinge, und plötzlich wurde mir klar, dass er uns mit dem Schwert umbringen würde. Ich drehte mich um und rannte so schnell ich konnte die Treppen hinunter und schrie dabei: ›Vater – Mutter – Gott …!‹ Ich rannte immer weiter und horchte auf Schritte hinter mir, aber es blieb ganz still. Ich wusste, dass der Mann Beate umgebracht hatte. Im Rennen wachte ich auf.«

Als stärksten Affekt bezeichnete die Träumerin ihre Schuldgefühle, allein fortgelaufen zu sein und an Beates möglichem Tod schuld zu sein. Als starke Gegensätze empfand sie die euphorische Aufbruchstimmung und anschließend die panische Angst, von dem wilden Mann umgebracht zu werden. Hier macht der jähe Stimmungsumschwung betroffen: Zunächst herrscht eine freudige, festliche Atmosphäre, die Träumerin wird begleitet von der befreundeten West-Berlinerin, die sich dann auch am nächsten Tag von ihren eigenen Freunden löst, um wieder mit der Besucherin aus West-Deutschland zusammen zu sein. Die Stimmung schlägt dann um, vom lustigen Volksfest zur politischen Demonstration, in der bereits Kampflieder gesungen werden, in denen ein roter Hahn, der aufs Dach gesetzt wird, vorkommt – ein Kampfsymbol. Hier sind die politischen Meinungsverschiedenheiten, die nach der Wiedervereinigung aufkamen, bereits angezeigt.

Schließlich geraten die beiden Frauen in felsiges, höhlenreiches Gelände, wobei sie die noch immer freudige Stimmung darin immer höher hinaufführt (obwohl es auch schon dunkler wird). Ganz oben aber tritt ihnen plötzlich ein finster aussehender Mann mit verwildertem Bart, roh und brutal, mit nacktem Oberkörper, Lederhose und einem Schwert in der Hand, entgegen. Was kann in diesem Mann zum Ausdruck kommen? Ist es nicht ein Bild des »hässlichen Deutschen«, wie man ihn immer nennt, in seiner brutalen, auch geschmacklosen und dabei gewalttätigen Pose? Waren nicht mit der Wiedervereinigung, mit der Entstehung des sogenannten größeren Deutschlands, im In- und Ausland wieder Ängste aufgekommen, das Machtgebaren und die gewalttätige Seite des Deutschen könnte mitten aus der Wiedervereinigungsbegeisterung heraus wieder in Erscheinung treten? Dieser Mann bedroht die beiden Frauen und bringt schließlich Beate um, die Schwestergestalt der Träumerin, die Vermittlerin zwischen West und Ost. Auch innenpolitisch könnte also dieser hier wiederentstehende gewalttätige Riese dem, was vermitteln und verbinden könnte, den Garaus machen.

Träume von der DDR und der Wiedervereinigung

Die ehemalige DDR – jahrzehntelang war sie in den Träumen der Westdeutschen ein exaktes Bild dessen gewesen, was wir in der Jung'schen Psychologie den »Schatten« nennen: ein autonomer Komplex, der alles enthält, was wir als nicht zu uns gehörend betrachten, was wir verdrängen. Als Bild des Schattens war die DDR stark kontrolliert und von einer schier undurchdringlichen Abwehr geschützt: ein Polizeistaat, der sich selbst einigelte. Er enthielt aus westlicher Perspektive all das, was wir im Westen ausschlössen und als schattenhaft Deutsches betrachteten: die Tendenz zum Ideologischen, das sich selbst absolut setzt und deshalb jeder anders gearteten Meinung nur Abwehr und Verfolgung entgegensetzt; das daraus entstehende Spitzelwesen, die Überkontrolle; zugleich ein Ja zu staatlicher Gewalt, zu Armee, Partei, gleichgeschalteter Staatsjugend. Übertriebene Bürokratie, wie sie bei Grenzübergängen sichtbar wurde, erinnerte an Schattenaspekte des Deutschen, wie wir sie selbst nicht mehr wahrhaben wollten. Auch die übertriebene Bedeutung von Disziplin und Sport in der DDR passte in dieses Schattenbild des Deutschen, das wir im Westen nicht mehr erneuern wollten.

All dies charakterisierte das Bild der DDR in den Träumen der Westdeutschen – ein echtes Bild des »Schattens«, also dessen, was zu einem selbst gehört und doch alle Züge des an anderen Abgelehnten trägt. Wenn man den Begriff des Schattens im Sinne C. G. Jungs verwendet, nach dem der Schatten auch die nicht verwirklichten Potenziale beinhaltet, verwundert es nicht, dass die zahlreichen Träume über die ehemalige DDR zugleich auch all die Werte enthielten, die wir im Westen verdrängt hatten: zusammen mit der Ideologie den Idealismus und das Ideal eines gerechteren, echteren, sozialen Zusammenlebens. Diese verdrängten positiven Aspekte traten dann durchaus in den Träumen von der DDR immer wieder in Erscheinung. Oft waren es auch Bilder von echt und couragiert gelebtem Christentum, wie es z. B. in den Aktionen der DDR-Friedensbewegung mit ihrem Zeichen »Schwerter zu Pflugscharen« zum Ausdruck kam.

Viel liebenswert Altmodisches war auch unter diesen Bildern, die unser Unbewusstes von der DDR zeichnete, von der gemütlichen Wohnungseinrichtung mit viel Altem und Selbstgestaltetem, von guten alten deutschen Kochrezepten und Gerichten bis hin zu der Vorstellung, dass in der DDR dichtere und echtere Freundeskreise von Gleichgesinnten zusammengehört hätten. Viele Bilder von Hausmusik, Kirchenmusik und singenden Menschen auf der Straße kamen in den Träumen von der DDR vor, auch Menschen, die mit besonderer Intensität lasen, sich mit Literatur beschäftigten und noch lange Briefe schreiben konnten. In den DDR-

Träumen eines Schweizers kamen z. B. frei lebende Hühner vor, die lebhaft gackerten, Hähne, die krähten: liebenswürdige, unverdorbene Land- und Stadtbilder. Auch dies war ja leider eine Projektion, wenn auch eine positive – ein Bild unseres nostalgisch besetzten Inhalts des »Schattens«.

Vielfach erschien in den Träumen auch ein ehemals naher Mensch, den man verloren, verdrängt oder vergessen hatte, obwohl er sehr viel Liebeswertes besessen und oft Seiten gezeigt hatte, die für einen selbst eine lebenswichtige Ergänzung waren. Oft wurden in den Träumen auch neue Freundschaften geschlossen und zwar mit Menschen aus der DDR, die etwas an sich hatten, was einem selbst dringend fehlte, z. B. Offenheit und Mut oder den Glauben, für eine gerechte Sache einzustehen. Aus Angst vor Ideologie haben wir im Westen ja auch oft den Glauben an Ideale überhaupt über Bord geworfen. In den Träumen trat er uns dann oft wieder entgegen – verkörpert von Menschen aus der DDR.

In den Träumen einer jungen Frau, die kurz nach der Maueröffnung noch in der DDR lebte, zeigt sich viel von der Atmosphäre dieser Zeit z. B. in Leipzig. Sie träumte:

»Ich wohne in einem ganz alten Haus in Leipzig. Ein Abrisshaus wahrscheinlich. Es ist ziemlich schmuddelig, doch auch sehr romantisch. Es gibt eine riesige Küche mit einem großen Tisch. Die Standuhr an der rechten Wand ist renovierungsbedürftig, weil auch die Farbe vom Haus abblättert und sie in Mitleidenschaft zieht. Ich frage, wie teuer ein Abschleifgerät ist. Es ist teuer. Also mit der Hand?

Ich wohne allein. In meiner Wohnung ist eine Art Zentrale mit einem großen Klingelbrett. Hilfsbedürftige alte Menschen können von ihren Wohnungen aus klingeln. Da kommt eine Gruppe von Leuten, die mit mir zusammenarbeiten. Sie waren unterwegs. Mein Freund ist darunter. In einem Haus klingelt es. Das ist aber nur ein Vorwand, damit sie schnell wieder abhauen können. Sie müssen sowieso wieder weg, sagen sie, und dann würden sie dort schnell vorbeischauen. Es steckt aber etwas ganz anderes dahinter. Ich weiß es und bin traurig.

Meine Dozentin sitzt mit am Tisch. Wir hatten uns unterhalten, und nun schaut sie mich mitleidig an. Nachdem sie gegangen ist und ich also ganz allein bin, kommen meine Freunde wieder. Die betreffende Frau hätte sich nur verklingelt. Wir können essen.«

Hier ist viel von der Atmosphäre kurz nach der Maueröffnung festgehalten. Es wird deutlich, wie alles auf Abriss der DDR drängt. Das Abrisshaus ist schmuddelig; die Standuhr, also die Uhr, die die Zeit anzeigt und wohl auch zugleich die politische Zeit, ist renovierungsbedürftig. Zugleich ist hier aber ein gutes gemeinsames Leben im Gang. Die jungen Leute halten zusammen, sie haben sogar eine Gruppe gebildet, die sich hilfsbedürftigen Menschen zur Verfügung stellt. Mit dieser Gruppe zusammen fühlt sich die junge Frau auch in dem alten Abbruchhaus geborgen.

Es sind jedoch allerlei Störungsmomente im Traum vorhanden: Die Gruppe zieht nicht immer nur aus, um alten Leuten zu helfen, sondern sie hat auch eigene, undurchsichtige Interessen, und die Träumerin fühlt sich von ihr verlassen. Ihre bisherige Dozentin ist auch nicht mehr einig mit ihr. Dennoch kommen zuletzt die Freunde wieder und der Traum endet mit einem Essen, d. h. dass sie sich doch alle etwas Nährendes und Wärmendes zu geben verstehen.

Dieser Traum fiel in eine Zeit, als die junge Frau schon mit dem Gedanken spielte, ihr Studium im Westen fortzusetzen und auch den dort wohnenden Freund aufzusuchen, eventuell mit ihm zusammenzuziehen. Diesen Übergang beschreibt der folgende Traum:

»Ich war inmitten von jungen Leuten. Wir gingen einen Weg hoch, der aus meinem Heimatdorf herausführt. Da kam ein Westauto angefahren und ich versuchte, es anzuhalten. Es hielt. Ohne mich zu verabschieden, stieg ich in den Kofferraum des Kombis und wir fuhren los. Ein junger Mann fuhr das Auto. Alles war selbstverständlich. Ich kannte ihn nicht, doch das war nicht wichtig. Doch als er vom großen Weg abbog und auf einen kleinen Feldweg einbog, wurde es mir unheimlich und ich fragte ihn, wohin er führe. Er antwortete mir nur, dass ich keine Angst zu haben brauche. Wir kamen zu einem Haus, das mitten im Wald stand. Da fiel mir ein, dass ich ja noch Kohlen und Holz holen müsste. Ich nahm zwei Eimer, die ich als die aus meiner Leipziger Wohnung wiedererkannte, und holte Kohlen. Auch ein paar Holzpfähle lagen bereit, die ich spaltete und zerbrach. Manches ließ sich einfach zerbrechen, weil es vom Holzwurm zerfressen war. Mir wurde geholfen. Auf einmal stand ich eng mit dem jungen Mann zusammen, der mir vertraut war, auf der Veranda des Hauses. Wir näherten uns spielerisch einander und küssten uns. Der Schauspieler aus Leipzig fiel mir ein, mit dem ich zusammen war und der mich enttäuscht hatte. Wir stiegen ins Auto und fuhren weiter.«

In diesem Traum ist die Bereitschaft ausgedrückt, sich in Neues zu wagen, und zugleich eine gewisse Bedenkenlosigkeit, in das Westauto einzusteigen. Erst später wird der jungen Frau etwas bange. Sie kommen zu einem Haus im Wald, das also noch nahe am Unbewussten angesiedelt ist: das Haus einer neuen Gemeinschaft von Ost und West. Noch erscheint dieses Haus sehr abgelegen und unbelebt. Doch beginnt sie, es zu bewohnen und zu bewirtschaften, wobei ihr die Eimer aus ihrer Leipziger Wohnung zugute kommen. Es ist also vieles brauchbar und nützlich, was sie von dort mitbringt.

Am Holz, das sich so einfach zerbrechen lässt, weil es vom Holzwurm zerfressen ist, zeigt sich noch einmal, dass für sie die Situation reif war zum Abbruch. Die Szene, in der sich die Frau aus dem Osten mit dem Mann aus dem Westen verbindet, stellt in einem erotischen Bild dar, dass es wirklich zu einer Verbindung kommen kann, zu einer besseren als die, die sie mit dem Schauspieler aus Leipzig hatte. Sie wagen den weiteren Weg miteinander, indem sie im Auto weiterfahren. Es ist nun gewiss eine private Situation, die hier deutlich wird, aber doch auch eine Widerspiegelung der allgemeinen Situation, dass sich damals Menschen aus der ehemaligen DDR fast etwas bedenkenlos mit Menschen aus dem Westen verbanden, weil das Leben im Osten abbruchreif war. Dennoch liegt eine Chance in dem Ganzen.

Dass es in der neuen politischen Situation nicht einfach nur zur Verdammung und Ablehnung der Menschen, die dem alten System treu waren, kommen muss – auch wenn dies den davon Betroffenen so schien –, sondern dass auch andere Möglichkeiten bestehen, zeigt ein weiterer Traum einer anderen jungen Frau aus der ehemaligen DDR. Zur Erläuterung ihres Traumes erklärt sie zunächst, dass Joachim, der hier vorkommt, ein Junge aus ihrer alten Schulklasse ist: »Er war etwas dick und saß direkt vor mir. Er galt als Kommunistenkind. Nach der Schule wollte er 25 Jahre lang zur Armee gehen. Ich konnte ihn nicht leiden, weil er in meinen Augen dumm war und weil er trotzdem bei den Lehrern Recht bekam. Er verstand es, sich einzuschmeicheln.« Die Träumerin selbst stammt aus einer christlichen Familie und hatte damals einen eindeutig antikommunistischen Standpunkt. Bei der Brücke, die im Traum vorkommt, handelt es sich um die, welche sich in Leipzig zwischen dem Kaufhaus »Konsum« und der Michaeliskirche erstreckt.

Nun der Text des Traumes:

»Joachim war sehr krank und ich besuchte ihn. Die Krankheit muss innerlich gewesen sein, man sah sie ihm nicht an. Wir saßen uns gegenüber und unterhielten uns. Plötzlich war er mir sympathisch. Wir wurden zum Essen gerufen. Beim Essen fiel mir auf, dass die Familie in zwei Parteien auseinanderfiel: in Mutter und Joachim einerseits, und Vater und den zweiten Sohn andererseits. Nach dem Essen zeigte Joachim mir seine Frösche, die in einem Terrarium lebten. Das hat mich sehr beeindruckt.

Nachdem ich von ihm weggegangen war, kam ich an einer Brücke vorbei, die ziemlich zerstört war, als hätte ein Panzer sie gerammt. Sogar eine der Treppen war kaputt. Aber die Leute ließen sich dadurch nicht beeindrucken. Sie liefen trotzdem darüber und eilten zu ihren Straßenbahnen. In diesem Moment wusste ich, dass diese kaputte Treppe kein Einzelfall war. Sie war symptomatisch für die Situation in diesem Land.«

In diesem Traum vom 30. 5. 1990 findet die Träumerin, die bisher zum antikommunistischen Lager gehört hatte, im Traum den Kommunistenjungen, den sie während der Schulzeit immer verachtet hatte, nun plötzlich sympathisch. Es ist, als ob sie in der Situation, in der die kommunistische Ideologie ausgespielt hat und sie nicht mehr bedroht, plötzlich deren nicht verachtenswerten Kern erkennen würde und die Menschen, die sich ihr verschrieben hatten, auch liebenswert finden könnte. Es ist ein großer Impuls zur Aussöhnung da, ein Impuls, der sich gegen die Abspaltung dieses nunmehrigen Schattens der DDR wendet, den sie doch auch in sich selbst trägt.

Statt den Schatten abzuspalten, lässt sie sich von Joachim Frösche zeigen, die er in einem Terrarium hält. Frösche als Traumsymbole sind immer Möglichkeiten, die noch sehr anfänglich und primitiv, aber entwicklungsfähig sind. Ich erinnere nur an den Froschkönig im Märchen. Es könnten also Entwicklungskeime in der nun so abgewerteten sozialistischen Idee stecken, vor allem aber in den Menschen, die dieser Idee anhingen, die es weiter zu pflegen gilt. Am Familientisch in Joachims Familie zeigt sich, wie die Spaltung, die Spaltung von Gesinnungen und Ansichten, nun durch alle Familien geht und sie entzweit.

Der Traum endet mit einer zerstörten Brücke mit kaputten Treppen, die aber von den Leuten dennoch benutzt wurden, um zu den Straßenbahnen, also ihren täglichen Verrichtungen zu kommen und den Alltag aufrechtzuerhalten. Im Symbol der zerstörten Brücke zeigt sich natürlich, wie stark beschädigt die Verbindungen zwischen den Menschen, die verschiedenen Gesinnungsrichtungen angehört hatten, noch sind. Dennoch wird die Brücke um des Überlebens willen begangen.

Dieser Traum dürfte vor allem eine Schattenintegration in der Träumerin selbst bewirkt haben, er eröffnet aber die Perspektive einer möglichen Schattenintegration auch für unsere ganze Gesellschaft: innerhalb der neuen Bundesländer, aber auch zwischen Menschen der neuen und der alten Länder.

Von der Grenze und dem Überschreiten der Grenze wurde vor allem in der Vergangenheit sehr oft geträumt, als diese Grenze zwischen der Bundesrepublik und der DDR noch ein lebensgefährliches Hindernis war. So träumte Felix, ein junger Mann, der aus einer Pfarrersfamilie stammte und deshalb trotz großer Begabung in der DDR die höheren Schulen nicht besuchen durfte, von seinem Gang über die Grenze. Es ist Nacht, er lässt sich unendliche Finten einfallen, um die Polizei der DDR irrezuführen, durchschwimmt schließlich unter Lebensgefahr einen Fluss und läuft dann auf der anderen Seite einem Polizisten in die Arme, der mit seinem Hund hier kontrolliert. Trotz seines Erschreckens erkennt er in dem Polizisten väterliche Züge. In diesem Traum zeigt sich sein inneres Ja zu diesem Lebensübergang; er ist wirklich über die Grenze gegangen. Der westliche Polizist – auch wenn Polizisten im Traum immer Gewissensinstanzen andeuten – erweist sich als akzeptierend, als väterlich.

Die Grenze der DDR ist auch als Bild für notwendige Lebensübergänge geträumt worden: Eine Frau spürt z. B. beim Grenzübergang zwischen der DDR und der Bundesrepublik, dass sie schon in den Wechseljahren ist und deshalb gar nichts mehr zu befürchten hat. Hier wird ihr die Tatsache, dass sie schon in den Wechseljahren ist, als eine neue Freiheit bewusst, die ihr manche frühere Ängste und Kontrollen erspart. Es ist der Punkt, an dem sie erkennt, dass die Tatsache, in die Wechseljahre zu kommen, nicht nur einen Verlust, sondern auch einen Gewinn darstellt. Auch das ist eine Perspektive für unsere noch nicht lange bestehende ost-west-deutsche Gesellschaft. Ist Deutschland selbst seither in den Wechseljahren?

Eine andere Frau entdeckt ausgerechnet beim Grenzübergang in die DDR, nachdem sie all die Kontrollen durchlaufen hat, zum ersten Mal, dass sie einen schönen Körper hat, ist stolz darauf und steht dazu. Sollte dies einen Moment in ihrem Leben andeuten, an dem sie erstmals trotz peinlichster Kontrollen – subjektstufig: von sich selbst – zu ihrem Körper stehen kann? Hat sie da eine innere Grenze und Hemmung überwunden?

Die Bilder in den Träumen einer Frau, die den allzu raschen Vereinigungsprozess als politisch gefährlich ansah und dem Ganzen skeptisch gegenüberstand, charakterisieren die Lage wiederum ganz anders. Der Traumtext lautet so:

»Ich spreche mit einer Hebamme aus der DDR über ihren Beruf, erzähle, wie das bei uns ist. Sie sagt: Ich lerne das alles auch, übe es aber kaum aus, das macht alles der Staat.

Ich sehe auf einer Karte: der längste Weg nach Eisenach geht durch das Fuldatal, der kürzeste über Oberkaufungen, Waldkappel, den Ringau. Warum eine neue Straße bauen?«

Die Träumerin, sie ist Ärztin, spricht mit einer Hebamme aus der DDR, was vielleicht bedeutet, dass es hier auch um die Hilfe zu einer neuen politischen Geburt geht. Sie stößt auch bei dieser Hebamme auf das Phänomen, dass in der damaligen DDR allzu vieles vom Staat übernommen wurde, sodass die Menschen selbstständige Geburtshilfe kaum leisten konnten.

Nun sieht die Träumerin auf der Karte – sie ist übrigens in all den Jahren oft in die DDR gefahren, hat engen Kontakt zu dortigen Freunden und Verwandten gehalten – die bisher genutzten Wege über die Grenze von Kassel nach Eisenach vor sich liegen, den kürzesten und den längsten, und sie sieht keinen Grund, mit viel technischem und materiellem Aufwand eine neue Straße zu bauen, weil doch, so legt der Traum nahe, die Verbindungsmöglichkeiten – wenn man sie wahrhaben wollte! – durchaus vorhanden waren und sind!

Einen sehr skeptischen Traum träumt die gleiche Frau im September 1990:

> »Ich bin in einem großen Bereich mit Wiese und Bäumen. Wir sind von verschiedenen Parteien – SED, PDS – zusammen. Immer ertönt Propaganda, wie wir wählen sollen. Ich weiß nicht, zu welcher Partei ich gehöre – FDP? Ich soll auch Propaganda machen, kann das aber nicht. Irgendwann im Laufe dieses Traumes werden Menschen, ich auch, in eine Röhre gesteckt und nach Berlin geschossen.«

Zunächst ist da ein freundlicher Bereich draußen in der Natur mit Wiesen und Bäumen. Auf einmal bricht die Politik ein: Verschiedene Parteien, gerade auch alte Ostparteien wie die SED, nun PDS, sind offenbar mit Westleuten zusammen. Es ertönt Propaganda, wie gewählt werden soll, wobei die Träumerin überhaupt nicht weiß, zu wem sie in dieser Situation halten soll. Es geht dabei sicherlich auch um eine Abstimmung über die Zusammenführung Deutschlands. Zu der FDP hat sie bisher nie tendiert; es ist allerdings, wenn man den Namen dieser Partei wörtlich nimmt, die »freie demokratische Partei«. Eine wirkliche Freiheit, wirkliche Demokratie würde diese Träumerin für Deutschland wohl wünschen.

Doch die Propaganda, die zu jenem Zeitpunkt überall für das neue Gesamtdeutschland gemacht wird, erinnert sie fatal an Propaganda, die sie zuletzt im Dritten Reich erlebte: Propaganda für Großdeutschland! Diese Beklommenheit gegenüber der Propaganda, die sie selbst nicht mitmachen kann, führt dann wohl zum letzten Traumbild, in dem die Menschen, wie auch die Träumerin, in eine Röhre gesteckt und nach Berlin geschossen werden. Hier ist ein Bild von einem Kriegsgeschoss in den Traum eingeflossen, in das die Menschen zusammengepfercht werden, um Berlin zu erreichen. Berlin ist in diesem Zusammenhang wohl als die damals angepeilte neue Hauptstadt eines vereinten Deutschlands zu sehen. Es war auch die Hauptstadt des Dritten Reiches. In diesem Bild wird scharf zum Ausdruck gebracht, dass die Träumerin die Wiedervereinigung als etwas gewaltsam empfindet und dass für sie wieder einfach etwas Schicksalhaftes über alle verhängt wird, über die Meinung der Einzelnen hinweg – so wie es das gemeinsame Eingeschlossensein in einer Rakete wäre, die nach Berlin geschossen wird. Als Angehörige der Generation, die das Großdeutschland des Dritten Reiches erlebt und den letzten Krieg mitgemacht hat, steht die Träumerin einer solchen Art der Wiedervereinigung zunächst mit Skepsis gegenüber.

Dass nun aber nach der Wiedervereinigung eine Schicksalsgemeinschaft neuer Art entstanden ist, in der wir aneinander teilhaben lassen könnten und sollten, auch an den gegenseitigen Nöten, zeigt ein dritter Traum der gleichen Träumerin. In diesem Traum hört sie, kurz vor dem Erwachen, eine Frauenstimme in sächsischem Tonfall sagen: »Mann, lass sie doch teilhaben an der Verzweiflung!« Es geht um wirkliches gegenseitiges Teilhabenlassen, auf der einen Seite daran, dass in Sachsen viele in Existenznot geraten sind, vor allem durch die Arbeitslosigkeit, die die Leute zur Verzweiflung treiben könnte; auf der anderen Seite daran, dass auch im Westen die Menschen mit ihren Existenznöten nun zu den Verwandten im Osten kommen sollten und dürften: Im Traum geht es nämlich um eine Freundin, deren Schwester im Westen an einer lebensgefährlichen Krankheit erkrankt ist. Auch sie sollte mit ihren Ängsten die Freunde und Verwandten im Osten nicht schonen und diese wiederum sollten ihre Existenzbedrohung nicht verschweigen müssen! Nur so kommt echte Verbundenheit und gegenseitiges Ernstnehmen zustande.

Es ist unmöglich, wie man schon auf den ersten Blick sieht, solche Träume wortwörtlich in politisches Handeln umzusetzen. Träume wollen übersetzt werden in die Sprache des Tages und der Tagespolitik. Dabei zeigt sich, dass sie häufig auf bisher ungesehene Seiten des Geschehens hinweisen und die Träumenden selbst, aber oft auch die anderen, die diese Träume hören, aufschrecken, diese unbelichteten Seiten wahrzunehmen und in ihr Handeln einzubeziehen.

Die Spaltung der Welt überwinden

Ich möchte noch an anderen Träumen zeigen, wie das Unbewusste auf die politische Weltlage reagiert, die durch Spaltungen in West und Ost, Nord und Süd und durch Ungerechtigkeit und Krieg bestimmt ist. In diesem Zusammenhang komme ich nochmals auf die Begegnung mit dem Fremden sowie die Bedrohung durch den internationalen Terrorismus zurück, die seit den Kriegen in Afghanistan und Irak auch häufig in Träumen auftauchen. So sah eine junge Frau im Traum endlose Züge an sich vorbeirollen, in denen eng gedrängt Menschen mit arabischen Gesichtszügen saßen. Immer wieder einmal kam ein Gesicht wie in Nahaufnahme ganz nah zu ihr heran, und sie sah die große Angst und Verzweiflung, aber auch den Hass in diesen Gesichtern. Sie wusste, dass diese Züge alle ins irakische Kriegsgebiet fahren würden und dass diese Menschen dem Tod geweiht wären.

Dieser Traum von den Tausenden von Arabern, die in den Tod fahren, macht die Träumerin sehr betroffen; es wird ihr bewusst, wie viel Angst, Hass und Trauer durch diesen Krieg bei den Menschen des arabisch-islamischen Kulturraums geweckt werden muss, die vielleicht noch lange in die Zukunft hinein nachwirken. Zugleich erscheinen ihr in diesen Zügen mit fremden Menschen die eigenen unbekannten Anteile ihrer Seele, die sie bisher immer wieder einer Bewusstseinslage zu opfern bereit war, in der die Emotionalität, die Hingabe- und Begeisterungsfähigkeit, aber auch die Religiosität, die sie in den arabischen Menschen wahrnimmt, nur wenig galten.

In den zahlreichen Träumen, die damals von mir und von Kolleginnen und Kollegen in den Wochen nach Ausbruch des Golfkriegs in der psychotherapeutischen Arbeit gesammelt wurden, waren spezifische Themen und Bilder überrepräsentiert, die mit diesem Krieg zusammenhingen, samt den damit verbundenen intensiven Gefühlen, Projektionen und Utopien. Die Träume zeigten vor allem das Ausmaß der Trauer um die Opfer dieses Krieges, das sich im Unbewussten vieler Träumer zu Bildern verdichtete. So weinte eine Frau, die gute Freunde in arabischen Ländern hat, im Traum gemeinsam mit einer anderen, die viele ihrer Freunde in Israel hat, um die Menschen, die mit entsetzlichen Ängsten dem Bombenhagel bzw. den Terrorakten ausgesetzt sind. Beide, sowohl die Träumerin als auch ihre Freundin, waren als Kinder selbst den Luftangriffen während des Zweiten Weltkrieges ausgesetzt gewesen. So kommen Kindheitsängste und tiefe Empathie mit den heute Betroffenen zusammen.

Eine Frau, heute Ende fünfzig, die ihren Vater im Zweiten Weltkrieg verloren hat und damals mit ihrer Mutter und Schwester zusammen kaum um ihn trauern durfte, träumt, dass eine Witwe in diesem Irakkrieg, eine Engländerin, deren Mann jetzt gefallen ist, ihr ganzes Vermögen geben will, damit öffentliche Trauerfeiern für die Opfer dieses Krieges auf beiden Seiten stattfinden könnten. In diesem Traum zeigt sich das Bedürfnis nach tiefer, echter Trauer, so wie auch in dieser Frau, die aufgrund der damaligen Einstellung und der Umstände nie genug um ihren Vater hatte trauern können, nun die volle Wucht ihres damaligen Schmerzes wieder hochkommt.

Während sich Emotionen wie Angst, Wut und Trauer vor allem auf den sich anbahnenden Dauerkonflikt zwischen arabisch-nahöstlicher und westlicher Welt bezogen, betrafen die Traumbilder darüber hinaus besonders auch das Feindbild Saddam Hussein sowie die Darstellung von offiziellen Stellen, mit Saddam habe überhaupt nicht verhandelt werden können. Es gab Traumbilder, die in aller Deutlichkeit zeigen, dass sich sowohl bei Saddam Hussein wie bei George Bush helle und dunkle Seiten finden: In einem der Träume ist der eine von ihnen oben hell gekleidet und unten dunkel, der andere genau umgekehrt oben dunkel und unten hell. Sie passen zueinander wie der Schlüssel zum Schloss, darum können sie auch nicht voneinander lassen. Der eine sagt in diesem Traum, Menschenleben müsse gerettet werden, und tötet dennoch viele; der andere sagt, Menschenleben sei nicht so wichtig, um ebenfalls viele zu töten.

Ein Traum wie dieser kann nicht nur das private Bewusstsein der Frau, die ihn träumte, angehen, sondern auch das öffentliche Bewusstsein aller dazu anleiten, das Konfliktgeschehen differenzierter zu sehen als nur im Schwarz-Weiß-Raster: so etwa die unbewussten oder uneingestandenen Motive (z.B. Wirtschafts- und Einflussinteressen) hinter den erklärten moralischen Absichten des US-Präsidenten wahrzunehmen, wie auch hellere ideelle Motive hinter Saddam Husseins unübersehbaren Machtansprüchen, nämlich etwas für die Ehre und Würde der arabisch-islamischen Nationen und Menschen zu tun, die vom Westen seit der Kolonialzeit missachtet und nicht selten diffamiert wurden.

Gewiss lassen sich diese Träume nicht unmittelbar in politische Einsicht und politisches Handeln umsetzen, vielmehr sagen sie in erster Linie etwas darüber, wie Träumer und Träumerin mit ihrem eigenen Schatten umgehen. Wichtig ist dabei, dass sie in Saddam ihren eigenen Schatten erkannt haben. Vielleicht täte es auch unserer westlichen Gesellschaft gut, den eigenen Schatten in ihm zu erkennen und dann entsprechend mit ihm, mit dem eigenen Schatten, aber auch mit Saddam, umzugehen!

Wenn eine Gegensatzspannung hingegen unbewusst bleibt, verstärken die gegensätzlichen Extreme einander und treten jeweils noch deutlicher hervor. Nach dem psychologischen Gesetz der Kompensation rufen die westliche Hyperrationalität und die Möglichkeit, durch Satelliten und Elektronik den Gegner gleichsam überirdisch wie mit dem Auge Gottes total zu überwachen, im Gegenzug irrational archaische Abwehrformen auf den Plan, z.B. den fast magischen Einsatz des Erdöls als Waffe und ein lebens- und todesverachtendes Märtyrertum im Namen des Islam.

Da das kollektive Unbewusste entsprechend seinen Selbstheilungskräften anstelle der Spaltung bzw. Abspaltung des Bedrohlichen die Vereinigung der Gegensätze fordert, kann sich in einzelnen Träumen die Vision einer friedlicheren Weltordnung konstellieren. Dies geschieht z.B. in Bildern, in denen sich die Völker in einer gemeinsamen Trauer um die Flüchtlinge und Kriegsopfer dieser Welt zusammenfinden. So kommt es in einer Vision inmitten von brennenden Öltürmen und umgeben von verseuchten Meeren zu einer Prozession um eine offene Schale. Dieses Ritual symbolisiert eine neue Einstellung des Gebens, Teilens und Empfangens, die an die Stelle der alten ausbeuterischen Haltung, dargestellt durch die Umweltkatastrophe, treten soll.

An den Schluss dieses Kapitels möchte ich den Traum einer vietnamesischen jungen Frau stellen, der implizit eine Antwort auf die drängende Frage gibt, wie mit den bedrohlichen Spaltungen dieser Welt in Nord und Süd, Ost und West, Arm und Reich umgegangen werden könnte:

»Ich bin in Indien, zusammen mit Leuten, die reich sind. Ich gehöre auch zu den Reichen. Wir sind inmitten einer nicht überschaubaren Menge von ausgemergelten, hungrigen Menschen. Zu uns gehört ein Inder, der vermitteln und die Menschen ruhighalten kann. Dann ist er plötzlich weg und die Menschen fallen über uns her und reißen uns die Kleider vom Leib, nehmen uns alles, so dass auch wir arm sind.

Dann bin ich in einem Gebüsch und eine ältere Frau ist bei mir und beschützt mich. Ein roher, junger Mann, einer aus der Menge, kommt und will etwas von mir. Ich weiß, dass ich mich nicht gegen ihn wehren kann, mit ihm nur herumdiskutieren würde. Aber die Frau sagt Nein und schickt ihn weg. Dann reden wir lange miteinander, und ich werde wieder reich.

Dann sitzen wir, die Gruppe der Reichen von vorhin, an einem Tisch und essen. Ein Bettler kommt und bittet auch um Essen. Ich nehme die Fleischschüssel und schütte ihren köstlichen Inhalt in seine Bettelschale. Der Mann neben mir ist empört darüber, aber ich kümmere mich nicht darum. Es ist jetzt klar, dass wir teilen müssen.«

Die Träumerin ist eine 20-jährige junge Frau, die in Nordvietnam kurz nach Beendigung des Vietnam-Krieges geboren wurde, jetzt in Deutschland lebt und Medizin studiert. Sie möchte nach Vietnam zurückkehren. In diesem Traum ist das ganze Menschheitsproblem der Spaltungen und Ungerechtigkeiten, das im Irakkrieg aufbrandete und auch im innenpolitischen Konflikt zwischen Ost- und Westdeutschland zum Ausdruck kommt, im Bild eines Grundkonfliktes zwischen Arm und Reich dargestellt. In der ersten Szene in Indien, einem in dieser Hinsicht besonders konfliktreichen Land, gehört sie zu den Reichen, die hier einer nicht zu übersehenden Menge von ausgemergelten Menschen gegenüberstehen. Zunächst ist noch ein indischer Mann unter ihnen, der vermitteln kann und damit die Leute ruhighält. Damit ist der Konflikt natürlich noch nicht gelöst, sondern sobald dieser Vermittler und Beschwichtiger weg ist, fallen die Menschen über die Reichen her und reißen ihnen die Kleider vom Leib, bis sie auch arm sind wie die anderen.

In der mittleren Szene ist der Träumerin eine ältere beschützende Frau an die Seite gestellt. Das Symbol des Mütterlichen, das in der ganzen Situation so sehr fehlt, konstelliert sich hier. Sie schafft es, dass ein brutaler junger Mann, der die junge Frau überfallen will, durch klare Abgrenzung zurückgewiesen wird. Es geht hier um eine Konfliktlösung, die aus großer Erfahrung und innerem Wissen heraus durch energisches Einschreiten, Abgrenzung und Abwehr die Gewalt noch verhindern kann. Indem die junge Frau lange mit dieser älteren Frau redet, wird sie wieder reich, wenn auch wohl auf einer anderen Ebene als zuvor: reicher wohl auch in ihrer Weiblichkeit, reich an Erfahrung, Durchblick, an Verhandlungs- und Abgrenzungsgeschick.

Doch auch damit ist das Problem auf Dauer nicht gelöst, selbst wenn manche der politischen Aktionen, die wir in letzter Zeit erleben, im Handeln dieser älteren Frau wiederzuerkennen sind. Die Lösung bringt offensichtlich erst das dritte Traumbild, so wie Träume oft in drei Szenen eine mögliche Problemlösung durchspielen, bis endlich der entscheidende Wurf, das entscheidende Bild gelingt. Hier ist es das Bild, dass wieder die Reichen an einem Tisch sitzen und essen. Als der Bettler kommt und um Essen bittet, nimmt die junge Frau, die den Traum geträumt hat, das Beste, nimmt die Fleischschüssel selbst und füllt sie in seine Bettelschale. Es ist also nicht ein Almosen nach der Art des Spruches »Brot für die Welt, aber die Wurst bleibt hier«, sondern das Mädchen gibt dem hungernden Mann das Beste, was sie hat. Sie muss mit Empörung über dieses Handeln rechnen, gerade einer ihrer männlichen Nachbarn ist empört, aber sie darf sich nicht mehr darum kümmern. Es ist für sie einfach klar geworden, dass sie, dass wir teilen müssen. Nur so lassen sich die Spaltungen und Ungerechtigkeiten dieser Welt überwinden. Es geht im materiellen, aber auch im seelischen und geistigen Bereich um dieses Teilen, zu dem auch das Sich-Mitteilen, das Sharing mit dem anderen gehört.

In diesem wie in ähnlichen Träumen ist der Archetyp der gegensatzvereinenden Ganzheit so deutlich konstelliert, den alle Vorgänge der Trennung, Zerstörung und Spaltung, die wir jetzt erleben, so sehr brauchen. Zugleich konstelliert sich in diesem Bild des Miteinander-Teilens der Archetyp des Mütterlichen, der allein der frevelhaften Vorstellung von der »Mutter aller Schlachten«, die Saddam Hussein während jenes 1. Golfkriegs aufbrachte, das Gegengewicht bieten kann: das Gegengewicht des geschwisterlichen Miteinander-Lebens und Miteinander-Teilens.

3. Vom Umweltgewissen des Unbewussten – warnende und heilende Bilder angesichts ökologischer Krisen[27]

In diesem Kapitel hebe ich vor allem solche Traumbilder hervor, die Wandlungs- und Heilungsmöglichkeiten für unsere Erde und für uns Menschen, die von ihr leben, aufzeigen. Es ist ein äußerst beeindruckendes Phänomen, dass das Unbewusste so etwas wie ein Gespür für die Umwelt, die Mitwelt zu haben scheint und uns vor deren Missbrauch warnt, indem es uns die entsprechenden Bilder schickt. Immer meint es dabei die Ökologie der Außenwelt und die Ökologie der Innenwelt – wozu die Ökologie unseres Körpers gehört – gleichzeitig.

Alle Träume, die ich hier besprechen möchte, weisen unübersehbar darauf hin, dass ein Mensch, der Sorge und Verantwortung für seine gefährdete Umwelt tragen will und muss, zuerst in der Verantwortung für die Ökologie seines eigenen Körper- und Seelenhauses steht. Wir müssen zunächst zu uns selbst kommen, um in unserem Inneren die tragenden Kräfte des Lebens erfahren zu können; erst von da aus können wir uns dem Außen zuwenden und Verantwortung für die Gestaltung der Welt übernehmen, können wir wieder das Vertrauen ins Leben schöpfen, das nötig ist, auch verhärtete Tabus, gerade auch in Bezug auf die Umweltfrage, zu brechen und schließlich außer Kraft zu setzen. So können auch die Traumbilder dieses Kapitels uns vermitteln, dass Innen und Außen miteinander verbunden sind, dass akute Gefahren, aus den Tiefen der Seele heraus wahrgenommen, uns ermöglichen, auf der äußeren Handlungsebene besonnen, mit langem Atem und weitsichtig gegen sie anzugehen.

Die Nachrichten über die Umweltgefährdung sind so vielfältig und oft so erdrückend, dass man sie fast nicht mehr an sich heranlassen kann. Doch dann trifft uns die eine oder andere dieser Nachrichten dennoch tief. Was können wir tun, wenn wir uns nicht taub stellen und gänzlich verschließen wollen, außer: mitzuleiden?

Ist es nun doch so weit, dass die Menschen sich ernstlich über die Umweltgefährdung aufregen? Einige tun es gewiss – das Umweltbewusstsein ist seit Jahrzehnten deutlich im Wachsen –, aber zieht es die Mehrheit nicht dennoch vor, die täglichen Informationen herunterzuspielen, zu überhören oder zu unterdrücken, wie es auch zahlreiche öffentliche Stellen in den betroffenen Regionen tun, z.B. um den Ferienbetrieb nicht zu irritieren? Solche Informationen sind in der Tat schwer zu verkraften!

Es scheint, dass kaum jemand etwas gegen die Zerstörung unserer Mitwelt unternehmen will. Was sich jedoch anstelle des Bewusstseins, das die Lage kritisch beurteilen und engagiert handeln könnte, erregt und aufbäumt, ist das Unbewusste des Menschen, und ich möchte mir als Psychotherapeutin erlauben, die Brisanz des Themas von diesem Aspekt her aufzurollen.

In manchen der Träume, die ich von Patienten zu hören bekomme, sind die Bergseen bereits biologisch tot, ist die Nordsee vergiftet. Hollands Dämme brechen in den Traumbildern, und Orkane fegen die Menschen von den Dämmen ins Meer. Glühend und lebensgefährlich steigt die Sonne auf, durch keine schützende Ozonschicht mehr gemildert treffen ihre Strahlen die Menschen und fügen ihnen gefährliche Verbrennungen zu. Das sind Träume, die sich in Varianten wiederholen. Das Unbewusste der Menschen schlägt also Alarm. Auffällig oft werden solche apokalyptischen Träume gerade von den Menschen geträumt, die solche eigentlich unüberhörbaren und alarmierenden Umweltinformationen verdrängen: Die warnende und kompensatorische Funktion, die den Träumen gegenüber einem einseitig eingestellten Bewusstsein eigen ist, tritt bei ihnen in Kraft. In ihrem Unbewussten staut sich die Angst um die Bedrohung allen Lebens, zu dem natürlich auch ihr eigenes gehört. Oft verschieben sich auch diese real begründeten Ängste in frei flottierende, in Phobien z.B. vor Krebs und Aids, in paranoide Zustände – vor allem aber setzen sie sich in schleichende Depressionen und Sinnentleerung des Lebens um. Die weltweit verbreitete Drogensucht gehört hierher, genauso wie »die Geschäftigkeit gegen den Tod« (Erich Fromm), die hinter unserer hektischen Arbeitsbesessenheit sichtbar wird.

Nun hat das Unbewusste aber noch eine andere Funktion als unterdrückte und verdrängte Ängste zu symbolisieren und alarmierend aufzuschrecken (auch wenn das lebensnotwendig ist): Es hat vor allem die Funktion – C.G. Jung nennt dies die »transzendente«, die transzendierende Funktion –, zwischen unvereinbaren Gegensätzen schöpferisch zu vermitteln, in Träumen und Bildern Symbole zu finden, die das bisher Unvereinbare, Unlösbare auf eine neue Ebene heben und damit Problemlösungen gerade dort erscheinen lassen, wo die Situation nach menschlichem Ermessen unlösbar erscheint. So vermögen Träume auch Perspektiven und Visionen zu vermitteln, in denen die Bedrohung unserer Erde in ihrem ganzen Ausmaß wahrgenommen wird, und in denen gleichzeitig die schöpferischen Wandlungsaspekte auftauchen, die mit dieser globalen Krise verbunden sind. Wie allen Symbolen und Symbolverbindungen ist auch solchen Träumen auf der einen Seite Erinnerung, gemachte Erfahrungen, auf der anderen Seite aber auch Erwartung, oft sogar Hoffnung eigen.

Die Botschaft der Träume

Ich möchte mich vor allem den kollektiven Symbolen zuwenden, die sich in Träumen unserer Zeit konstellieren – es ist ja gerade das kollektive Unbewusste, das die Geschehnisse dieser Welt kritisch kommentiert und zu kompensieren sucht, wie in den beiden vorausgehenden Kapiteln bereits deutlich wurde. Eines der brennendsten Probleme unserer Zeit ist sicherlich die Gefährdung unserer ganzen Erde durch die Umweltbedrohung, durch die Zerstörung und Verschmutzung von Luft, Wasser und Boden. Ich kenne kein Problem, das uns in dieser Zeit existenzieller anginge, und keine Zeit vor uns hat es in dieser Weise gekannt.

Träume zeigen auf, wie tief uns Ereignisse prägen können, auch wenn wir sie vielleicht noch gar nicht wahrhaben wollen. Träume können aber auch aus einer größeren Tiefe heraus, als sie unser Tagesbewusstsein erreicht, mögliche Rettungsaspekte andeuten. Aus Jung'scher Sicht sprechen Träume nicht nur individuelle Probleme und Themen der eigenen Lebensgeschichte an, sondern in besonderen Fällen auch Probleme, die viele betreffen, und können Botschaften an das Kollektiv der Menschheit enthalten.

Ich möchte nun einige dieser kollektiven Träume vorstellen, von denen ich meine, dass sie die Grenze des nur persönlichen Erlebens sprengen, auch wenn Träume immer aus besonderen Situationen der individuellen Lebensgeschichte kommen und auch kollektive Träume meist einer besonderen Erschütterung im persönlichen Leben entspringen. Es ist so, als würden uns Ereignisse und Grenzerfahrungen, wie z. B. schwere Krankheit, Trennungen, Todesfälle, durchlässig machen für das, was menschliche Existenz überhaupt ausmacht, was auch die größere Gemeinschaft bewegt und erschüttert. Ich beginne mit dem Traum einer 48-jährigen Frau:

»Hinter mir ist eine Mauer, eine Uferbefestigung, vor mir das Meer. Ich weiß, es ist biologisch tot, es ist vergiftet, und ich werde sehr traurig. Barfuß stehe ich im Sand, lasse trotz allem das Wasser über meine Füße rinnen. Auf einmal bemerke ich, wie sich neben mir im Sand etwas zu bewegen scheint. Ist es vielleicht doch eine Krabbe, denke ich, sind es Spulwürmer? Kaum möglich. Ich lasse das Wasser wieder über meine Füße strömen. Da beginnt die Ebbe einzusetzen. Das Wasser zieht sich zurück. Und auf einmal, ich traue meinen Augen kaum, erkenne ich viele kleine, ganz einfache Lebewesen auf dem nun frei werdenden Meeresgrund, Würmer, Schnecken, bunte Muscheln, sie leben alle. Leben sie noch, oder Leben sie wieder? Nun gehe ich ins Wattenmeer, ganz aufgeregt vor Freude, und staune über die bunten Muscheln. Auch andere Menschen kommen. Wir beginnen staunend bunte Muscheln aufzuheben und sie einander zu zeigen. Sie leben alle.«

Da ist zu Beginn des Traumes eine feste Steinmauer zwischen Meer und Land. Meer und Land sind voneinander geschieden. Die Träumerin aber geht nahe ans Meer heran. Wichtig scheint mir, dass sie sich nichts mehr vormacht, keinerlei Illusionen mehr hat, sondern sehr ernst nimmt, dass das Meer tot ist. Sie nimmt diesen Nullpunkt todernst, aber sie geht nicht weg vom Meer. Sie sagt nicht »Igitt, diese Giftbrühe, damit will ich nichts mehr zu tun haben!« Sie isoliert sich nicht vom Meer, schützt sich nicht, sondern lässt ihre bloßen Füße vom Meer berühren, das heißt, sie lässt sich überhaupt von der Situation berühren. Da bewegt sich auf einmal etwas unter dem Sand. »Eine Krabbe?« fragt sie sich, »ein Spulwurm?« Sie wagt es kaum zu glauben, aber sie lässt sich doch weiter vom Wasser berühren, benetzen, und da beginnt das Meer zu enthüllen, was es bedeckt, was es verborgen hatte, nämlich, dass auf seinem Grund doch noch und wieder etwas lebt. Es ist einfachstes, ursprünglichstes Leben: Würmer, Schnecken, Muscheln, aber sie sind farbenfroh. Sie muss offenbar erst durch diesen Nullpunkt gehen und ernst nehmen, dass vielleicht nichts mehr zu retten ist, dass es vielleicht schon fünf nach zwölf ist, erst dann beginnt für diese Träumerin die Neuentdeckung.

Im Gespräch über diesen Traum fiel uns das Gedicht *Böhmen liegt am Meer* von Ingeborg Bachmann ein, in dem sich ein subtiles, tiefsinniges Sprachspiel findet mit dem Wort »Grund« und dem Ausdruck »zugrunde gehen«:

> *[...]*
> *Ich will nichts mehr für mich. Ich will zugrunde gehn.*
>
> *Zugrund – das heißt zum Meer, dort find ich Böhmen wieder.*
> *Zugrund gerichtet, wach ich ruhig auf.*
> *Von Grund auf weiß ich jetzt, und ich bin unverloren.*
> *[...]*[28]

Es ist ein paradoxes Gedicht, das wie durch eine Todeserfahrung hindurchgeht. In dem besprochenen Traum zeigt sich ein weiteres Mal die Erfahrung, dass nur diejenigen, die die Gefahr todernst nehmen, in der unsere Erde mit ihrer Luft und ihren Meeren schwebt, gelegentlich solche Botschaften bekommen, die von einem Überleben, einer Wandlung, einer möglichen Rettung sprechen wie durch einen Tod hindurch. Andererseits haben oft gerade die Menschen, die sich den Informationen über die Gefahr verschließen, nach dem kompensatorischen Gesetz der Träume dann eher Alpträume ohne eine Lösung zu diesen Themen.

Ein schon etwas länger zurückliegender Traum macht eindrucksvoll deutlich, dass wir uns mit unserem ganzen Sein für die Heilung der Erde einsetzen müssen:

> »Ein 60-jähriger leitender Angestellter einer Firma, die mit Atomenergie zu tun hat, steht im Traum – es ist kurz nach den Ereignissen von Tschernobyl – in seinem Garten. Hier hört er eine weibliche Stimme von großer

> Autorität, die von ihm verlangt, von der Erde zu essen. Als er angstvoll zögert, wiederholt die Stimme, das werde sein Herz stärken und die Erde reinigen.«

Der Träumer ist ein nüchterner Mann, dem technisch-rationalen Denken verpflichtet, zugleich arbeitet er gern zum Ausgleich in seinem Garten. Die Verstrahlung der Erde nach Tschernobyl hatte ihn damals sehr betroffen gemacht. Nicht nur, dass er in jenem Frühjahr seine ersten Salate und Kräuter wegwerfen musste, er musste vor allem auch erkennen, dass ein so grundlegender Bereich wie die Vegetation durch eine Katastrophe, die von der Hochtechnologie mit Nuklearenergie bewirkt wurde, nachhaltig gestört war. Er erlebt eine zerreißende Spannung, die durch ihn selbst geht, die ihn spaltet in einen Menschen, der sich als Techniker in den Dienst der Energieerzeugung und des entsprechenden Denkens gestellt hat, und in einen Menschen, der als Gärtner die Erde liebt und mit der Erde umgeht. Die Radikalität der Traumstimme machte ihn sehr betroffen.

Er soll von eben jener Erde essen, die er als Elektrochemiker mitstrapaziert, als Gärtner aber liebt, die jetzt akut verseucht, verstrahlt ist. Die Aufforderung, Erde zu essen, erinnert an Heilrituale, wie sie in indianischen, aber auch in vielen anderen Kulturen bekannt sind. Erde zu essen bedeutet die engste Verbindung mit der Mutter Erde, die überhaupt denkbar ist: eine körperliche Verbindung, eine Einverleibung von fast sakramentalem Charakter. Der Mann zögert angstvoll; die Vorstellung, Erde zu essen, ist ihm sehr fremd. Im Gespräch darüber nennt er Widerstände, die er schon immer gehabt habe, sich mit der Erde allzu nahe einzulassen. Die Gefahr war in Wirklichkeit bisher nicht allzu groß gewesen. Ich erinnere mich beispielsweise noch gut, dass ich selbst, wie andere Kinder auch, während der Kriegszeit meinem Bruder Kakao gekocht habe, aus Gartenerde – Erdkakao, den wir genossen haben und der uns bestens bekam. Aber das war damals. Die Erde war ungleich reiner. Heute geht ja die Hemmung vor der Berührung mit der Erde ungleich tiefer. Verstrahlte Erde essen! Wir können den Widerstand des Mannes nachfühlen. Die Traumstimme aber, eine weibliche Stimme, besteht auf dem Essen von Erde. Sie begründet es auch, mit sehr gewichtigen Argumenten: Das Essen von Erde werde sein Herz stärken und die Erde reinigen.

Sein Herz stärken: Die Gesundheit des 60-jährigen Träumers hat unter dem Stress seiner Managertätigkeit gelitten, sein Herz hat nicht mehr die volle Leistungsfähigkeit. Erde zu essen, das würde sein Herz stärken, so heißt es. Sein Herz: Das ist aber mehr als die zentrale physische »Pumpe« seines Organismus, das ist, symbolisch verstanden, die Fähigkeit zu fühlen, zu lieben, das Herz ist das Zentrum eines Menschen, seiner Liebesfähigkeit. Das Zentrum seiner Person also würde gestärkt durch das Einverleiben von Erde, durch die innigstmögliche Verbindung mit ihr.

Zugleich aber würde durch dieses Einverleiben die Erde selbst gereinigt, so sagt die Stimme, gereinigt von der Verstrahlung und Verseuchung, die Menschen ihr angetan haben. Nach Tschernobyl kam ja bei manchen nachdenklichen Menschen die Vorstellung, der Impuls auf, ob wir nicht irgendetwas für die Erde tun müssten, materiell, aber auch spirituell, um ihr zu helfen, sich zu reinigen – als ginge es darum, ihr ein Opfer zu bringen, ein Ritual zu vollziehen. Hier wird ein Ritual aus dem Symbolkreis des »Heiligen Essens« vorgeschlagen, gleichsam als ein Sakrament der Erde. Ob wörtlich oder symbolisch verstanden, es ginge auf jeden Fall um die innigstmögliche Wiederverbindung eines Menschen mit dem Element Erde, dem in der Neuzeit so oft missachteten, technisch und chemisch ausgebeuteten und geschändeten Element.

Geht es aber nur um das Element Erde? Geht es bei all dem nicht auch um das Symbol der Erde, um die Mutter Erde selbst? Eine weibliche Stimme, offenbar von unwiderstehlicher Autorität, befiehlt diese Verbindung, befiehlt sie einem Mann, der zu den Vertretern jener technischen Intelligenz gehört, die die Zerstörung der Erde mit zu verantworten hat. Das weibliche Erdsymbol gehört zu den großen Symbolen unserer Zeit; es ist uralt, aber plötzlich wieder hochaktuell: als »Gaia« wiederentdeckt, nicht zuletzt von Naturwissenschaftlern, die herausgearbeitet haben, dass diese Erde sich wie ein Gesamtorganismus, wie ein lebendes Wesen verhält.[29]

In den gleichen Vorstellungsbereich, dass wir vielleicht unserer Erde Opfer bringen müssten wie die alten Völker ihren Göttern, gehört ein anderer Traum, der geträumt wurde, als die betreffende Frau ihren fünfzigsten Geburtstag beging. Er lautet:

> »Ich bin in gutem Einverständnis mit Klaus, meinem Ehemann. Wir wandern gemeinsam durch große Gefahren. Es soll der Welt durch eine Macht von oben das Wasser völlig entzogen werden, wenn sich die Menschen nicht besinnen und jeder wenigstens fünfundzwanzig Gramm Wasser aus seinem eigenen Körper opfert. Klaus ist sofort bereit, das mit mir zusammen zu tun. Wir beginnen zu singen, es singen viele andere mit und erbringen die notwendige Menge an Wasser durch Weinen und Schweiß. Auf dem Rückweg sagte ein Religionslehrer über Klaus, der Pastor ist, er sei offenbar ein Anhänger einer neuen Religion.«

Dieses Paar ist nach einer längeren, oft krisenhaften Ehe nun doch in ein gutes Einvernehmen miteinander gekommen, nicht zuletzt dadurch, dass sie sich gemeinsam einer großen, überpersönlichen Thematik, der Sorge um unsere Erde, zuwandten. Das ist etwas Neues für die beiden. Er ist evangelischer Theologe und Pfarrer, sie eine spirituell Suchende, die sich auch bei den Heilritualen der Naturvölker umsieht, bei verschiedenen anderen spirituellen Richtungen. Lange Zeit waren die Anschauungen und auch die spirituelle Praxis der beiden weit auseinander gedriftet. Doch in diesem Traum haben sich Mann und Frau, Männliches und Weibliches im Erleben verbunden.

Die Botschaft des Traumes ist zunächst erschreckend genug: Alles Wasser soll der Welt entzogen werden, so heißt es in diesem Traum. Dabei kommen uns Assoziationen wie vergiftete Brunnen oder Quellen, die aus immer tieferen Erdschichten heraus kein reines Wasser mehr geben, wie austrocknende Brunnen z.B. in Afrika, wo jedes Jahr zahlreiche Brunnen versiegen. Kein Wasser mehr zu haben bedeutet den absoluten Tod. Jeder, der einmal gefastet hat, weiß, wie lange wir ohne Essen leben können – drei, vier Wochen lang –, aber nur wenige Tage ohne Wasser. Auch im übertragenen Sinne wäre uns mit dem Wasser die seelische Substanz, die Tiefe, das Unbewusste, die Dynamik der seelischen Verbindung entzogen. Hier heißt es, dass diese Versagung des Wassers von oben kommt, wie ein Gericht. Nur ein Opfer könne uns noch retten: Tränen, Schweiß, eine wirkliche Trauer sind also gefordert, eine wirkliche Angst um diese Erde ist zu erbringen, bei der man Blut schwitzt, bei der einem der kalte Schweiß ausbricht, bei der wir im Schweiße unseres Angesichts wirkliche und höchste Anstrengungen unternehmen, um zu retten, was zu retten ist. In dem Traum geschieht dieses Opfer wirklich. Es vollzieht sich bezeichnenderweise unter Gesang: Gefühle auszudrücken, die Gefühle großer Angst und Trauer um die verzweifelte Lage der Natur, könnte dieses Singen bedeuten. Es ist ja fast unter uns ausgestorben, das gemeinsame Singen; wo es wieder aufkommt, lässt es eine besondere Verbundenheit entstehen, Solidarität vor allem im Fühlen.

Klaus, der sofort bereit ist, dieses Opfer zu bringen, vertritt damit, so heißt es im Traum von Seiten eines Religionslehrers, der es ja wissen muss, eine neue Religion. Die neue Religion aber ist wohl nichts anderes als diese Wiederverbindung mit den Elementen, mit der Natur, bis hin zur Opferbereitschaft der Menschen für die Erde, wo sie sie gefährdet sehen. Im vorherigen Traum wurde dem Menschen bedeutet, Erde zu essen. In diesem Traum heißt es, aus der eigenen Körperflüssigkeit die Substanz zu erbringen, zu »opfern«, die aufwiegt, was wir zerstört haben.

Im Zusammenhang mit dem ersten Golfkrieg, bei dem man ja auch um die Umwelt der ganzen Region fürchten musste, träumte ein Kollege einen ihn ergreifenden Traum:

> »Rund um die Golfregion sah ich Menschen aller Nationalitäten und Hautfarben stehen, die angesichts des verwüsteten Landes und Meeres eine einzige, miteinander verbundene Kette von Menschen bildeten, die verzweifelt trauerten und um Rettung flehten. Da sahen sie, dass auf einmal das ganze verseuchte Wasser der Golfregion verdunstete, sich zu Wolken verdichtete und, wie destilliert, wie gereinigt, herabregnete. Angesichts dieser wundersamen Transformation brach eine nicht zu beschreibende Dankbarkeit und Freude unter den Menschen aus.«

Es sind eigenartige Träume, die ahnen, dass Rettung möglich ist, aber nur unter der Bedingung, dass wirkliche Trauer, wirkliche Tränen, wirkliches Opfer erbracht werden, und die dann auch wissen, was für ein Opfer zu erbringen ist.

Ich meine, dass wir alle, wenn wir es uns wirklich unter die Haut gehen ließen, dass unsere Erde bedroht ist, nicht nur in Resignation fallen müssten, sondern vielleicht auch unsere Liebe zu allem, was lebt, wiederentdecken könnten, auf eine ganz elementare Art. Eine Liebe selbst zu den Fischen, den Felchen und Krätzern in dem See, an dem ich wohne, wachte in mir auf, als ich las, dass sie in einer Mutation ihr Kiemensystem verändert und verfeinert haben, um das durch die Umweltbelastung verschmutzte Wasser besser filtern zu können. Man könnte zwar auch eine solch gute Nachricht noch gedankenlos oder zynisch missbrauchen, falls man nun behauptete, es sei doch alles gar nicht so schlimm, das Leben werde sich schon zu helfen wissen, so viel Alarm müsse man auch wieder nicht auslösen. Damit unterschlüge man aber die andere Seite: dass es nämlich überhaupt wieder genügend und gesunde Fische in diesem See gibt, verdanken wir den jahrelangen Bemühungen aller angrenzenden Gemeinden, den schweizerischen, den österreichischen und den deutschen, die einige Sommer lang Bauzäune vor ihren Uferpromenaden ertrugen, um das gesamte Klärsystem für die Abwässer neu verlegen und regulieren lassen zu können.

Bemerkenswert häufig begegnen mir in der letzten Zeit Träume, in denen besondere Meerestiere – Wal, Delphin sowie die uralte Seekuh – vorkommen und bei aller Gefährdung die Funktion des rettenden Seelenführers, des Seelengeleiters übernehmen – eine Funktion, in der wir diese Meerestiere schon in Mythen und Märchen kennen.

Zunächst möchte ich eine Imagination zum Thema Meer berichten, von einer Frau Mitte Dreißig und Pädagogin:

> Das Motiv Meer hatte ich ihr schon öfter vorgegeben, ohne dass etwas so Einschneidendes geschah. Die Imaginierende kann sich innerlich rasch ans Meer versetzen. Sie spricht mit Wohlbehagen darüber, wie sie barfuß über die Dünen einer Nordseeinsel läuft, den warmen Sand unter den Sohlen, wie sie zum Meer herunterkommt, die Brandungswellen sieht und spürt, wie ihr die auslaufenden Wellen über die Füße strömen. Sie schweigt eine Weile, ganz ihren inneren Bildern hingegeben. Auf einmal weint sie auf. Ich frage sie, was geschehen sei. Sie hat einen Wal gesehen, der da an der Küste liegt. Ein scharfes Metall hat ihn verwundet. Er atmet nur noch schwach. Sie spürt, dass er dabei ist zu sterben. Sie bleibt bei ihm, auch wenn sie nichts für ihn tun kann, sie will ihn nicht verlassen. Plötzlich sagt sie: »Und dabei stirbt er ganz ohne Vorwurf…«

Dieser letzte Eindruck macht besonders nachdenklich. Das Weinen der Frau hält noch an, auch nachdem die Imagination abgeschlossen ist. Als ich sie frage, wie es ihr jetzt nach dieser Imagination geht, antwortet sie: »Nicht gerade gut, aber doch auch wieder besser als beim ersten Anblick des Tieres.«

Das Weinen habe ihr gut getan, auch das Dableiben und vor allem die Tatsache, dass das Tier ohne Vorwurf stirbt. Auf einmal sagt sie ganz leidenschaftlich: »Wir dürfen nicht weggehen, wenn die Tiere sterben.« Sie erzählt mir dann, dass sie vor wenigen Tagen eine Einladung von einem alten Freund, der an der Küste lebt, bekommen habe, dort den Sommer zu verbringen. Erst habe sie freudig zugestimmt, dann sei ihr das verschmutzte Meer eingefallen, und der Gedanke daran habe ihr die Ferienfreude verdorben. Jetzt aber, durch diese Imagination, wisse sie, dass es für sie gar nichts anderes geben könne, als eben dort hinzufahren, wo die Tiere leiden. Sie wolle an Ort und Stelle sehen, ob sie nicht doch noch etwas tun könne. Aber auch, wenn sie nichts mehr tun könne, sei es wichtig für sie selbst, an Ort und Stelle mit den Tieren, um die Tiere und um das ganze Meer zu trauern. Für sie selbst sei es wichtig, betont sie noch einmal.

Geht es in dieser Imagination, wie die subjektstufige Deutung nahe legen würde, vor allem um das mögliche Sterben eines seelischen Inhalts? Oder geht es weit darüber hinaus um die Widerspiegelung eines kollektiv relevanten Vorgangs, nämlich des Sterbens wichtiger Lebewesen des Meeres, das der Umweltzerstörung zuzuschreiben ist, und von daher auch um den Niederschlag dieses Sterbens in unserer Psyche? Und fordert hier die Psyche der Imaginierenden nicht das Hinschauen, das Hingehen und die Trauerarbeit, anstatt wegzublicken und in der Anklage gegen andere, die man zweifellos dafür verantwortlich machen könnte, stecken zu bleiben?

Es geht um nichts Geringes, wenn der Wal auftaucht oder gar, wenn der Wal stirbt. Schon seine gewaltige Erscheinung legt das nahe. Wie andere Tiere auch, z. B. die Schildkröte, wird der Wal in den mythologischen Vorstellungen vieler Völker als ein Träger des Kosmos dargestellt. Insofern beinhaltet diese Imagination, die auf den ersten Blick nur von der Verwundung und dem Sterben eines bestimmten Tieres handelt, auch einen apokalyptischen Aspekt: ein Träger des Kosmos ist gefährdet. Besonders bemerkenswert an dieser Imagination ist die Tatsache, dass der Wal ohne Vorwurf stirbt. Er verursacht mit seinem Leiden und seinem Tod nicht primär ein Schuldgefühl, er setzt vielmehr tiefe Gefühle frei: Liebe zu den noch lebenden, überlebenden Tieren, Trauer auch und damit die Möglichkeit von Trauerarbeit. In der Folge hat sich die Träumerin mit vielen anderen zusammen an einer Protestaktion beteiligt, die auf der internationalen Konferenz zum Schutz bedrohter Tierarten ein Walfangverbot erreichte, damals auch bei den Ländern Norwegen und Japan, die sich bis dahin diesem Verbot entzogen hatten.

Auch die Seekuh, eines der ältesten Meerestiere der Welt, das sich mit seinem großen Leibesumfang behäbig bewegt, aber in Gefahr ein erhebliches Tempo entwickeln kann, ist von der Vernichtung bedroht. Eine solche Seekuh, die die Symbolik der Mutter, wie sie zur Kuh gehört, mit der Tiefgründigkeit der See vereint, ist bei einer meiner Analysandinnen zum besonderen Symbol einer Seelengeleiterin geworden. Als solche vereint sie große Weisheit und Umsicht mit einer mütterlich-bergenden Ausstrahlung. Die Analysandin konnte sich in ihren Imaginationen bei ihr anschmiegen, neben ihr herschwimmen, auf ihr reiten und mit ihr sprechen, ihr all ihre tiefer liegenden Probleme anvertrauen. Sie hatte eine lange Serie von Imaginationen mit der Seekuh gemacht. Zuerst erschienen war sie ihr jedoch eines Nachts im Traum.

Es ist, als ob der Symbolgehalt dieser geheimnisvollen Meerestiere und ihre Bedeutsamkeit für unsere Seele durch ihre äußere Gefährdung nur noch deutlicher aufleuchtete, als wollte das Unbewusste uns diese Tiere als unentbehrliche Botschafter aus dem Tiefenraum der Psyche vor Augen stellen, gerade jetzt. Die Träume und Imaginationen, in denen sie vorkommen, weisen die Menschen, die sie haben, immer auch auf die Bedeutung einer Kontaktaufnahme mit dem schöpferischen Unbewussten hin, die in dieser so kritischen Weltsituation lebenswichtig zu werden scheint.

Selbst Christus begegnet uns heute in den Bildern unserer Träume wieder oft als Delphin – wie übrigens schon in der Malerei der Katakombenzeit. So träumt eine Frau, Ergotherapeutin, Ende vierzig, dass sie neben einem grünen Delphin herschwimmt, der sie sicher durch alle Meere geleitet. Der Delphin mit seiner besonderen Intelligenz, seiner Weisheit aus dem Bereich der Wassertiefe – die symbolisch für die tiefen Räume unserer Seele, unsere gemeinsame Menschheitsseele steht –, kann sie durch psychische Erfahrungsräume, aber auch durch Dimensionen unserer Weltwirklichkeit geleiten, in denen sie mit ihrem menschlichen Ich allein verloren wäre. Sie ist von dem Traum so stark ergriffen, dass sie ein Bild malt, wie sie, den Arm vertrauensvoll um seinen Nacken gelegt, mit dem grünen Delphin durch die Meere schwimmt.

Warum ist dieser Delphin grün? Er hat die Farbe der Natur, die Farbe der grünenden Hoffnung, des Heiligen Geistes, der Mystik. Grün ist auch die Farbe des Herzchakras. Chagall malte die vom Geist ergriffenen Chassidim in Grün; in grünem Glas gestaltete er den kommenden Christus im Zentrum des Fraumünster-Fensters von Zürich: als kosmischen Christus, der das Doppelprinzip der Liebe und der Weisheit verkörpert, das die Schöpfung von Anfang an durchwaltet und das er als Kommender wiederbringt, zu deren Regeneration und Heilung.

Eine andere Frau, die sich nach Jahren kirchlicher Berufstätigkeit in einer großen Umbruchsituation befand und mitten im Berufswechsel stand, träumt,

»dass Christus, zum Verhör vor ein landeskirchliches Tribunal beordert, plötzlich aus dem Polizeiwagen springt, mit dem er vor das Tribunal befördert werden soll. Mit einem herrlichen Satz entspringt er dem Wagen, vom Steilufer, an dem die Straße entlang führt, hinab in den blitzenden

Fluss. Im Sprung verwandelt er sich in einen silbernen Delphin, der in den Fluss eintaucht und vor aller Augen verschwindet.«

Christus ist in diesem Traum erneut angeklagt, diesmal von einem kirchlichen Tribunal. Wir erfahren nicht, warum, doch kann es in diesem Zusammenhang nur darum gehen, dass er den Glaubensvorstellungen dieses Tribunals nicht entspricht. Er ist anders, ist anstößig; er ist, wie schon zu seinen Lebzeiten, nicht zu vereinnahmen von den frommen Institutionen seiner Zeit. In diesem Traum entzieht er sich allen solchen Vereinnahmungsversuchen und Rechtfertigungszwängen in eine herrliche Freiheit: Er entspringt ihnen und er verwandelt sich im Flug in einen Delphin.

Christus also entzieht sich im Unbewussten dieser Frau den Glaubensvorstellungen eines kirchlichen Tribunals, vor dem er sich absurderweise rechtfertigen sollte, und identifiziert sich stattdessen mit dem Meereswesen, das ebenso intelligent wie weise und menschenfreundlich aus der Tiefe des Wassers heraus, aus dem Unbewussten heraus also, den Menschen geleitet. In der Tiefe seiner Seele wird dem Menschen, der den kirchlich definierten Christus oft bewusst ablehnt, dieser wieder begegnen, oft im Traum, aber auch in Meditation und Imagination. Vielleicht bewirkt die Enantiodromie, d.h. die Gegenläufigkeit, die der Psyche eigen ist, auch dies, dass der eigentliche Christus erst dann unbewusst wiedergefunden werden kann, wenn der bekannte bewusst abgelehnt wird. Indem er sich in diesem Traum mit dem Delphin identifiziert, ja selbst zum Delphin wird, ist uns in Abwandlung eines der bekannten Jesusworte zugleich dieses gesagt: »Was ihr aber tut einem meiner geringsten Brüder [z.B. den Delphinen, I. R.], das habt ihr mir getan.«

Wer diesen Traum, der über die individuelle Botschaft an die Träumerin hinausgeht, ernst nimmt, mag künftig in den Delphinen Christus entdecken (in den Delphinen, die in einem Spätsommer vor einigen Jahren, wie ich erfuhr, auch von einer Abwehrschwäche betroffen waren und zu Hunderten vor der spanischen Mittelmeerküste starben). Nur durch Ernstnehmen der Natur um uns herum und in uns – zu der auch die Träume gehören – wird es vielleicht noch gelingen, die Katastrophe von unserer Erde abzuwenden, die mit der Abspaltung und Abwertung der Natur begann – im Namen eines Gottes, der außerhalb und oberhalb der Welt vorgestellt wurde statt in ihr. Es ist, als kehrte Christus und mit ihm Gott in diesem Traum in die Natur zurück, aus der ein fehlgeleiteter Glaubensfanatismus, seit Bonifatius die heilige Eiche fällte, ihn zu vertreiben suchte.

Zu diesem Thema möchte ich noch einen weiteren Traum berichten, den mir eine bis dahin unbekannte Hörerin nach einem Vortrag zusteckte. Ich weiß nichts weiter von ihr, als dass dies vielleicht der bewegendste Traum ihres Lebens war und dass sie sich eigentlich wünschte, dass er weitererzählt wird.

»Ich betrete einen hohen Raum, der mich an einen gotischen Kirchenraum erinnert. Es herrscht eine schöne, stille, ehrfürchtige Atmosphäre. Auf einmal merke ich, dass ich auf durchsichtigem Boden gehe. Unter mir ist Wasser, das aus der Tiefe hervorleuchtet. In der Tiefe muss eine Lichtquelle sein. Ich kann mehrere Fische erkennen, die sich in schönen Formationen bewegen. Auf einmal aber taucht ein Delphin auf, der mich mehr als alle anderen anzieht. Er macht stille, schöne Bewegungen. Irgendwie bezieht er sich auf mich. Mich erfasst auf einmal eine ungeheure Sehnsucht nach diesem Delphin. Ich habe das Gefühl, es würde mein Leben verändern, ja heilen, mit ihm in Kontakt zu kommen. Ich sehe ihn so nah, er steigt aus einem Leuchten auf, das aus der Tiefe kommt, aber noch ist diese durchsichtige Bodenplatte zwischen uns.«

Wie kann ein Delphin einen Menschen so stark berühren? Als unglaublich intelligentes Wesen verkörpert er die Weisheit aus der Tiefe, symbolisch das Unbewusste. Ich habe eben schon von dem Traum berichtet, in dem Christus selbst, in einen Delphin verwandelt, in den Fluss eingetaucht ist – Christus, der schon in der Katakombenzeit oft als Fisch, deutlich auch als Delphin, dargestellt wurde. An diesem Traum ist besonders eindrucksvoll, dass die geheimnisvolle Begegnung mit dem Transzendenten nicht in der Höhe, wie es der gotische Kirchenraum mit seinem Streben nach Höhe nahe legen würde, erfolgt, sondern in der Tiefe, dass der Delphin aus dem heraufschimmernden Raum unterhalb des durchsichtigen Kirchenbodens kommt. Aus der Tiefe also, nicht aus der Höhe wird die erneute Begegnung mit dem Transzendenten für Menschen unserer Zeit erfolgen. Auch hier wieder – es verwundert nicht – ist der Delphin Träger der Begegnung mit der Transzendenz.

Vielen unserer Zeitgenossen mögen die religiösen Implikationen des Umweltthemas fremd sein. Es ist jedoch keine Frage mehr, dass die hemmungslose Ausbeutung der Natur nur auf dem Hintergrund einer Religion geschehen konnte, die die Natur gleichsam »fallen ließ«, sie aus dem Ehrfurchtsbereich des Gottgeweihten ausstieß und die religiös begründete Ehrfurcht der zu bekehrenden »Heiden« vor der Natur noch zusätzlich verfolgte und auszurotten versuchte. Nur eine neue religiöse Verankerung der Natur und des Kosmos in unserem Gewissen und in unserem Herzen mag der globalen Zerstörung noch etwas Wirksames entgegenzusetzen, wobei die Verankerung in unseren Herzen noch die tiefere wäre als die im Gewissen. Grün ist, wie gesagt, auch die Farbe des Herzchakras. Die deutsch-jüdische Dichterin Rose Ausländer schrieb, schon vom Tod gezeichnet, von ihrem Krankenbett im Altersheim aus folgendes Gedicht, das mit seiner schlichten Aussage – dem »noch«, in dem es die Wiesen gibt – eine schmerzhafte Liebe zu all dem erweckt, was »noch« besteht; eine Liebe, die in uns den Entschluss wachrufen kann, dies alles zu bewahren und schützen zu helfen:

Und
Und Wiesen gibt es noch
und Bäume und
Sonnenuntergänge
und
Meer
und Sterne
und das Wort
das Lied
und Menschen
und[30]

Wie können wir mit solchen Träumen wie den eben berichteten umgehen? Gewiss können wir sie wegschieben, indem wir sie auf die persönlichen Hintergründe derer, die sie geträumt haben, zurückführen und uns auf die subjektstufige Deutungsebene beschränken, mit dem Argument, es sei doch eine persönliche Angelegenheit, ob man sich noch Hoffnung gestatten könne oder nicht. Wir können uns aber auch von ihrem überpersönlichen, transpersonalen Gehalt berühren und überzeugen lassen und diesen Bildern weiter nachgehen. Das können wir als Einzelne tun, aber auch als Gruppe, als Traumgruppe, die sich vielleicht aber auch von den Träumen motivieren lässt, für die Umwelt und Mitwelt öffentlich einzutreten.

4. Träume als Prophetie?

Auf der letzten Seite der Bibel findet sich ein visionäres Bild, das uns vor die Frage stellt, was es mit sogenannten »prophetischen« Schauungen in Imagination und Traum auf sich habe, wie wir sie beispielsweise in der Offenbarung des Johannes vorfinden:

»Und er zeigte mir einen Strom von Lebenswasser, klar wie Kristall [...] und zu beiden Seiten des Stromes steht der Baum des Lebens, der zwölfmal Früchte trägt. Jeden Monat spendet er seine Frucht, und die Blätter des Baumes dienen zur Heilung der Völker [...].« (Off. 22,1–4).

Ein Traum aus einer Traumserie, den C.G. Jung um 1914, kurz vor Beginn des Ersten Weltkriegs geträumt hat, enthält fast das gleiche symbolische Bild:

»Im dritten Traum war wieder eine ungeheure Kälte aus dem Weltraum hereingebrochen. Er hatte jedoch ein unvermutetes Ende: Da stand ein blättertragender, aber früchteloser Baum, dessen Blätter sich durch die Einwirkungen des Frostes zu süßen Weinbeeren voll heilenden Saftes verwandelt hatten. Ich pflückte die Trauben und schenkte sie einer großen harrenden Menge.«[31]

Er selbst, Jung, pflückt von diesen heilsamen Blätterfrüchten und teilt sie aus – hier gelangt ein apokalyptisches Zukunftsbild ins Jetzt, das, wie alle echte Apokalyptik, von Verwandlung und nicht nur von Untergang spricht. Früchtelos zwar ist dieser Baum, so wie sich in Zeiten äußerster Kargheit keine Früchte ausbilden mögen, der Baum »spart« vielmehr seine Lebenskraft. Doch bewirkt der ungeheure Frost eine unerwartete und nie vorauszusehende Mutation: Die Blätter werden zu Früchten, ja zu Weinbeeren voll süßen, heilenden Saftes. Welch großer Auftrag an Jung tut sich hier auf, an die Jung'sche Psychologie seiner Zeit, nach den Weltkriegen, und wohl auch noch für unsere Zeit!

Heute treten nach meiner Beobachtung die Bilder der Apokalypse von einem großen Umbruch, von Untergang und Welterneuerung so gehäuft auf, dass man sie nicht nur der persönlichen Lebenssituation eines Einzelnen zuschreiben kann, sondern es sind Symbole, die eine überpersönliche Konstellation darstellen, die alle Zeitgenossen betrifft, und die die kollektive Situation zugleich kompensieren und deuten. Die Bedeutsamkeit solcher Symbole für die jeweilige Zeit, die ich oben bereits z.B. am Engelsymbol oder an Harry Potter aufgezeigt habe, möchte ich jetzt an einem historischen Beispiel verdeutlichen: an einem Traum Albrecht Dürers von einer vom Himmel herabstürzenden Kräfte-Entladung, die in einer Zeichnung Dürers verblüffend an einen »Atompilz« am Himmel erinnert. Als ich kürzlich in einem Radiointerview auf diesen Traum zu sprechen kam, wurde ich aus dem Publikum gefragt, ob Dürer hier nicht eine Präkognition gehabt und das Atomzeitalter vorausgesehen habe. Die Antwort bedarf einer differenzierten Betrachtung des Kontextes.

Albrecht Dürers Traumgesicht

Apokalyptische Zeiten, Zeiten gewaltigen Umbruchs also, gehen häufig einher mit großen Träumen, mit Gesichten, mit Visionen. Eine Umbruchszeit, in der das römische Weltreich und mit ihm die antike Kultur und Religion zerbrachen, in der die christliche Gemeinde als Keim des Neuen sich nur unter Lebensgefahr behaupten konnte, war die Zeit der Johannes-Apokalypse, dem letzten Buch des Neuen Testaments, deren Visionen dieser Umbruchszeit galten. Eine gewaltige Umbruchszeit, gefolgt von Kriegen, die Europa verwüsteten, war auch die Zeit der Reformation. Aus dieser Zeit stammt eine Traumvision, die die atomaren Schrecken der Gegenwart vorwegzunehmen scheint. Sie stammt von keinem Geringeren als dem Maler Albrecht Dürer. In seiner Erschütterung über diesen Traum hat er das Traumbild sogar gemalt: Es gleicht beunruhigend dem »Pilz«, der nach einer Atombombenexplosion am Himmel erscheint. Dürers Aufzeichnung über sein »Traumgesicht«, wie er es nennt, lautet:

> »Im Jahre 1525, nach dem Pfingsttag, in der Nacht zwischen Mittwoch und Donnerstag, habe ich im Schlafe diese Erscheinung gesehen, wie viele große Wasser vom Himmel fielen; und das erste traf das Erdreich

ungefähr vier Meilen von mir mit einer solchen Furchtbarkeit und einem übergroßen Rauschen, und es zerspritzte und ertränkte das ganze Land. [...] Dann fielen die anderen Wasser, und die da fielen, die waren sehr mächtig, und es waren deren viele, einige weiter, einige näher, und sie kamen so hoch herab, dass sie scheinbar gleichmäßig langsam fielen. Aber als das erste Wasser, welches das Erdreich traf, nahezu herabgekommen war, da fiel es mit einer solchen Geschwindigkeit, Wut und Brausen, und ich erschrak so sehr, dass mir, als ich erwachte, mein ganzer Körper zitterte, und ich lange nicht recht zu mir selbst kommen konnte. Als ich aber am Morgen aufstand, malte ich es hier oben, wie ich es gesehen hatte. Gott wende alle Dinge zum Besten.«[32]

Der letzte, bemerkenswerte Satz besagt, dass auch Dürer solch eine Vision noch nicht als etwas Unabwendbares ansieht. Doch zunächst sieht er Wasser vom Himmel fallen, eine neue Sintflut, in der die Schleusen des Himmels geöffnet werden, um die Erde zu vernichten. Im Hintergrund steht gewiss eine ungeheure Angst vor einer zweiten Sintflut, Gottes Gericht, denn als solche wird die Sintflut theologisch verstanden, eine Angst, die nicht nur Dürer, sondern seine ganze Zeit schüttelte. Die Angriffe der Reformation auf das Fundament der »Mutter Kirche« mögen, auch wenn sie von den Reformatoren bewusst unternommen wurden, im Unbewussten der Beteiligten und Sympathisanten, wie Dürer einer war, dennoch eine gewaltige Angst erzeugt haben. Wenn Wasser jedoch, wie in diesem Bild, nicht aus den irdischen Tiefen freigesetzt wird, sondern vom Himmel niederstürzt, so bedeutet das – tiefenpsychologisch gedeutet –, dass eine Sintflut aus dem geistig-religiösen Bereich niederbrechen wird, die überwältigende Ausmaße annimmt.

Wasser vom Himmel kann Unbewusstes von geistiger Qualität bedeuten. Die Gefahr, von solchem unbewusst Geistigen überwältigt zu werden, konnte damals für Dürer persönlich bestehen. Sein Traum weist aber auch noch andere Dimensionen auf: Kollektive, überpersönliche Einbrüche aus dem geistigen Bereich stehen an; es handelt sich um ein Geschehen, das weit über das persönliche Leben Dürers hinausweist und das Schicksal einer ganzen Generation symbolisiert, den geistigen Umbruch der Reformation, der das Mittelalter beendet und in der Folge die Neuzeit herbeiführt. Wichtig ist in diesem Zusammenhang die Vorstellung des Traums, dass diese ungeheure Wasserflut das ganze Erdreich zerstöre, die Muttererde also, d. h. die in Jahrhunderten gewachsene, bisher bergende »Mutter Kirche«, mit ihr auch die emotionalen und bildhaften Traditionen der Volksfrömmigkeit. »Allein das Wort« soll künftig gelten, und damit wird von nun an, ungewollt freilich, auch der Intellektualismus des Glaubens und der Theologie Einzug halten, der die Geschichte der reformatorischen Kirchen prägt.

Dennoch: Die in Dürers Traum geschaute Sintflut hat real nicht stattgefunden, so wenig wie die apokalyptischen Ereignisse, die die Johannes-Apokalypse schaut, sich innerhalb der dort vorgesehenen Zeiträume real abgespielt haben, weder in ihrem weltvernichtenden noch in ihrem weltverwandelnden Aspekt. Das wirft die Frage auf, was solche apokalyptischen Bilder, die damals wie auch heute in großer Zahl entstehen, eigentlich bedeuten, wie wir mit ihnen umgehen können.

Ich möchte dabei zunächst von der Hypothese ausgehen, dass apokalyptische Bilder, unabhängig von der realen Bedrohungssituation der Erde, in der sie jeweils auftauchen, zu allen Zeiten vorhanden sind, weil sie archetypischer Natur sind. Sie treten seit den frühen Kulturen der Menschheit in Erscheinung, schon in den ältesten mythologischen Zeugnissen kommen sie vor. Bilder von Weltschöpfung, Weltuntergang und Welterneuerung sind dabei jeweils die beiden Seiten derselben mythologischen Vorstellung der Erfahrung des Sterbens und Geborenwerdens, die den Menschengenerationen abgelauscht und auf das Weltganze und dessen Schicksal übertragen werden.

Welche Voraussetzungen aber müssen erfüllt sein, damit diese archetypischen Vorstellungen im Traum eines Einzelnen oder in den Träumen und Visionen vieler Zeitgenossen einer Epoche aufbrechen? Es lässt aufhorchen, wenn wir feststellen, dass Albrecht Dürer in der Nacht nach Pfingsten 1525, als er den Traum hatte, bereits von der für ihn tödlichen Erkrankung der Milz,[33] die er auf einer zeitgleich angefertigten Skizze darstellte, gezeichnet war und Todesahnungen hatte. Das Erdreich, das von der einfallenden Wasserflut zerstört wird, kann, symbolisch verstanden, auch ein Bild für den eigenen Körper sein, der durch den Einbruch von oben zerstört wird. Der Untergang seiner persönlichen Welt, seine »persönliche Apokalypse« also, kündigt sich zu diesem Zeitpunkt an. Dürers Freund Pirckheimer schreibt, dass Dürer zu jener Zeit bereits bis zum Skelett abgemagert gewesen sei. Zudem lag der Tod von Dürers Mutter, der ihn, wie er in seinem Tagebuch schreibt, sehr erschüttert hatte, noch nicht lange zurück.

Diesen Zusammenhang zwischen Traum und zeitgeschichtlichen sowie lebensgeschichtlichen Ereignissen beobachte ich auch bei der Entstehung archetypisch apokalyptischer Träume in unserer Gegenwart. Ohne Ausnahme fand ich hinter den Träumen, die mir in den letzten Monaten und Jahren berichtet wurden, eine Erschütterung durch die jeweils »persönliche Apokalypse«, wie ich sie nennen will, die persönliche Apokalypse, die durch die Trauer um geliebte Menschen, durch die Angst vor dem eigenen Sterben, durch den Zusammenbruch einer bisher tragenden Lebenssituation ausgelöst werden kann.

Die persönliche Apokalypse kann die Ursache dafür sein, dass jemand für apokalyptische Vorstellungen empfänglich wird und apokalyptische Bilder sich in seinen Träumen konstellieren. Dies schließt nicht aus, dass die gleichen Menschen auch Erschütterungen, die ihre ganze Zeit betreffen, sensibel – und oft vor dem allgemeinen Offenkundigwerden dieser Situation – wahrnehmen und vorhersehen können. Es ist so, als ob die persönliche Erschütterung durchlässig mache für umfassendere Erschütterungen in der Zeit. In Dürers Traum sind die kurz darauf anbrechenden Katastrophen für Europa – Bauernkriege, Türkeneinfälle, schließlich der Dreißigjährige Krieg – durchaus erahnt.

Dennoch geht auch aus den Beobachtungen zu Dürers Traum hervor, dass apokalyptische Bilder zwar einerseits einen Aufhänger in der persönlichen Lebensgeschichte haben, andererseits aber doch archetypischen Ursprungs sind. Damit ist aber die Frage noch einmal aufgeworfen, was die apokalyptischen Bilder bedeuten, die in unserer Zeit in großer Zahl in den Träumen erscheinen, und wie wir mit ihnen sachgemäß und kritisch umgehen können. Darf man z. B. Dürers Traum als eine Vorwegnahme atomarer Schrecken nehmen? Gibt es etwas, was die apokalyptischen Bilder unserer Gegenwart auch gegenüber denen anderer Zeiten unverwechselbar macht?

Eines hat sich gegenüber der Zeitenwende am Ende der Antike, gegenüber der Wende zur Neuzeit und den auch damals aufkommenden apokalyptischen Bildern radikal gewandelt: Heute besteht die reale Möglichkeit, das Leben auf der Erde als Ganzes zu zerstören. Es gibt genügend Fakten dafür, dass die Möglichkeit hierzu sich zu einer aktuellen Bedrohung ausgewachsen hat: durch das Maß der fortschreitenden Umweltzerstörung einerseits sowie andererseits durch die noch immer nicht gebannte Gefahr eines atomaren Krieges oder einer atomaren Umweltkatastrophe wie seinerzeit in Tschernobyl. An einigen apokalyptischen Träumen und Imaginationen aus den letzten Jahrzehnten, die angesichts dieser realen Bedrohung auftraten, möchte ich der Frage nachgehen, inwieweit sie für unsere Weltsituation charakteristisch sind und welches ihre Funktion innerhalb dieser Situation jeweils sein mag. Der folgende Traum stammt aus der Zeit, in der die Öl-Ausbeutung der Nordsee begann und die Schadstoffbelastung des Wassers bereits weit fortgeschritten war.

Der Traum von der »Wilden Anna«

Eine Frau, Ende Dreißig, träumt kurz nach dem Tod ihres Vaters den folgenden Traum:

> »Der Grund der Nordsee wird auf der Suche nach Bodenschätzen von riesigen Baggern ausgehoben, es finden gewaltige Erdverschiebungen statt. Auf dem Wasser treibt ein Ölteppich. Da erhebt sich auf einmal die ›Wilde Anna‹, eine überdimensionale Frauengestalt in schwarzer Rüstung hoch bis in die Wolken, und droht, alles zu vernichten. Eine gewaltige Flutwelle geht von ihr aus und setzt an, die ganze Küste und das Land zu zerstören. Unter den Bewohnern der Küste bricht Panik aus, sie flüchten kilometerweit ins Inland, auch die Bevölkerung der großen Küstenstädte flieht. Nach langer Zeit kommen sie zu sich, versammeln sich schließlich zu einer Prozession, geführt von einer Frau, die in weiten Kreisen eine Schale zu umschreiten beginnt: Diese Schale ist gefüllt mit Wein. Eine Stimme wird hörbar: ›Das ist für den toten Vater.‹ Dabei zeigt sich, dass die Flutwelle zum Stehen kommt und sich langsam zurückzuziehen beginnt. Gleichzeitig kehrt die ›Wilde Anna‹ wieder in den Schoß des Meeres zurück.«[34]

Dieser Traum ist keineswegs nur aus der individuellen Situation der Träumerin heraus, der Erschütterung ihres bisherigen Lebens und ihres Selbstverständnisses nach dem Tod des Vaters, zu verstehen, obgleich die persönliche Situation den Traum natürlich miterzeugt hat. Es ist vielmehr das kollektive Problem, die Ausbeutung unserer Erde bis auf den Grund des Meeres und die dadurch ausgelöste Alarmsituation im kollektiven Unbewussten, das diese visionären Bilder mit erschafft. Die erzürnte und beleidigte Seele unserer Erde samt ihrer Meere, hier dargestellt durch die »Wilde Anna«, die jetzt empört zur Wilden geworden ist und in der

Rüstung einer Freiheitskämpferin, einer heiligen Johanna, auftritt, erhebt sich bedrohlich bis in die Wolken.

Diese bis zum Himmel ragende Wilde Anna – die Katastrophe einer Flut, bei der Himmel und Meer ineinander stürzen – führt die Empörung der Elemente, der Natur gegen die ausbeuterisch gewordenen Menschen an. Die Menschen, von ihr all ihrer Macht beraubt, fliehen in Panik. Sie finden erst wieder zu sich und zueinander, als sie sich zu einer Prozession, einer Handlung in Ehrfurcht zusammenfinden. Sie verbinden sich zu einer kreisförmigen Umgehung, einer Zirkumambulation, dem uralten Ritual einer Umwanderung des Heiligen, um dessen Kraft wieder teilhaftig zu werden. Denn etwas Heiliges ist es, was sie umwandern, hier eine Schale mit Wein. Die Schale gehört zum Symbolkreis des Weiblichen: das offene Gefäß, gefüllt mit Wein, dem uralten sakramentalen Lebenselement. Es gehört auch zur Symbolik des Grals-Gefäßes. Hier erfolgt auch das ehrende Gedächtnis an den Vater: Der Vater ist tot – vielleicht darf man ergänzen: Der patriarchale Geist, der auch diese Frau beherrscht haben mag, ist tot –, aber diese Gedächtnisrunde schmäht ihn nicht, ehrt ihn vielmehr, befriedet ihn damit. Seine Zeit ist dennoch zu Ende. Die neue Zeit steht im Zeichen der offenen Schale, eines weiblichen Symbols, das zugleich an den Gral erinnert und einer neuen Ehrfurcht vor den mütterlichen Kräften der Erde Ausdruck verleiht.

Der Verlust des Vaters – bei einer emotional warmen Vaterbeziehung, die diese Frau trotz mancher Konflikte mit dem Vater gehabt hatte – setzt ihr ganzes psychisches Gefüge in Bewegung, macht ihre Psyche durchlässig für persönliche, aber auch (durchlässiger als sonst) für kollektive Hintergrundsprobleme. Eine im Vergleich zur Bedeutung der Vaterbeziehung eher unbetonte Mutter-Beziehung hatte ihr nicht genügend Verankerung im eigenen weiblichen Fundament geben können. So war sie selbst, wie ihr Traum nun wieder (subjektstufig gelesen) zeigt, in Gefahr gewesen, ihre eigene Tiefe in eher männlicher Einstellung wie mit Baggern auszubeuten.

Nun erhebt sich kämpferisch die »Wilde Anna« aus ihrer Seele gegen diese Ausbeutung, die einerseits in ihr selbst und andererseits in der Umwelt geschieht. Die »Wilde Anna«, bei deren Benennung im Traum die »Lange Anna«, jener freistehende rote Felsen auf Helgoland, Pate gestanden haben mag, erinnert zugleich an die Heilige Johanna, an Jeanne d'Arc, die ja ihrerseits in engem Kontakt zu der heiligen Anna gestanden hat, zu der großen Mutterfigur, die nach katholischer Tradition Maria und das Jesuskind als Heilige Anna Selbdritt umfasst. In Panik aber flieht die Träumerin nun gemeinsam mit allen Küstenbewohnern ins Inland, wo sie die ehrfurchtsvolle Einstellung wiederfindet, auch gegenüber ihrer eigenen Weiblichkeit, die sich in der Heiligen Schale symbolisiert. Zugleich wird dadurch eine versöhnte Haltung gegenüber dem toten Vater möglich, der sie zwar in patriarchalem Geist erzogen, der sie aber durch seine warme Zuneigung gerade jetzt, nach seinem Tod, auch fähig gemacht hatte, sich neu anzunehmen als Frau, die ihre Weiblichkeit aus dem Bann des patriarchalen Geistes zu lösen vermag.

Bei all dem glättet sich das Meer, befriedet sich das Unbewusste und nimmt die »Wilde Anna«, die sich versöhnt zurückzieht, wieder in sich auf. Zeitgeschichte – Umweltbedrohung – erscheint im Traum, gebunden an den persönlichen Komplex – Vaterkomplex –, konstelliert durch den Tod des Vaters. Zeitgeschichte als Umweltbedrohung steigt hier aus dem Bereich des historisch gewachsenen Unbewussten empor, ist zugleich mit archetypischen Bildern aus dem kollektiven Unbewussten angereichert und beleuchtet kompensatorisch das Bewusstsein der Träumerin, das derzeit von Untergangsangst, erschütterter Identität und einem in seiner Kohärenz bedrohten Ichkomplex bestimmt ist.

Aufgeschreckt durch den Realitätsgehalt ihres Traums engagierte sich diese Frau nach dem Traum in der Umweltbewegung zum Schutz der Nordsee, war aber zugleich auch durch das Gespräch über den Traum und dessen tiefenpsychologische Interpretation nun auch von der panischen Vorstellung befreit, ihr Traum könne eine in nächster Zeit drohende reale Flutkatastrophe ankündigen. Vielmehr engagierte sie sich nun in einer wachen und sensiblen Verantwortlichkeit für die Ökologie der Umwelt, im Wissen darum, dass dieser eine Ökologie der Innenwelt entspricht, der sie sich ebenfalls nun bewusst zuwandte. Auch ein neues Zusammenfinden der Menschen um religiöse Symbole und Rituale wird in diesem Traum geahnt, der übrigens von einer Frau geträumt wurde, die der Kirche nicht angehört; zugleich geht es darum zu sehen, dass eine solche religiöse Ehrfurcht, die nichts anderes ist als »Ehrfurcht vor dem Leben« (Albert Schweitzer), mit der realen Überwindung ausbeuterischer Haltung gegenüber der Erde zusammenhängen muss.

Können sich aber nicht auch auf der Ebene neuen politischen Geschehens künftige Ereignisse in Träumen ankündigen? Ich will dieser Frage in einem Exkurs auf Träume C. G. Jungs, die er im Umfeld des Ersten Weltkriegs träumte, nachgehen.

C.G. Jungs verstörendes Traumgesicht

C. G. Jung erzählt in seinem Buch *Erinnerungen, Träume, Gedanken* bekanntlich von Visionen und Träumen aus dem Herbst 1913, die er wie gewohnt zunächst als innerseelische Bilder ansah und interpretierte und die ihm erst nach dem Ausbruch des Ersten Weltkriegs am 1. August 1914 als Prognosen kollektiv politischer Vorgänge erschienen. An diesem nun schon länger zurückliegenden historischen Traummaterial sind unsere bisherigen Überlegungen zu Funktion und Bedeutung apokalyptischer Bilder noch einmal zu überdenken und eventuell zu belegen. Jung berichtet:

»Gegen Herbst 1913 schien sich der Druck, den ich bisher in mir gefühlt hatte, nach außen zu verlegen, so als läge etwas in der Luft; tatsächlich erschien sie mir dunkler als zuvor. Es war, als ginge es nicht mehr um eine psychische Situation, sondern um konkrete Wirklichkeit. Dieser Eindruck verstärkte sich mehr und mehr. [...] Im Oktober, als ich mich allein auf einer Reise befand, wurde ich plötzlich von einem Gesicht befallen: Ich sah eine ungeheure Flut, die alle nördlichen und tiefer gelegenen Länder zwischen der Nordsee und den Alpen bedeckte. Die Flut reichte von England bis nach Russland und von den Küsten der Nordsee bis zu den Alpen. Als sie die Schweiz erreichte, sah ich, dass die Berge höher und höher wuchsen, wie um unser Land zu schützen. Eine schreckliche Katastrophe spielte sich ab. Ich sah die gewaltigen gelben Wogen, die schwimmenden Trümmer der Kulturwerke und den Tod von ungezählten Tausenden. Dann verwandelte sich das Meer in Blut. Das Gesicht währte etwa eine Stunde, es verwirrte mich und machte mir übel. Ich schämte mich meiner Schwäche.

Es vergingen zwei Wochen, dann kehrte das Gesicht unter denselben Umständen wieder, nur die Verwandlung in Blut war noch schrecklicher. Eine innere Stimme sprach: ›Sieh es an, es ist ganz wirklich, und es wird so sein, daran ist nicht zu zweifeln.‹

Im Winter darauf fragte mich jemand, was ich über die nächste Zukunft des Weltgeschehens dächte. Ich sagte, ich dächte nichts, aber ich sähe Ströme von Blut. Das Gesicht ließ mich nicht los. Ich fragte mich, ob die Visionen auf eine Revolution hinwiesen, konnte mir das aber nicht recht vorstellen. So zog ich den Schluss, dass sie mit mir selber zu tun hätten, und nahm an, ich sei von einer Psychose bedroht. Der Gedanke an Krieg kam mir nicht.

Bald darauf, es war im Frühling und Frühsommer 1914, wiederholte sich dreimal im Traum, dass mitten im Sommer eine arktische Kälte hereinbräche und das Land zu Eis erstarre. So sah ich z.B. die gesamte lothringische Gegend und ihre Kanäle gefroren. Alles Land war menschenleer, und alle Seen und Flüsse waren zu Eis erstarrt. Alles lebendig Grüne war erstarrt. Das Traumbild kam im April und Mai und das letzte Mal im Juni 1914.«[35]

Jung vermutet angesichts dieser Träume Psychosegefahr für sich selbst, also eine »persönliche Apokalypse«. Viele archetypisch apokalyptische Motive wie »das Meer, das zu Blut wird«, aus der Johannes-Apokalypse als entsetzliches Bild bekannt, sind angesprochen, es kommt aber tatsächlich Krieg, der Erste Weltkrieg, der genau die Länder und Landstriche betrifft, die er im Traum gesehen hat.

Diese Träume sind ohne jeden Ausweg, ohne Lösung, ohne Hinweise auf eine mögliche Wandlung der Situation, sie sind einfach und brutal Bilder einer Katastrophe, die dann auch kommt. Sind sie also im wörtlichen Sinne als Präkognitionen, Vorausahnungen, Prophetien zu betrachten? Es gibt immerhin eine Wandlungsperspektive, wenn man diese Träume nicht als einzelne nimmt, sondern die ganze Traumserie betrachtet. Im letzten, oben schon berichteten Traum dieser Serie erlebt Jung, dass die Kälte aus dem Weltraum unvermutet damit endet, dass wieder ein blättertragender Baum ersteht, der durch die Einwirkungen des Frostes Blätter voll heilenden Saftes trägt. Und Jung erfährt, dass er diese Blätterfrüchte pflücken und sie einer großen harrenden Menge zu schenken vermag.

Die Übereinstimmung der Traumbilder mit dem wirklichen Geschehen des Ersten Weltkriegs bis in die Kriegsschauplätze hinein ist unübersehbar. Die Ströme von Blut sind wirklich geflossen. Zwar gab es keine Flutkatastrophe, doch lassen sich die Bilder einer ungeheuren Überschwemmung, die diese Visionen enthalten, ohne weiteres als Bilder für die gewaltige Zerstörung, die über Europa kam, verstehen. Bilder einer Flut für die Katastrophe fanden sich auch bei Dürer, dort allerdings als Flut vom Himmel; sie fanden sich auch im Traum jener Frau von der Sturmflut, die von der »Wilden Anna« ausgelöst wurde.

Jung selbst bezieht indessen diese Bilder keineswegs auf Krieg, sondern auf seine eigene psychische Verfassung, Wasser ist ja, symbolisch verstanden, ein Bild des Unbewussten, eine Flutkatastrophe dann das Bild einer Überwältigung durch das Unbewusste, und so wagt Jung sich bis zu der Annahme vor, er selbst sei von einer Psychose bedroht. Tatsächlich berichtet Jung in der gleichen Phase seines Lebens, von 1913 bis 1916, von einer außerordentlichen seelischen Erschütterung, die sich in einer stürmischen Bewegtheit seines Unbewussten niederschlug. Jung beginnt zu der Zeit, in der er der inneren Bilderfluten kaum mehr Herr wird, mit der »Aktiven Imagination«, einer von ihm selbst entwickelten Methode, die andrängenden inneren Bewegungen und Gestalten aus dem Unbewussten aufsteigen zu lassen, um sich mit ihnen auseinandersetzen zu können. Er wird von Visionen überfallen, die sich in den *Septem sermones ad mortuos,* den »Sieben Reden an die Toten«, wie er sie nennt, niederschlagen, die Jung in diesen Jahren zu Papier bringt. Dabei verfällt er gelegentlich selbst in einen Redestil, der dem der Apokalypse abgelauscht scheint.

Wenn wir uns darüber hinaus fragen, ob auch bei Jung zu der Zeit eine charakteristische Erschütterung seines persönlichen Lebens stattgefunden hat, die – als »persönliche Apokalypse« verstanden – Anteil daran haben könnte, dass sich apokalyptische Bilder bei ihm konstellierten, so stoßen wir auf die kurz zuvor erfolgte Trennung von Sigmund Freud, seinem großen Lehrer, Anreger und väterlichen Freund, eine Trennungserfahrung, die ihn in ihren emotionalen und geistigen Konsequenzen aufs Tiefste aufwühlte. Zudem erfolgte der Bruch gerade über Jungs Entdeckung und Hypothese, dass das Unbewusste nicht nur das Verdrängte des persönlichen Lebens enthalte, sondern in eine Tiefe der kollektiven Menschheitserfahrung hinabreiche, in der die Prägemuster der Archetypen beheimatet sind.

Nach der Trennung von Freud öffnete Jung bewusst seine inneren Schleusen, um sich dem Ansturm des Unbewussten auch persönlich auszusetzen. Es schien ihm unabdingbar, die seiner Hypothese entsprechenden elementaren Erfahrungen selbst zu machen, den archetypischen Gestalten selbst zu begegnen. Insofern trifft für die damalige Phase und die entsprechenden Träume Jungs eigene Annahme durchaus zu, von einer Sturmflut aus dem kollektiven Unbewussten bis zu psychosenahen Zuständen hin bedrängt zu sein. Auch zum Verständnis der apokalyptischen Träume Jungs an der Schwelle des Ersten Weltkriegs würde also der Nachweis einer gleichsam »Persönlichen Apokalypse«, die diese Bilder konstelliert haben könnte, ausreichen. So betrachtet enthalten sie nicht zwingend den Hinweis auf einen kommenden Krieg. Auch für Jung wurde ja erst im Nachhinein, als im August 1914 der Krieg ausbrach, der Zusammenhang seiner Träume mit diesem geschichtlichen Ereignis wahrscheinlich und schließlich unabweislich.

Es wäre aber ebenfalls kurzschlüssig, den Zusammenhang solcher Träume, die aus persönlicher Erschütterung herrühren, mit dem gleichzeitigen und gleichsinnig laufenden Weltgeschehen leugnen zu wollen. Die Erschütterung des persönlichen Lebens scheint vielmehr, wie wir nun schon an verschiedenen Traumbeispielen sahen, für die Erschütterung größerer Lebenszusammenhänge, die das ganze Kollektiv der Gesellschaft und der Politik betreffen, durchlässig zu machen.

Apokalyptische Bilder meditieren

Wenn ich mich im Blick auf das bisher Bedachte noch einmal frage, wie mit solchen Träumen und Bildern, die zeitgeschichtliches Material enthalten, umzugehen sei, so fällt mir noch einmal auf, wie C.G. Jung mit ihnen umgegangen ist. Zunächst einmal nahm er sie wahr, überspielte sie nicht, sondern ließ sich bis zur zeitweiligen Verstörung von ihnen betreffen. Sodann fragte er selbstkritisch bis zum Äußersten zunächst einmal nach seiner eigenen seelischen Verfassung und suchte die Konstellation apokalyptischer Bilder von ihr her zu begreifen. Er bemühte nicht vorschnell eine apokalyptische Weltsituation, um seine eigenen Träume akzeptieren zu können; er projizierte sie nicht hinaus auf eine bedrohte und bedrohliche Außenwelt, entschärfte sie nicht in ihrer Bedeutung für ihn persönlich, indem er sie nur als den Widerhall einer äußeren Gefahr darstellt. Dies alles schließt aber nicht aus, dass er im Nachhinein einen Zusammenhang mit dem äußeren Weltgeschehen erkennt. Es löste allerdings Befremden in mir aus, als ich das erste Mal las, wie Jung nach seiner eigenen Schilderung mit der Erkenntnis umgeht, seine Träume könnten mit den bedrohlichen Vorgängen im Kollektiv Europas in Zusammenhang stehen. So berichtet er im Anschluss an die Schilderung der Träume in *Erinnerungen, Träume, Gedanken:*

> *»Am 1. August brach der Weltkrieg aus. Jetzt stand meine Aufgabe fest: Ich musste zu verstehen suchen, was geschah und inwiefern mein eigenes Leben mit dem der Kollektivität zusammenhing. Dazu hatte ich mich erst einmal auf mich selber zu besinnen. Den Anfang dazu bildete die Aufzeichnung der Fantasien […]«*

Dies erweist sich als ein Unternehmen, das alle seine Kräfte braucht:

> *»Es war ein unaufhörlicher Strom von Fantasien, der dadurch ausgelöst wurde, und ich tat mein Möglichstes, um die Orientierung nicht zu verlieren und einen Weg zu finden. Ich stand hilflos in einer fremdartigen Welt, und alles schien mir schwierig und unverständlich. Ich lebte ständig in einer intensiven Spannung, und es kam mir oft vor, als ob riesige Blöcke auf mich herunterstürzten. […] Von Anfang an stand es für mich fest, dass ich den Sinn dessen finden musste, was ich in den Fantasien erlebte. Das Gefühl,*

einem höheren Willen zu gehorchen, wenn ich dem Ansturm des Unbewussten standhielte, war unabweislich und blieb richtunggebend bei der Bewältigung der Aufgabe.«[36]

Jung beginnt also, die Widerspiegelung des äußeren katastrophalen Konflikts in seinem Inneren bzw. die Ähnlichkeit seiner persönlichen Apokalypse – noch immer litt er unter seiner Trennung von Freud – mit den Ereignissen in der Außenwelt in Gedanken und Fantasien zu umkreisen; er beginnt, den eigenen Anteil an dem Weltkonflikt, der sich im Ersten Weltkrieg entlud, zu meditieren. So befiehlt ihm ein Traum noch kurz vor dem Ausbruch des Krieges, den »Siegfried« in sich zu beseitigen. Jung schreibt dazu: »Der Traum zeigte, dass die Einstellung, welche durch Siegfried, den Helden, verkörpert war, nicht mehr zu mir passte. (Darum musste er umgebracht werden).«[37] Es ging ihm auf: »Das ist ja das Problem, das in der Welt gespielt wird.«[38] So vereinfacht es heute auch klingen mag, das Problem des Ersten Weltkriegs mit dem Siegfried-Mythos zusammenzubringen, so war es doch zweifellos ein Aspekt der damaligen Verführbarkeit der europäischen Völker, in den Krieg gegeneinander zu ziehen, dass das in Siegfried verkörperte Heldenideal noch ungebrochen wirksam war und sich in dem jeweiligen Nationalstolz mit all seinen politischen Konsequenzen niederschlug.

Auch in diesem Zusammenhang können wir gelten lassen, was für alle seelische Bilder gilt: dass nämlich damit, dass sie gefunden und im Traum sichtbar werden, schon eine erste Fassung seelischer Energie geschieht, dass allein dadurch diffuse Angst und Panik bereits gebannt werden. Das gilt selbst für die Bilder, die innerhalb einer Psychose oder einer Paranoia auftauchen: Sobald die Bilder gefunden werden, gewinnt die Angst ein Gefäß, zeigt sie ein Gesicht, das man anschauen, mit dem man sich auseinandersetzen, das man sogar verändern kann. Falls die Angst überhaupt zu bannen ist, ist sie es von dem Augenblick an, in dem ein Bild für sie auftaucht, indem sie sich in ein Bild fassen lässt. Mit solchen Bildern aber kritisch und sachgemäß umzugehen, das heißt gerade nicht, sie wörtlich zu nehmen. Es heißt vielmehr, die Funktion solcher Bilder als Gefäße für die Angst zu verstehen. Solche Bilder als kollektive Symbole, als kollektive Konstellationen zu erkennen hieße, sie schöpferisch zu meditieren, sie anzuschauen, bis sich etwas durch sie klärt, benennen lässt, vielleicht sogar verwandelt.

Wie aber sollen wir letztlich mit der Angst, die in den apokalyptischen Träumen und Bildern als solchen steckt, umgehen, so umgehen, dass wir dem Gefühl der Ohnmacht, die sie auch enthalten können, nicht erliegen? Zunächst müssen wir uns noch einmal klarmachen: Nicht die Bilder erzeugen die Angst, sondern sie entstehen bereits aus einer ersten Verarbeitung der Angst. Sie geben der Angst ein Gesicht, das wir anschauen, mit dem wir uns konfrontieren, das wir so vielleicht sogar bannen können, als Einzelne und auch gemeinsam. Die apokalyptischen Bilder, wie sie auch heute aus unseren Träumen aufsteigen, wecken die in uns schlummernde Angst auch in dem Sinne, dass sie ihre warnende Funktion erfüllen kann, ihre wichtigste Aufgabe für jeden lebenden Organismus: Sie alarmiert und weckt damit alle Instinkte der Selbsterhaltung. Es gibt demgegenüber auch eine »Apokalypse-Blindheit« (Günther Anders) in unserer Gegenwart, die die Zeichen drohender Gefahr kurzerhand nicht wahrnimmt, die sich dadurch aber auch um alle Möglichkeiten verantwortlichen Auftretens gegen sie bringt, auch um die Möglichkeit des klärenden inneren Umgangs mit der Gefahr.

In allen apokalyptischen Träumen, die wir betrachtet haben, steckte demgegenüber ein Gefühl der Gemeinsamkeit, der Zusammengehörigkeit unter der Bedrohung, auch die Aufforderung und Herausforderung zum gemeinsamen

Handeln gegen die Gefahr. So kann beim Umgang mit solchen apokalyptischen Bildern ein Gefühl für die gemeinsame Betroffenheit, ein Gefühl liebender Solidarität mit allem Lebendigen auf dieser Erde aufkommen – vom Baum in unserem Garten bis zum fernsten Mitmenschen auf der anderen Seite der Erde. Aus der Panik des isolierten Einzelnen kann die miteinander geteilte Angst werden, die sich in schöpferisches Aufbegehren gegen die Destruktion unserer Erde wendet. Träume unserer Zeit enthalten Visionen einer möglichen Wandlung, die von der Trauerarbeit um die sterbenden Tiere bis zu dem gemeinsamen Ritual einer Umschreitung der heiligen Schale geht. Das kollektive Unbewusste ergänzt das zeitgeschichtliche Material, das sich oft aus der Untergangsangst speist, um schöpferische Traumbilder und Perspektiven: Der nackten Untergangsangst stellt es den universalen Wandlungsaspekt, die apokalyptische Hoffnung auf eine Erneuerung der Erde entgegen!

Letztlich begegnen wir in den apokalyptischen Bildern nichts Geringerem als unserer Angst vor dem Tode selbst, der Todesangst. Hier gilt nichts anderes, als was für den Umgang mit unserem Todesschicksal überhaupt gilt: Wenn wir den Gedanken an den Tod an uns herankommen lassen, ihn unter die Haut gehen lassen, dann gibt es immer zwei entgegengesetzte Möglichkeiten zu reagieren. Die eine ist, dass wir uns lähmen lassen, dass wir alles als entwertet, als gleichgültig empfinden, weil es ein Ende haben wird. Die andere Möglichkeit der Reaktion ist, dass wir aufschrecken, dass wir aufwachen und mit einer plötzlich aufwallenden heißen, schmerzhaften Liebe gerade die Unersetzlichkeit alles dessen erfahren und umfassen, was lebt. Gerade die Gefährdung durch Zeit und Tod macht alles Lebendige unsäglich kostbar: den schönen Nussbaum vor meinem Fenster, der noch keine Anzeichen einer Erkrankung durch Umweltvergiftung trägt; die schöne herbstliche Landschaft mit den offenen Äckern und den ersten grünen Keimen über der

Wintersaat. Könnte es nicht sein, dass gerade die Gefährdung des Lebens unsere Liebe zu allem Lebendigen neu und tief erweckt, sodass wir letztlich nicht zulassen, dass die Zerstörung Überhand nimmt?

Teil II
Der Mensch zwischen innen und außen

Im ersten Teil des Buches habe ich an verschiedenen Beispielen gezeigt, dass die Innenwelt der Träumerin oder des Träumers die Außenwelt widerspiegelt und ihr korrigierende Gegenimpulse entgegensetzen kann. In diesem zweiten Teil des Buches geht es darum zu verdeutlichen, dass die gesamte seelisch-geistige Entwicklung des einzelnen Menschen, sein Individuationsprozess, sich in einem Spannungsfeld zwischen Innen und Außen vollzieht. Sein Ich empfängt sowohl Impulse aus der Außenwelt, z. B. durch Begegnungen mit anderen Menschen, als auch aus der Innenwelt, die sich über das schmale Ich-Bewusstsein des Betreffenden weit hinaus erstreckt und bis in die Räume des persönlichen und des kollektiven Unbewussten hineinreicht, bis in die Tiefe des Selbst.

Nach einer Reflexion des Spannungsfeldes zwischen Innen und Außen, in dem sich menschliche Entwicklung vollzieht, wende ich mich den Fragen persönlicher Identität und Authentizität zu und zeige, dass sich der Mensch im Spannungsfeld zwischen der Bezogenheit auf andere und dem Rückbezug auf sich selbst, zwischen dem Schutz eigener Wurzeln und dem Öffnen der Grenzen zum anderen hin bewähren muss.

1. Innenwelt und Außenwelt

»Was gibt es doch für ein wunderbares Draußen, das weit über mich hinausreicht«, so sagte einer meiner Freunde angesichts einer sternklaren Nacht im Hochsommer in den Sternschnuppenregen hinein, der eben niederfiel, sagte es dankbar und staunend. Er war einer von denen, die über lange Strecken ihres Lebens stark in innere Probleme verstrickt gewesen waren, war einer, der eine lange Analyse hinter sich hatte und sich inzwischen gut in seiner innerpsychischen Welt auskannte. Wie befreit entdeckte er nun die Wirklichkeit des Außen wieder, eines Mehr als er selbst es war, eines wirklichen Gegenübers! Gleichzeitig entdeckte er, der sich über lange Zeit hindurch seine Projektionen auf Beziehungspartnerinnen hindurchgearbeitet und schließlich auch aus ihnen herausgearbeitet hatte, zum ersten Mal die Andere im Gegenüber, das Du – ein Gegenüber, das echte Bezogenheit überhaupt erst ermöglichte. Ohne sich voneinander zu unterscheiden gibt es kein Erkennen der anderen, das erst nach der Unterscheidung in einer Wiedervereinigung in Liebe münden und enden könnte…

Unterscheidung und Einheit

Außenwelt und Innenwelt unterscheiden zu können ist ein wesentlicher und befreiender Schritt der Bewusstwerdung, den das Kind zum ersten Mal dann tut, wenn es »Ich« sagen lernt, den es dann auch auf dem Weg zu seiner Schulreife hin wieder und wieder wagt und der immer auch einen Verlust an Symbiose mit der Außenwirklichkeit, an Symbiose zwischen Innen und Außen, an Symbiose auch mit der eigenen Fantasie verbunden ist.

So erinnere ich mich, dass ich etwa in meinem vierten Lebensjahr noch ganz überzeugt davon war, fliegen zu können. Vor allem in den heftigen Windstößen, die den aufziehenden

Gewittern voranzugehen pflegten, schwang ich mich empor, mit den Armen rudernd, als ob mir Flügel wüchsen. Verbunden war dies mit einem herrlichen Kraft- und Freiheitsgefühl, dem Gefühl, eine Gewitterhexe zu sein. Ein stark emotionales, inneres Erleben war es, das für mich Wirklichkeit war und das ich auch später noch ab und zu, aber von einem bestimmten Zeitpunkt an nur noch in Fantasien und Träumen erleben konnte. Von da an gehörte dieses Erlebnis, wie ich merkte, der Innenwirklichkeit an, die intersubjektiv nicht mehr zu vermitteln war.

Innenwirklichkeit, die intersubjektiv nicht mehr zu vermitteln ist, erlebte auch ein anderes Kind – noch auf einer ganz anderen psychischen Ebene: Es erzählte seiner Amme von einem außergewöhnlichen Licht, das es plötzlich über den Dingen liegen sah, ein Licht, von dem die Amme nichts wahrzunehmen vermochte – eine Tatsache, die dieses Kind damals geradezu verstörte, sah es solches Licht doch so wirklich wie alles andere vor sich! Was war das dann für eine Wirklichkeit, dieses Geschaute, das auch die vertraute Amme niemals wahrnehmen konnte? Das Kind, von dem ich spreche, wurde später als Hildegard von Bingen zu einer großen Seherin.

Als ich vor einiger Zeit mit großer Faszination den Initiationsbericht von Malidoma, einem Westafrikaner aus Burkina Faso, über seine eigene Initiation las – in seinem Buch *Vom Geist Afrikas*[39] –, war ich beeindruckt von der Selbstverständlichkeit, mit der er von Innen-Erfahrungen, deren Authentizität ich nicht bezweifle, so real erzählte, als handle es sich – jedenfalls für europäische Ohren – um Vorkommnisse in der Außenwelt: z. B. dass bei seiner Initiationsquest die Krokodile mit ihren Rücken eine Brücke gebildet hätten, über die Malidoma einen gefährlichen Fluss überschreiten konnte, und manches Ungeheuerliche mehr. So habe er seinen verstorbenen Großvater aufrecht seinem Grab entgegenschreiten sehen.

An der Echtheit des Erlebten und der Wahrheitstreue des Berichteten zu zweifeln besteht für mich kein Anlass. Wohl aber stellt sich die Frage, die dem Thema dieses Kapitels zugrunde liegt: die Frage nach der Unterscheidbarkeit von Innen und Außen bzw. auch der möglichen Ununterscheidbarkeit und innigen Verwobenheit von Innen- und Außenwelt. Ist dies eine Frage der Bewusstseinsentwicklung, der Bewusstseinsphase, in der jemand steht? Gibt es womöglich eine Prä- und eine Postphase bezüglich dieser Unterscheidung, eine Phase davor und eine Phase danach?

Die Präphase wäre die Symbiose mit der Mutter in der frühen Kindheit des einzelnen Menschen, der möglicherweise eine analoge Präphase der Nichtunterscheidung von Außen und Innen in manchen Stammeskulturen entspricht. Die Postphase wäre die, die nach der Unterscheidung der Wirklichkeit in eine Außen- und Innenwelt zu suchen und wiederzugewinnen wäre: eine Art von Wiederaufhebung der Subjekt-Objektspaltung, eine Art von mystischer Wiederverschmelzung. Gibt es solche Augenblicke der Verschmelzung, vielleicht nur für kurze Zeitspannen?

Aus dieser Sicht gäbe es dann also eine Präphase des Bewusstseins als eine Symbiose von Innen- und Außenwirklichkeit, gefolgt von einer Phase des Bewusstseins, die von der Unterscheidungsfähigkeit zwischen Innen- und Außenwelt geprägt ist. Diese Phase könnte letztlich wieder einmünden in eine Postphase des erweiterten Bewusstseins, die unter bestimmten Bedingungen bis zur Wiedererfahrung der Einheit von Innen- und Außenwirklichkeit reichen könnte, zur Erfahrung der Einheitswirklichkeit, des *unus mundus,* der *unio mystica.* Können wir uns an solche Momente in unserem Leben erinnern? Wären diese aber wiederum mit einem Ich-Verlust verbunden, im Fall der Postphase vielleicht mit einem bewussten Verzicht auf das Ich, mit einer gewissen Ich-Freiheit also?

Ein solches Einheitserleben kann sicher nur die Erfahrung besonderer Momente sein, kaum je eine Dauer-Einstellung zur Wirklichkeit, es sei denn, man wäre ein Zen-Meister oder etwas Vergleichbares. Die Unterscheidung von Innen und Außen wird im praktischen Lebensvollzug, auch in der Begegnung mit dem Mitmenschen vielmehr immer wieder unverzichtbar sein. Die Ahnung und das philosophisch und psychologisch begründbare Wissen um die Zusammengehörigkeit von Innen und Außen gehen uns allerdings nicht mehr verloren, wenn wir einmal Einsicht in sie gewonnen haben.

Ausgegangen war ich vom Erlebnis des Sternhimmels, wie ihn einer meiner Freunde erfuhr, von der Erfahrung einer größeren Wirklichkeit als der jeweils eigenen, von einem Außerhalb meiner selbst als Gewinn, als Befreiung zu einer neuen Begegnungs- und Beziehungsmöglichkeit, zu der auch die Begegnung mit einem von mir unterschiedenen anderen, einer anderen, einem Du gehört.

Noch einmal: Ohne Abgrenzung, ohne ein Ich zu sein, habe ich keine echte Begegnungsmöglichkeit mit dem Anderen und Eigenen eines anderen Menschen ohne Abgrenzung von meinem Ich kann er oder sie mir nicht zum Du werden. So geschieht es schon in den frühen Beziehungserfahrungen der Kindheit: Erst wenn sich das Kind aus der frühen Symbiose mit der Mutter so weit herauszulösen vermag, dass es sich als eigenes Wesen von ihr unterscheiden kann – und sei es nur durch die Wahrnehmung der eigenen Körpergrenzen und der eigenen Bedürfnisse –, wird es sich selbst zum Ich und sie als Mutter wird zum Gegenüber.

Nur über die Fähigkeit, Ich und Du zu unterscheiden, zu trennen, wird eine spätere Liebesvereinigung zwischen einem Ich und einem Du – gleichsam die Postphase, die *unio mystica* im Rahmen einer Liebesbeziehung – wieder möglich werden. Wird die Phase der Unterscheidung – sozusagen inzesthaft – übersprungen, so kann auch die Postphase einer späteren gegenseitigen Liebesverschmelzung zwischen dem eigenen Innen und dem Außen eines Anderen nicht gelingen. Deshalb auch die Erfahrung: Solange mein Innenbild eines ersehnten Mannes oder einer erträumten Frau – Jung nennt dieses Innenbild »Animus« bzw. »Anima« – das wirkliche Gesicht des geliebten Menschen völlig überlagert, solange es unter dieser Projektion verschwindet und unkenntlich bleibt, solange habe ich das wirkliche Gesicht dieses Menschen noch nicht gesehen, geschweige denn erkannt.

Innen und Außen in Traum und Komplex

Viel häufiger als auf eine unentwickelte Unterscheidungsfähigkeit zwischen Außen- und Innenwelt – abgesehen von einer verlorenen Unterscheidungsfähigkeit, wie sie in psychotischen Episoden geschieht – stoßen wir heute bei vielen Zeitgenossen auf eine mangelnde Wahrnehmung der Innenwelt, genauer: auf ein Desinteresse an ihr. Auch wenn immer mehr Menschen wieder Interesse an ihr gewinnen, z. B. indem sie die nächtlichen Träume oder ihre Tagträume und Imaginationen wahrnehmen, so ist es im Blick auf die Gesamtheit der Bevölkerung wahrscheinlich doch nur ein geringer Prozentsatz, wie auch das folgende Beispiel zeigt:

> Als ich kürzlich im Rahmen der Veranstaltung einer Technischen Hochschule die Gelegenheit hatte, dort einen Workshop über Imagination und Malen aus dem Unbewussten anzubieten, bemerkte ein junger Informatik-Doktorand, er habe bisher noch kaum Erfahrungen mit seiner tieferen Innenwelt gemacht, geschweige denn mit seinem Unbewussten. Als wir nach einer Entspannungsübung zur Farbe Blau Assoziationen und Imaginationen aufsteigen ließen, kam bei ihm die Gestalt eines Engels, geformt aus Schollen bläulichen Gletschereises zum Vorschein, ein gefrorener Engel also, der auch in dem jungen Mann Betroffenheit auslöste, dazu das Bedürfnis weckte, den Engel wieder warm und lebendig zu sehen.

Erst wenn die Spannung zwischen dem eigenen Erleben, den eigenen Bedürfnissen und Wünschen, dem Selbsterleben und der Außenwelt so stark wird, dass man daran zu leiden beginnt, sehen sich viele veranlasst, ihrem innerpsychischen Erleben wieder Aufmerksamkeit zu schenken, bis dahin, dass sie die Möglichkeit erwägen, eine Psychotherapie aufzusuchen.

Eine Jung'sche Psychotherapie wird dieser Spannung zwischen Innen- und Außenwelt – neben deren Widerspiegelung in den Berichten des Betroffenen über Konflikte in seinem äußeren Beziehungs- und Berufsleben – vor allem auch in deren Innenspiegelung nachgehen, die dem Unbewussten des Patienten entspringt. So arbeiten Jung'sche Psychotherapeutinnen und -therapeuten z. B. mit Träumen und ihren Symbolen, in denen sich die Konflikte zwischen Innen- und Außenwelt zu verbildlichen und auszufantasieren pflegen. Träume bilden neben der Darstellung innerpsychischer Konflikte vor allem auch die Auseinandersetzungen zwischen Innen- und Außenwelt ab, sie stellen sie dabei nicht nur in einer symbolischen Szenenfolge dar, sondern vermögen vor allem zentrale Symbole dafür herauszubilden, wie die schroffen und anders unüberbrückbaren Gegensätze zwischen Außen- und Innenwelt zu überbrücken und wieder zu verbinden wären.

Solche Symbole erhellen zugleich den Konflikt, das Problem, den Komplex als auch potenzielle Lösungsmöglichkeiten. Wenn z. B. in einem Traum ein fast toter, mächtiger alter Baum erscheint, von dem ein einziger junger blühender Zweig noch lebt und sich abzulösen versucht, so zeigt sich darin möglicherweise – und das bewusste lebensgeschichtliche Material beweist es in diesem Fall –, dass der alte Familienstammbaum, der viel älter als die zwanzigjährige Träumerin ist, den jungen blühenden Zweig nicht mehr halten kann, ihn vielmehr abstößt. Auch in der Außenwelt hat dieser Familienclan die junge Frau mit ihren eigenen und eigenwilligen Lebensimpulsen buchstäblich ausgestoßen, und dieser Konflikt mit der Außenwelt treibt sie in eine außerordentliche Spannung, die sie fast zerreißt.

Wenn das Traumsymbol aber final betrachtet wird, wie die Jung'sche Traumdeutung häufig zu verfahren pflegt, wird deutlich, dass der junge Zweig, den die junge Frau auf sich selbst bezieht, derzeit in Blüte steht und dass seine Ablösung nicht sein Ende bedeuten muss, wie sie zuerst befürchtet, sondern gerade einen Neubeginn ermöglichen kann. Einem lebendigen Baum eingefügt, d.h. einer neuen Lebensgemeinschaft angeschlossen, könnte dieser Zweig weiterblühen und schließlich Früchte bringen: Wenn er direkt ins Erdreich eingepflanzt würde, vermöchte er sogar vielleicht, selbstständig Wurzeln zu treiben. Nur dann, so sagt der Traum, muss der Zweig absterben, wenn er in der Symbiose mit dem absterbenden Baum verbleibt. Es geht also um die Ablösung von jenem in sich selbst nicht mehr lebensfähigen Familienclan, den der Baum symbolisiert, damit der blühende Zweig, mit dem die Träumerin sich identifiziert, weiterleben und Früchte tragen kann. Das Traumsymbol bestätigt und ermutigt das innere Bedürfnis, sich abzulösen, trotz aller Angst, dabei selbst zugrunde zu gehen.

Auch in Komplexen, die in der Jung'schen Theorie und den entsprechenden psychotherapeutischen Behandlungskonzepten sehr ernst genommen werden, verbinden sich Innen und Außen miteinander. In ihnen spiegeln sich die internalisierte Begegnung und Auseinandersetzung des Betreffenden mit der Außenwelt, wobei dieser Konflikt oft in die frühe Kindheit zurückverweist: Komplexe sind zu verstehen als stark gefühlsbetonte, konflikthafte Beziehungserfahrungen, die meist mit den frühen Hauptbezugspersonen gemacht und von den Betreffenden internalisiert und generalisiert wurden, sodass sie sich in Situationen mit ähnlicher Thematik oder Gefühlstönung neu konstellieren können. Sie beeinflussen dann in neuen Situationen das Verhalten des Betreffenden, als handle es sich noch um die alte Situation, die einst den Konflikt ausgelöst hat, und führen so oft zu einer emotionalen Überreaktion und einem unangemessenen Verhalten. Komplexe lösen fast automatisch solche Verhaltenswiederholungen aus, die der neuen Situation nicht mehr angepasst sind.

Im Komplex wird also ein Zusammenprall mit der Außenwelt, d.h. mit bestimmten Bezugspersonen und deren Anforderungen, verinnerlicht und verallgemeinert. Die Folge ist, dass der alte Konflikt in Situationen, die der früheren in irgendeinem Punkt gleichen, von innen her aktualisiert und der neuen Situation übergestülpt bzw. auf sie projiziert wird. Die neue Situation und die neue Bezugsperson werden aufgrund einer inneren Einstellung und emotional energetischen Ladung, die aus ganz anderen verinnerlichten Zusammenhängen stammt, überfremdet und extrem aufgeladen. So wird hier die Innenwelt mit ihrer komplexbehafteten Innenerfahrung hemmend und störend für die Bewältigung der Außenwelt, z.B. wenn ein junger Laborassistent hinter jedem forschenden Blick und jeder exakt gestellten Frage seines Ausbildungsleiters bereits innerlich die kritische Ablehnung seines damals fordernden Vaters vermutet. In der Ausbildungssituation wird er sich gegenüber seinem Laborleiter schwerer tun, als es angesichts der neuen Lage und des wohlwollenden Laborchef eigentlich nötig wäre.

Nach C.G. Jung verbergen sich allerdings im Komplex nicht nur die Störungen, sondern immer auch der Ansporn zur Weiterentwicklung und letztlich auch die Energie dazu. Jeder Komplex bildet sich um einen archetypischen Kern herum, der die Energie enthält, die zur Auflösung des Komplexes nötig wäre. Die Komplexkonstellation im obigen Beispiel hat den Vaterarchetyp zum Kern, zu dem auch die kreative Kraft des Forschens, Erprobens und Realisierens, die Kraft des exakten Fragens gehört. Könnte der junge

Mann über das Bild des persönlichen Vaters hinausschauen und Kontakt zu dem umfassenderen Vaterarchetyp aufnehmen, so würde er auf dessen kreative Kraft stoßen und womöglich auch die wohlwollend fördernde Seite des archetypisch Väterlichen erkennen, die sich auch bei seinem Ausbilder in dessen exakten Fragen zeigen könnte.

»In dem Maße, wie es mir gelang, die Emotionen in Bilder zu übersetzen, das heißt diejenigen Bilder zu finden, die sich in ihnen verbargen, trat innere Beruhigung ein«, so Jung selbst im Blick auf ein Ausfantasieren der Emotionen, mit denen jeder Komplex aufgeladen ist: »Mein Experiment verschaffte mir die Erkenntnis, wie hilfreich es vom therapeutischen Gesichtspunkt aus ist, die hinter der Emotion liegenden Bilder bewusst zu machen.«[40] In ähnlicher Weise könnte auch der mit dem Vaterkomplex behaftete junge Mann verfahren.

Vom Sinn des kreativen Gestaltens

Die Imagination verbindet uns mit unserer Kreativität. Mit Bildern kann man umgehen, kann sie gestalten, verändern, neue Szenarien entwerfen; man kann neue Bilder für Beziehungen, aber auch neue Selbstbilder finden, sodass – von der Innenwelt her – Energien freigesetzt werden, die es ermöglichen, die Außenwelt unbelasteter vom Komplex wahrzunehmen und sich in der Folge selbst mit- und umzugestalten. So könnte das Außen von einer erneuerten Inneneinstellung her ganz anders wahrgenommen und angegangen werden. Ein Zwischenglied, ein »intermediärer Raum« zwischen Innen- und Außenwelt könnte dabei auch der Raum des Gestaltens von Symbolen und Bildern werden, wie wir es in der Jung'schen Psychotherapie gerne anregen: durch Malen und Plastizieren, durch schreibendes Ausgestalten eines bestimmten Symbols in Gedichten und Geschichten oder auch in einer Darstellung im Spiel. Hier entsteht durch Kreativität etwas, das wir aus uns und unserem Inneren selbst heraussetzen, so dass es zu einer Außenwirklichkeit wird, die dann mit anderen, mit der Therapeutin oder einer therapeutischen Gruppe, geteilt, betrachtet und besprochen werden kann, im geschützten Raum eines therapeutischen Settings. Zugleich kann in diesem kreativ-gestaltenden Tun auch ausprobiert werden, wie bestimmte Situationen in der Außenwirklichkeit durch einen Impuls, der von innen kommt, verändert werden können.[41] Ein zentraler Ort von Innen- und Außenbegegnung innerhalb des therapeutischen Settings ist natürlich die therapeutische Beziehung: Einerseits ist sie ein Schwingungsfeld zwischen zwei Personen, ein Raum der Resonanz, ein intermediärer Raum, in dem eine Verständigung über Symbole, über deren Deutung und Anwendung in der Wirklichkeit erfolgen kann; andererseits ist sie ein Projektionsfeld für Übertragung und Gegenübertragung. Letztlich aber bildet sie ein authentisches Begegnungs- und Übungsfeld für den Kontakt zwischen Ich und Du, sodass aus einer Übertragung, wenn sie reflektiert und zurückgenommen wird, schlussendlich eine therapeutische Beziehung werden kann, in der Ich und Du einander wirklich *sehen,* wobei man als Analytiker, als Analytikerin nie vergessen darf, dass man im Analysanden den Archetyp des Heilers konstelliert. Die Beziehung wird somit archetypisch aufgeladen, was eine besondere Verantwortung für den Analytiker bedeutet.

Der Frage, wie das Außen der Umwelt und der Mitwelt bis in ökologische, ökonomische und politische Entwicklungen hinein das Innen der Psyche mitbetrifft, so dass auch ihre Emotionen, Fantasien und Träume berührt sind, bin ich im ersten Teil dieses Buches schon ausführlich nachgegangen. Hier möchte ich nur noch als weiteres Beispiel den Traum einer Frau anführen, in dem diese sieht, wie nach den entsetzlichen Zerstörungen eines Krieges die Menschen beider Kriegsparteien aus ihren Bunkern und Erdlöchern kommen, sich an einem Tisch zusammensetzen, der wie der Querschnitt eines riesigen Weltenbaumes wirkt, und einander Körner zureichen – Keime eines neuen Lebensbaumes.

Dass nicht nur das Unbewusste kompensatorisch auf die Außenwelt reagiert, sondern auch die Außenwelt Entscheidendes in der Innenwelt bewirkt, z.B. Alarmierung bei Gefahr, habe ich im ersten Teil des Buches an den schon fast prophetischen Träumen gezeigt, die Jung damals im Blick auf den drohenden Ausbruch des Ersten Weltkriegs hatte. Im Traum schlagen sich aber auch Traumatisierungen nieder, wie ich z.B. bei der therapeutischen Arbeit mit Überlebenden des Holocaust oder mit Folteropfern wahrnehmen konnte. Hier ist es dann sehr wichtig, die aus dem Unbewussten aufsteigenden Heilungssymbole nicht zu übersehen, die die Psyche oft aus den Tiefenschichten der Seele heraufholt, wie an dem schon angeführten Beispiel des Atomphysikers, der im Traum nach der Katastrophe von Tschernobyl angewiesen wurde, Erde zu essen, um sein Herz und die Erde zu heilen (vgl. S. 69).

Zu den aufkommenden Heilungssymbolen gehört auch der Erdarchetyp, der sich heute konstelliert und sich in der gestiegenen Aufmerksamkeit für die Ganzheit des Planeten Erde manifestiert, in der Wiederentdeckung der Göttin Gaia, z.B. bei James Lovelock mit seiner Gaia-Hypothese, der unsere Erde als einen lebenden Organismus betrachtet, in dem alles aufeinander einwirkt, alles mit allem zusammenwirkt. Auch die ökologische Bewegung als Ganze tritt ins öffentliche und ins kollektive Bewusstsein, zusammen mit einer neuen Zuwendung des öffentlichen Interesses zum Leib und der Leiblichkeit des Menschen, was zu einer Neubewertung und anthropologischen Würdigung der Sexualität bis hin zu neuen Konzepten der Gesundheit, der Ernährung und neuerdings der Wellness-Bewegung geführt hat.

Bis diese Konstellationen ins allgemeine Bewusstsein gelangten, waren sie eingeleitet von einer Fülle von Nacht- und Tagträumen, von Fantasien und Visionen, die in diese Richtung gingen. Hierher gehört natürlich auch die neue Sicht, deren Vorreiter Jung selbst war, dass der Mensch nicht nur einen Körper habe, sondern dass er Körper sei. Hier stellt sich das Außenwelt-Innenwelt-Problem in radikaler Weise, nämlich im Hinblick auf einen jeden selbst als Bewohner seines Leibes, den er oder sie von innen her erlebt, wie auch von außen sieht. Das uralte Leib-Seele-Problem des Menschen ist neu konstelliert, nicht zuletzt durch die Hirnforschung. Was aber ist hier das Innen, was das Außen?

Körper und Seele

Der Körper scheint das Außen unseres Selbst zu sein, das durch »unsere mittelalterliche, christliche Erziehung einen schlechten Ruf bekommen« hat, so Jung: »Wir fallen in das Loch wegen des Körpers und seiner physischen Beschränktheit; dann klagt man den Körper an, und der Körper sagt: ›Aber das *bist* du.‹«[42] Mein Körper, mein Leib ist also nicht etwas, das ich habe oder an mir habe, sondern das ich bin. Das ist die erste Erkenntnis, die Jung unterstreicht. Warum sprechen wir dann aber überhaupt von einem Körper und einer Seele, als wäre dies zweierlei? Geht es bei dieser Unterscheidung vielleicht auch darum, eine notwendige Denk-Operation zum Zweck der Bewusstwerdung von beiden Aspekten in ihrer Eigenart zu gewinnen, wohl wissend, dass sie nur zwei Aspekte des Gleichen sind?

»Man weiß«, erinnert Jung, »dass eine altertümliche Anschauung aus dem Zusammenkommen einer Seele mit einem Körper den Menschen entstehen ließ« – und er versucht demgegenüber, die Entstehung des Menschen in einem neuen Bild zu beschreiben:

> *»Es ist aber wohl richtiger zu sagen, dass ein unerkennbares lebendiges Wesen – über dessen Natur schlechthin nichts auszusagen ist, als dass wir damit undeutlich einen*

Inbegriff von Leben bezeichnen – äußerlich als stofflicher Körper erscheint, innerlich angeschaut aber als Folge von Bildern der im Körper stattfindenden Lebenstätigkeit. «[43]

Das »unerkennbare lebendige Wesen« wäre also das Dritte, das den Gegensatz von Körper und Seele in sich vereint. Wie aktuell ist doch diese Aussage Jungs auch im Blick auf die mit der Hirnforschung neu aufkommende Diskussion des Leib-Seele-Problems.[44]

Von der Innenansicht dessen, der oder die diesen Leib bewohnt bzw. vielmehr dieser Leib ist, zeigt sich also eine »Folge von Bildern« der im Körper stattfindenden Lebendigkeit. Von der »Macht der inneren Bilder«, die unser Gehirn bestimmen und damit dessen Wahrnehmung der Außenwelt, spricht in der neuesten Hirnforschung auch Gerald Hüther;[45] von inneren Bildern, die unseren Körper, unser Körpererleben im Gehirn repräsentieren und steuern, spricht in ähnlichem Sinne auch Damasio.[46] Solms und Turnbull beschreiben den Vorgang so:

»Wenn ich mich selbst äußerlich (z.B. im Spiegel) ansehe und mich innerlich (durch Introspektion) wahrnehme, nehme ich ein und dieselbe Entität auf zwei unterschiedliche Weisen wahr (als Körper bzw. als psychisches Wesen). Dieser Unterschied zwischen Körper und Seele ist daher ein Wahrnehmungsartefakt.«[47]

Springender Punkt ist für Solms und Turnbull dabei die vorausgehende Annahme, dass wir unserem Wesen nach weder geistig noch körperlich sind – zumindest nicht in dem Sinne, wie wir diese Begriffe normalerweise verwenden. Kann man sich also, so wieder Jung,

»mit dem Mysterium aussöhnen, dass die Seele das innerlich angeschaute Leben des Körpers und der Körper das

äußerlich geoffenbarte Leben der Seele ist, dass die beiden nicht zwei, sondern eins sind, so versteht man auch, wie das Streben nach Überwindung der heutigen Bewusstseinsstufe« – das ist nach Jung die Stufe, die das Unbewusste noch nicht kennt – *»zum Körper führt [...]«*[48].

Eben der Körper, die Körpersphäre, das Körperbewusstsein ist nach Jung das eigentlich noch Unbewusste, jedenfalls beim Durchschnittseuropäer zu seinen Lebzeiten. Zur »Vollständigkeit des Menschen«, die Jung so sehr herbeiwünscht und die er gegen das alte asketisch-christliche Vollkommenheitsideal setzt, gehört vor allem das Bewusstsein, ein lebendiger Leib zu sein, womit das Unbewusste, das dieser Leib darstellt und enthält, einbeschlossen wäre.

Eine der bedeutsamsten Aussagen über den Zusammenhang von Psyche und Stofflichkeit findet sich bei Jung im 9. Band seiner Gesammelten Werke und ist zugleich eine fundamentale Aussage über die »stoffgebundene« Entstehung der für die menschliche Psyche so wesentlichen Symbole – eine Aussage, die bis heute weder psychologisch noch philosophisch ausgeschöpft ist und in der sich ein besonderer Denkanstoß verbirgt:

»Die Symbole des Selbst entstehen in der Tiefe des Körpers und drücken dessen Stofflichkeit ebenso sehr aus wie die Struktur des wahrnehmenden Bewusstseins [...].« (GW 9/1, § 291)

Symbole des Selbst, zu denen Kristall, Kreis, Kugel gehören, entstünden also in der Tiefe unseres Körperbewusstseins, unseres Körperselbst als einer abgegrenzten Ganzheit, der wir selbst innewohnen; sie entstünden als Muster unserer Hirnstruktur, auf dem unser Selbsterleben und all unsere Selbstwirksamkeit beruht. Darüber, wie stark unsere Hirnstruktur bzw. die in ihr verankerten Wahrnehmungsmöglichkeiten unsere Sicht und Auffassungsfähigkeit der Außenwirklichkeit bestimmen bzw. selektieren, weiß die heutige Hirnforschung sehr viel mehr, als man zu Jungs Zeiten wissen konnte. Die neueste Hirnforschung (Hüther, Damasio) bestätigt aber durchweg die »Macht der inneren Bilder« über unsere Wirklichkeitswahrnehmung, findet also Analogien zu den Projektionsmustern unseres Gehirns, die Jung »Archetypen« bzw. das »kollektive Unbewusste« nannte. Auch Jung geht weit in seiner intuitiven Schau über die stoffliche Basis der Psyche und die psychische Natur des Stoffes. So sagt er es symbolisch, im Bild eines Strukturmodells der Psyche:

> *»Die tieferen Schichten der Psyche verlieren mit zunehmender Tiefe und Dunkelheit die individuelle Einzigartigkeit. Sie werden nach unten, das heißt mit Annäherung an die autonomen Funktionssysteme zunehmend kollektiv, um in der Stofflichkeit des Körpers, nämlich in den chemischen Körpern universal zu werden und zugleich zu erlöschen. Der Kohlenstoff des Körpers ist überhaupt Kohlenstoff. ›Zuunterst‹ ist daher Psyche überhaupt ›Welt‹.«*[49]

Ein kühner Gedanke Jungs, der sich auf die aktuellen Fragestellungen der Hirnforschung nach der Verbindung zwischen Gehirn und Geist beziehen ließe. Stoff und Geist sind nicht zweierlei, sondern unterschiedliche Modalitäten der gleichen Energie, vielleicht auch der gleichen Information, einer »Protyposis«, wie der Physiker Thomas und seine Mitautorin Brigitte Görnitz *(Der kreative Kosmos*[50]*)* sie neuerdings nennen, bei diesem Gedanken durchaus angeregt von Wolfgang Pauli und C. G. Jung. Unsere vom Gehirn getragene Psyche partizipiert demnach an dem einen Kohlenstoff der Welt. Das bedeutet nichts Geringeres, als dass Materie als gleichsam objektivierbare Außenwelt und Psyche als gleichsam immaterielle Innenwelt zusammengehören, letztlich zum Kontinuum des *unus mundus* gehören.

Auch der Hirnforschung stellt sich das Leib-Seele-Problem neu. Andererseits ist es ein dringendes Anliegen vieler Zeitgenossen in der heutigen Spätphase des unterscheidenden Bewusstseins, über jene polarisierende Bewusstseinsphase hinauszugelangen und durch Erkenntnistheorie einerseits sowie durch mystisch-meditative Erfahrungswege andererseits erlebnismäßig einen Zugang zu der sogenannten »Einheitswirklichkeit« des *unus mundus* zu bekommen, über die neben Jung (z.B. in *Mysterium Coniunctionis)* auch Erich Neumann eindrucksvoll zu spekulieren wusste (z.B. in seinem Eranos-Vortrag *Die Psyche und die Wandlung der Wirklichkeitsebenen*[51]).

Das Selbst im Kosmos

Seit Ende der achtziger Jahre beginnt sich auch in Europa eine sogenannte Transpersonale Psychologie zu etablieren, die sich allerdings manchmal so gibt, als hätte sie ein Monopol auf Vermittlung von psychologischen Perspektiven, die über eine rein personale Sichtweise des Menschen hinausführen. Sie verschweigt dabei oft, welche Vorarbeiten Jung in dieser Hinsicht bereits geleistet hat, und bleibt vielfach theoretisch und auch praktisch hinter dem zurück, was Jung und Neumann, wenn auch mit großer Bescheidenheit und Skepsis, in diesem Bereich bereits erschlossen haben.[52]

Auch hier ist für Jung das Sichtbar-Entfaltete der Außenwelt von gleichem Wesen wie die innerste, immaterielle Essenz der Wirklichkeit, die die Seele erschauen kann. Jung spricht in diesem Sinne von der »objektiven Psyche«. So formulierte er einmal: »Die Natur, die Seele und das Leben erscheinen mir wie die entfaltete Gottheit […].«[53] Von der Innenschau aber, die die menschliche Seele in der Betrachtung der Träume, Symbole und archetypischen Bilder aus dem Unbewussten wahrnimmt, sagt Marie-Louise von Franz in einem ihrer letzten Aufsätze: »In den Erzeugnissen aus dem Unbewussten geht es aber um das, was noch tiefer dahinter liegt, um eine unio mystica mit dem Selbst, welche als Einswerdung der kosmischen Gegensätze erlebt wird [...]. Es ist ein Erlebnis, das den Menschen in kosmische Weite hinein befreit.«[54] Sie meint hier nicht das Selbst des einzelnen Menschen, sondern ein überpersönliches Selbst, mit dem aber das Selbst jedes Einzelnen vernetzt ist, sie meint die »objektive Psyche«.[55]

Dass das Selbst des einzelnen Menschen, sein Innenbezug zu sich selbst, zugleich an das Selbst der ganzen Menschheit und dieses gleichsam an das Selbst des Kosmos angeschlossen und einbeschlossen sein könnte, ist denen, die mit Jungs Denken vertraut sind, nicht fremd. Mit diesem gleichsam kosmischen Selbst-Konzept aber ist eine Perspektive gewonnen, aus der das Innen des einzelnen Menschen und das Außen der entfalteten Welt zusammengeschaut werden kann. Von hier aus sind bei Jung auch synchronistische Phänomene, bei denen seelisches Innenleben und materielle Vorgänge in der Außenwelt scheinbar ursachelos, akausal zusammenfallen, intuitiv zu begreifen. Dies macht das folgende Beispiel von Murray Stein deutlich:

Es geht darum, wie im Zusammenhang mit dem Tod einer nahen Freundin mehrfach Schmetterlinge in Erscheinung traten, in einem so unwahrscheinlichen Zusammenhang und Zusammenspiel, dass es für Stein nur noch als ein Ereignis von Synchronizität zu begreifen war. Auch in Synchronizitätsereignissen spielen Innenwelt und Außenwelt auf eine Weise zusammen, die ein Raum-Zeit-Kontinuum jenseits des Kausalitätsdenkens annehmen lässt, in dem Außenwelt und Innenwelt, die möglicherweise nur Kategorien des psychischen Erlebens darstellen, auf einer höheren Ebene zusammenfallen. Murray Stein erzählt:

»Am Tag der Beerdigung erlebten wir eine Überraschung. [...] Als wir wegfuhren, bat ich meine Frau, nach hinten zu sehen – etwas war in unser Auto geraten und flatterte am Heckfenster umher. Es war ein heißer

Tag in Chicago, und die Fenster und Autotüren waren dicht geschlossen gewesen, weil das Autoinnere durch Airconditioning gekühlt wurde.

Meine Frau drehte sich zum Heckfenster und rief überrascht: ›Es ist ein Schmetterling!‹ ›Unmöglich‹, erwiderte ich, ›wie hätte ein Schmetterling in unser Auto gelangen können?‹ Aber tatsächlich war da ein großer brauner Schmetterling mit kleinen, blauen Farbtupfern auf seinen Flügeln. Er schien entschlossen, die ganze Reise am Heckfenster unseres Autos zu verbringen. Ich öffnete alle Fenster, um ihm die Chance des Entkommens schmackhaft zu machen, aber er weigerte sich, uns zu verlassen. Selbst nach der Beerdigungszeremonie begleitete uns der Schmetterling auf unserem Heimweg. Wir begannen spaßhaft, ihn Magda zu nennen. ›Nun, Magda hat beschlossen, mit uns nach Hause zu kommen.‹

Als wir zu Hause ankamen, war es dunkel. Meine Frau griff mit ihrer Hand hinter sich, in der Hoffnung, der Schmetterling würde nun die Einladung zum Ausstieg akzeptieren. Er ließ sich jetzt auf ihrer Hand nieder und blieb sitzen. Wir riefen unsere Freundin Joyce, sie möge doch herauskommen und Magda sehen. Sie hatte Magda gut gekannt.

Als wir zusammen unter der Straßenlaterne standen, flog Magda, der Schmetterling, auf den Boden und begann einen erstaunlichen Tanz zu unseren Füßen. Rundherum drehte sie sich in einem Taumel von Bewegung. Plötzlich erinnerte ich mich an Magdas innige Hoffnung, in der Ewigkeit zu tanzen, und es brach aus mir heraus: ›Nun, Magda, ich sehe, du hast es geschafft! Du tanzt!‹ In diesem Moment war ich kein protestantischer Realist mehr [...].

Am nächsten Morgen rief unsere Freundin Joyce an: ›Wisst ihr, was mit dem Schmetterling passiert ist? Er kam in meinem Auto mit mir nach Hause und flog dann in Richtung Dorothys Garten.‹ Dorothy war eine von Magdas besten und langjährigen Freundinnen.«[56]

Angesichts solcher Erfahrungen erinnert man sich an Jungs Ausspruch, »dass das Unbewusste die Tendenz habe, Geist und Stoff nicht bloß für äquivalent, sondern geradezu für identisch zu halten [.. .]«[57].

Es gibt bestimmte Momente im Leben, da sind wir mit einem Symbol konfrontiert und erkennen die Wirklichkeit wie mit den Augen des Unbewussten: Auf dieser Ebene kennt die Psyche keinen Unterschied zwischen Innen und Außen, zwischen Geist und Materie. Wirklicher Schmetterling und symbolische menschliche Erfahrung von Tod und Wiedergeburt sind dann Teil eines einzigen Wirklichkeitsgewebes. Beide Dimensionen der Wirklichkeit werden erfahren wie vom gleichen Faden gewoben und gewirkt.

Im nächsten Kapitel geht es darum zu beschreiben, wie die Fäden der Verbundenheit von Mensch zu Mensch verlaufen, in einem Netz gegenseitiger Bezogenheit und Abhängigkeit voneinander.

2. Die Kunst, abhängig zu sein[58]

Als ich die Anfrage erhielt, ob ich auf einem Kongress, bei dem es auch um Sucht und Drogen ging, über die »Fähigkeit, abhängig zu sein«, sprechen wolle, musste ich schmunzeln: Wennschon, dann reizte es mich, nicht nur über die Fähigkeit, sondern gleich über die »Kunst, abhängig zu sein« einen Vortrag zu halten. Quer zu allem, was hier vermutlich über die Gefahren der Abhängigkeit gesagt werden würde, wollte ich sprechen – eine Herausforderung, die mich lockte. Gehört das Abhängigsein des Menschen vielleicht nicht nur zu seiner Pathologie, nicht nur zu seiner Suchtstruktur, sondern zu seiner menschlichen Natur überhaupt? Ich glaube, dass es diese »Kunst, abhängig zu sein« gibt und zwar nicht nur im ironischen Sinne, wie z. B. Watzlawick in seiner »Anleitung zum Unglücklichsein«[59] schrieb.

Abhängigsein als Beziehungsgeschehen

Zunächst würde man natürlich eher die »Fähigkeit, unabhängig zu sein« als eine Kunst betrachten. Sie ist auch eine. Und wer von sich behaupten könnte, unabhängig zu sein, der wäre auch kompetent, über diese Kunst zu schreiben. Ich bin es nicht. Ich bin abhängig von mir wichtigen Menschen, manchmal sogar von weniger wichtigen, von einer guten Atmosphäre, von meinem körperlichen Wohlbefinden, immer wieder einmal von einem guten Essen, zu dem auch ein guter Wein gehört, erst recht immer wieder von Zuneigung, Zärtlichkeit, von so manchen Dingen, die ich liebe und brauche; bin abhängig manchmal sogar vom Wetter, und immer bin ich dabei abhängig von einigermaßen reiner Luft, in der man noch atmen kann, von Wasser, das man noch trinken kann – wir leben ja in einer ökologisch umfassenden Interdependenz, aber das wäre ein Thema für sich.

Wenn ich all das, von dem ich abhängig bin, um mich habe, fühle ich mich wohl, im Vollbesitz meiner Kräfte, bin ich guter und meist auch kreativer Stimmung. Wenn aber diese Menschen und Dinge mir fehlen, sinkt mein Stimmungsbarometer, versandet meine Kreativität, fällt mir nicht mehr viel ein, bin ich nicht mehr so empathisch wie zuvor.

Vor allem aber bin ich abhängig, weil und wo ich anhänglich bin, wo ich mich zughörig fühle. Es wird mir doch niemals gleichgültig sein können, wie es einem mir wichtigen und lieben Menschen ergeht. Es wird mich doch nicht unberührt lassen, wenn es ihr oder ihm schlecht geht, sondern es wird meine eigene Stimmung entscheidend beeinflussen und nicht nur meine Stimmung, auch mein Handeln. Es wird mich erst recht nicht unberührt lassen, wenn dieser Mensch sich ein Stück weit aus unserer Beziehung entfernt, sich mir entzieht, während ich doch auf ihn warte, mich auf ihn beziehe. Unabhängigkeit unter Menschen wäre nur möglich um den Preis der Unbezogenheit.

Abhängigkeit ist, genau betrachtet, ein Beziehungsbegriff: Abhängig sein heißt doch, in Relation stehen zu etwas, zu jemandem. So sagen wir beispielsweise: »Das Wetter morgen ist abhängig von der Windgeschwindigkeit, in der ein neues Island-Tief herankommt…«, oder: »Die Stabilität einer Beziehung ist abhängig davon, wie wichtig die Interessen sind, die die beiden Partner miteinander teilen…« Wir gebrauchen den Begriff »abhängig sein« immer zur Beschreibung einer Beziehung. Im Englischen spricht man von *»dependence«,* wenn es um Abhängigkeit geht, von *»interdependence«,* wenn es um gegenseitige Abhängigkeit von Personen oder von Vorgängen geht. Auch hier handelt es sich um einen klaren Beziehungsbegriff. Für die totale Abhängigkeit im Sinne der Drogenabhängigkeit verwendet man dagegen einen eigenen Ausdruck: *»drug addiction«.*

Wer *»drug addicted«* ist, der Droge verfallen, ist damit einer anderen Form der Okkupation unterworfen als der einer bloßen Abhängigkeit. Es ist eine radikale, absolute Abhängigkeit, die sich von der relativen Abhängigkeit, die ich hier beschreibe, völlig unterscheidet. Dabei dürfen wir allerdings nicht übersehen, dass jede Relation zwischen zwei Polen auch bis zur Aufhebung des einen gehen kann, so dass der eine vom anderen dominiert wird. Es entsteht ein Ungleichgewicht, wenn die eine Waagschale oder die eine Seite der Wippe unverhältnismäßig belastet wird. Dann sitzt der zu Schwere unten, der zu Leichte oben: Die Wippe steht und lässt sich nicht mehr bewegen, das Spiel ist blockiert. Die Partner müssten also von adäquatem Gewicht sein, soll das Beziehungsspiel gelingen. Die Abhängigkeit, die ich hier beschreibe, besteht in dem Balancespiel der beiden, die miteinander wippen, die in Beziehung zueinander stehen. Dieses Balancespiel in Gang zu bringen und in Gang zu halten wäre die »Kunst, abhängig zu sein«, die ich meine.

Das anschaulichste und angemessenste Bild für ein voneinander Abhängigsein als Beziehungsgeschehen ist wohl das einer Seilschaft im Gebirge. Da hängen alle Beteiligten am gemeinsamen Seil, hängen von ihm und voneinander ab. Das ist Interdependenz. Wichtig für unser Verständnis für Abhängigkeit ist auch, dass eine solche Seilschaft freiwillig eingegangen wird und auch wieder gelöst werden kann. (Auch wenn das schöne und stimmige Bild einer freiwillig miteinander verbundenen Seilschaft in der Zwischenzeit vielfach zur negativen Kennzeichnung von korrupten »Seilschaften«, die einander decken und Machenschaften verdecken, missbraucht wurde, verwende ich es in der ursprünglichen Bedeutung aus der Bergsteigerei.)

Die »Kunst, abhängig zu sein« beruht auf dem Modus, grundsätzlich freiwillig die jeweilige Abhängigkeit eingegangen zu sein und sie wieder lösen zu können. Solange die Seilschaft aber besteht, bedeutet sie schicksalhafte Abhängigkeit. Ich trage hier die anderen mit, werde aber auch mitgetragen. Wenn auf dem Gletscher in unübersichtlichem Gelände Schnee oder Eis einbrechen und ich über einer Spalte über dem Abgrund hänge, dann fängt die Seilschaft mich auf. In seltenen und tragischen Fällen kann ich auch mitgerissen werden im Sturz des anderen. Entweder mitgetragen oder mitgerissen zu werden ist das hohe Risiko, das ich eingehe, wenn ich mich von jemandem abhängig mache. Aber im Regelfall ist das Aneinander-gebunden-Sein einer Seilschaftsgruppe, die Abhängigkeit aller voneinander, gerade das Tragende und das Rettende. Eine Seilschaft wird die Zugehörigen niemals fallen lassen. Sie sind und bleiben verbindlich aufeinander bezogen. Abhängig zu sein im Sinne solcher Angewiesenheit aufeinander, das gilt nicht für solche eher seltenen Extremsituationen, wie ich sie eben beschrieben habe, sondern auch für zahllose Situationen im Alltag.

Voneinander abhängig sein, das heißt z. B., sich aus einem spannenden existenziellen Gespräch mit einem Gesprächspartner loszureißen, weil zu Hause die Kinder auf ihr gewohntes Zu-Bett-geh-Ritual warten. Es heißt, ein schönes Fest, in dem eben die Stimmung steigt, zu unterbrechen, weil man einer Freundin noch einen Anruf versprochen hat. Es heißt, auf eine große Bergwanderung mit Freunden zu verzichten, weil sich der alte Vater an diesem Sonntagnachmittag auf einen kleinen Spaziergang mit einem freut.

Dass die anderen Zuverlässigkeit von einem erwarten, ist »das Lästige an jeder verbindlichen Beziehung«, wie es eine Freundin einmal ausdrückte, das Lästige, das einfach jede Beziehung enthält, das, was einen die Abhängigkeit von anderen manchmal auch quälend erleben lässt. Soll es denn nicht mehr erlaubt sein, sich etwas spontan einfallen zu lassen, die Abmachungen anderer sowie deren Erwartungen über den Haufen zu werfen? Lästig, zu einer bestimmten Zeit zum Essen kommen zu sollen, auch wenn es Freunde für einen vorbereitet haben! Nicht minder lästig aber auch, selbst mit großer Liebe für Freunde ein Essen vorbereitet zu haben – z. B. Felchen aus dem Bodensee, bei dem die Kochzeit stimmen muss –, und diese Freunde haben dann irgendwo die Zeit vergessen und lassen auf sich warten! Ausschließlich als lästig könnten wir diese Abhängigkeit, dieses Angewiesensein auf einen andern und aufeinander bezeichnen, wären wir nicht selbst in der gleichen Weise auf die verlässliche Bezogenheit des anderen angewiesen, darauf, dass der versprochene und sehnlich erwartete Anruf auch wirklich kommt; darauf, dass sowohl die Spaziergänge als auch die Gute-Nacht-Rituale eingehalten werden, auf die wir uns doch freuen! »Es muss feste Bräuche geben«, sagt der Fuchs zum kleinen Prinzen bei Saint-Exupery, denn ohne Rituale »kann ich nie wissen, wann mein Herz da sein soll«[60]. Mit diesem Ausspruch erweist sich der Fuchs als ein Meister in der »Kunst, abhängig zu sein«.

Die Kunst, man selbst zu werden – Abhängigkeit und Identität

Es gibt auch eine Unfähigkeit zur Abhängigkeit. Sie beruht auf einer ausgesprochenen Angst vor Selbstverlust, auf der Angst, sich zu verlieren, sobald ich spüre, dass ich beginne, an einem anderen Menschen zu hängen, dass ich anhänglich werde, dass ich ihn brauche. »Verdammt noch mal, ich hänge!«, sagte mir kürzlich ein Bekannter über die beginnende Beziehung zu einer Frau. Er geriet fast in Panik darüber. Warum diese Angst, sich zu verlieren, sobald Abhängigkeit aufkommt? Die Angst kommt offenbar besonders stark bei solchen Menschen auf, die Mühe haben, sich abzugrenzen und das für sie zuträgliche und genießbare Maß an Nähe herauszufinden und es dem Partner auch zu vermitteln. Sie haben Angst, ihre Grenzen zum anderen hin nicht halten zu können, unkontrollierbaren Grenzverschiebungen zu ihren Ungunsten ausgesetzt zu sein.

Am schwierigsten auszuhalten ist Abhängigkeit für uns alle dort, wo wir in uns selbst nicht gut gegründet sind, wo wir keine klare Identität haben und über keinen »kohärenten Ichkomplex«[61] (Verena Kast) verfügen. Es braucht nämlich Mut dazu, sich von jemandem abhängig zu machen; es setzt eine genügend starke Identität voraus. Die Anhänglichkeit an einen Menschen fordert letztlich dazu heraus, die Gründung in sich selbst, die eigene Autonomie zu kräftigen, zu vertiefen. Ein hinreichend in sich fundierter Mensch vermag sich auf einen anderen zu beziehen, wenn die Beziehung auf Gegenseitigkeit beruht – eine einseitigere Beziehung wäre kritischer, die Wippe wäre schwieriger auszubalancieren. Aber auch eine solche Beziehung einzugehen ist nicht unmöglich, z.B. wenn ich als Lernender bei einer Lehrerin, einem Kollegen, die mir zwar überlegen sind, aber auch viel zu geben haben, noch einmal »in die Schule« gehe, wenn ich als Supervisandin bei einem Kollegen weiterlerne!

Es setzte eine gewisse Stärke voraus, sich selbst auch als Lernenden oder als Ratsuchende zu akzeptieren und dabei nicht ständig doch gegen die relative Abhängigkeit, die dadurch entsteht, zu rebellieren. Dadurch würde nämlich Gestaltung dieser Beziehung unmöglich! Die Problemfälle in unseren Therapien sind ja die Menschen, die so ich-schwach sind, dass sie auch die relative Abhängigkeit einer therapeutischen Beziehung nicht verkraften, weil sie Gefahr laufen, sich in ihr zu verlieren, und die deshalb andauernd gegen eine solche relative Abhängigkeit rebellieren, so dass wir überhaupt nicht zum Aufbau und zur Gestaltung der Beziehung kommen. Da wird dann besonders deutlich, wie Ich-Stärke und die Fähigkeit zur Abhängigkeit zusammenhängen und dass beide Qualitäten sich nicht ausschließen, sondern einander bedingen und herausfordern. Noch einmal: Völlig unabhängig von solchen Bezogenheiten wären wir nur um den Preis der Unbezogenheit, der Unverbindlichkeit. Die Kunst, abhängig zu sein, wäre also eine Kunst, die mit freiwillig eingegangenen, aber auch mit unvermeidlichen Verbindlichkeiten umzugehen weiß, und zwar so gekonnt umzugehen weiß, dass Spielraum und Spielfreude entstehen und eine gewisse Meisterschaft errungen werden kann.

Diese »Kunst« setzt voraus und fordert dazu heraus, sich der Eigenidentität bewusst sein und sie immer souveräner einsetzen zu können. So wird die partielle Abhängigkeit, die aus frei bejahter Anhänglichkeit entsteht, zu einer Fähigkeit, sich aufeinander zu beziehen, aneinander teilzuhaben und einander teilhaben zu lassen; sie wird zu einer Kunst der Gegenseitigkeit. Es fällt mir doch kein Stein aus der Krone, wenn ich auf einen Impuls oder eine Idee eingehe, die zuerst vom anderen kommt, sei es die Idee zu einer Reise, einem Gespräch oder auch der Impuls zu einer zärtlichen Berührung. Es kann doch auch für mich sehr schön werden, auch wenn ich damit zugleich den Wunsch des anderen erfülle. Wo das Balancespiel gelingt, wird morgen der Partner mir meinen Wunsch erfüllen. Das alte, sprichwörtliche *»do ut des«* – ich gebe, damit du gibst – drückt nur die primitivste, noch dem Egoismus verhaftete Form des Gebens und Nehmens aus und ist dennoch schon einen Schritt weiter als das oft einfach vorausgesetzte »ich gebe nichts, und du sollst trotzdem geben«.

Wie gut täte es alten und neuen Beziehungspartnern, einander immer wieder einmal zu sagen – auch mitten im legitimen Kampf um Autonomie –, dass sie nicht ohne einander leben möchten, dass sie einander brauchen (vor allem, wenn das auch stimmt). Wie viel lieber würde man dann dem betreffenden Partner oder der Partnerin so manchen Autonomiewunsch zugestehen, als wenn einem immer wieder gedroht wird: »Ich könnte mich ebenso gut von dir scheiden lassen und wäre am liebsten schon längst von dir geschieden.«

Wir sprechen hier wohlgemerkt von einer partiellen Abhängigkeit, von »dependence«, nicht von »addiction«, einer relativen Abhängigkeit also, die in dem Maße von mir bejaht werden kann, als ich in mir gegründet bin, als ich meine Grenzen halten, meine Tore öffnen und auch schließen kann. Dem steht die absolute Abhängigkeit gegenüber, eine brutale »drug addiction« beispielsweise oder auch eine sexuelle Hörigkeit. Es ist sehr die Frage, ob es noch eine »Kunst« gibt, die selbst mit solchen Formen der Abhängigkeit noch umzugehen wüsste (es sei denn in Gestalt einer Therapie). Es besteht in der Tat ein gewaltiger Unterschied zwischen der relativen Abhängigkeit voneinander, die ich zur »Kunst« entwickeln kann, und einer absoluten, die sich zur Sucht auswachsen wird. Absolute Abhängigkeit beruht auf absoluter Bedürftigkeit, wie sie wohl aus der früh-kindlichen Erfahrung, nicht angenommen worden zu sein, entsteht.

Sucht – absolute Abhängigkeit

Analog dem Zusammenhang zwischen relativer Abhängigkeit und Geborgenheit besteht eine Korrespondenz zwischen absoluter Abhängigkeit und Ungeborgenheit. Es liegt nach allem Gesagten auf der Hand, dass die Gefahr der totalen Abhängigkeit immer dort entsteht, wo jemand nicht in sich gegründet ist, wo er sich im anderen zu verlieren droht, seine Tore nicht mehr zu schließen vermag, wenn er sie einmal geöffnet hat. Hier entsteht die Gefahr der Invasion und Okkupation durch den eindringenden anderen, der Vereinnahmung durch den anderen und der Entwertung des Eigenen, so wie es auch in größeren sozialpsychologischen Zusammenhängen passieren kann, z.B. als ein Staatswesen wie die ehemalige DDR sich ihrer Identität immer weniger sicher war.

Umgekehrt kann im individual- wie im sozialpsychologischen Bereich eine so übermächtige Faszination vom anderen entstehen, eine so große Sehnsucht nach Verschmelzung, dass die entstandene Abhängigkeit zum Ertrinken im anderen ausarten kann. Das Gegenüber wird eingesogen – »Ich zieh's mir rein«, wie die Drogen-User sagen –, meist aber hält es das Gegenüber nun seinerseits nicht aus, so einverleibt zu werden, und entzieht sich fluchtartig. Je abhängiger jedoch jemand war, desto schlimmer die nun folgende Verlassenheit – sie ist oft so abgrundtief, dass künftig gar keine Form von Abhängigkeit mehr riskiert wird, auch keine relative, auch keine therapeutische. Damit aber wird auch gar keine Form von Beziehung mehr gewagt.

Weil Beziehung unter solchen Bedingungen nicht glücken kann, tut sich hier ein ständiges Einfallstor für alle möglichen Ersatzbefriedigungen auf. Dabei gibt es nach neuester Sicht vermutlich doch keine spezielle »Suchtpersönlichkeit«, obgleich frühe Störungen aufgrund der tiefen Selbstwertproblematik, die mit ihnen verbunden ist, dafür am anfälligsten erscheinen. Wir müssen vielmehr damit rechnen, dass jeder Mensch die Fähigkeit, süchtig zu werden, mitbringt, dass es sich um eine anthropologische Gegebenheit handelt, um eine Konstitution des Menschen, die sich von Anfälligkeiten für Arbeitssucht, über die Süchte nach Information, nach Mobilität und hoher Geschwindigkeit, bis hin zu jeder echten Faszination von einem anderen

Menschen auswirken kann, die, solange sie anhält, nicht von einer Sucht zu unterscheiden ist: Bei der Sucht geht es ja auch um elementaren Lebenshunger, um existenzielle Sehnsucht nach Sättigung, nach Lebens- und Sinnerfüllung. Es geht ja auch darum, sich das Leben einzuverleiben, in sich hineinzuziehen in vollen und leidenschaftlichen Zügen.

Meist steht ein tiefes, existenzielles Loch hinter jeder Sucht, das nach Kompensation verlangt. Aber auch diese vitale Lebensgier umfasst noch immer differenzierte Möglichkeiten, das existenzielle Loch zu stopfen. So kann unter Umständen durch eine solche Sucht, solange sie begrenzt bleibt, sogar eine schlimmere, umfassendere Bedürftigkeit aufgefangen werden. Ein Beispiel hierfür:

Ein israelischer Kollege, ein schöpferischer Mensch und begnadeter Psychotherapeut, raucht wie ein Schlot, auch während der Therapien und Seminare, weil er, wie er selbst sagt, nur so die Spannungen und selbstdestruktiven Regungen kompensieren kann, die nach einer Kindheit im KZ in ihm sind. Er selbst geht verständnisvoll mit dieser Sucht um. Wer will hier beckmesserisch urteilen?

Ein solches Beispiel weist uns auch darauf hin, dass wir in Interdependenz mit der Geschichte stehen, mit der übergreifenden Geschichte, in die wir hineingestellt sind, und dass insofern nicht alles nur individuelle Problematik ist. Der Kollege raucht und kann damit das schwere Trauma seiner Kindheit irgendwie bewältigen und seinen Alltag bestehen.

Eine Hauptschullehrerin, die mit schwer gestörten deutschen, aber auch osteuropäischen und türkischen Kindern in den Randvierteln einer Großstadt arbeitet und einfallsreich und kreativ unterrichtet, kommt doch nicht dagegen an, oft am Abend etwas mehr Alkohol zu trinken, als ihr gut tut, um ihr seelisches Gleichgewicht nach den außerordentlichen Stresssituationen des Schulalltags wiederherzustellen. Sie kann es sich verzeihen.

Wir stehen auch in Interdependenz mit dem sozialen Umfeld und den sozialen Krisensituationen, in die jeder von uns als Individuum gestellt ist.

> Eine 60-jährige Frau beginnt nach der Silberhochzeit erstmals mit dem Rauchen, was ihrem Mann, einem fanatischen Nicht-Raucher, sehr missfällt. Das Rauchen steigert sich bald so, dass es suchtartig wird. Es geht ihr aber um ihre Emanzipation dabei. Sie möchte aufhören, die brave, angepasste Frau zu sein; sie findet es schick und ein bisschen verrucht zu rauchen. Sie braucht also diese Abhängigkeit zu ihrer Unabhängigkeit.

Ein letztes Beispiel für solche kompensierende relative Abhängigkeit möchte ich noch anführen:

> Ein Kollege pflegt, wie viele von uns, sich bei jeder Kränkung seines Selbstwertgefühls etwas Schönes zu kaufen, das ihn tröstet und in seinen eigenen Augen aufwertet. Einmal war eine Kränkung so groß, dass er sich ein Klavichord für 10 000 Euro kaufen musste. Seitdem hat er Schulden und fühlt sich durch diese erneut abhängig, aber immerhin hat er nun ein Klavichord.

Mit solchen Ersatzbefriedigungen ist es natürlich wie mit einer Plombe: Sie heilt nicht unbedingt die Wurzelerkrankung des Zahns, stillt aber die Schmerzen und ermöglicht uns, mit unseren kleineren oder größeren Beschädigungen zu leben. Auch dies ist eine Kunst des Überlebens, die wir nicht ganz verachten sollten. Freilich kompensieren wir unsere tiefere Ungestilltheit oft mit Dingen, die nicht wirklich nähren können.

Nahrung aus dem Unbewussten

Nach meiner Erfahrung im Sinne der Jung'schen Psychologie gibt es aber eine Möglichkeit, die nährt; eine Möglichkeit, mit der existenziellen Ungestilltheit so umzugehen, dass wir dabei an Grundnahrung herankommen und nicht noch tiefer von Menschen oder Dingen abhängig werden. Es ist die Möglichkeit, sich – mit oder ohne Therapie – wieder zu öffnen für die großen Erfahrungen aus der Tiefe unserer Psyche, aus dem Unbewussten oder auch »Überbewussten«, wenn man so will, die gerade bei großer innerer Seenot aus dem Grund unserer Seele aufsteigen und sich ins Sichtbare verdichten können, sei es durch Träume, Fantasien oder eigene Bild-Gestaltungen. Solch ein archetypisches Bild mit den zugehörigen Gefühlen steht oft auch hinter unseren Komplexen. Wenn wir wagen, tief in den Komplex hineinzugehen, ihn »auszufantasieren«, dann können wir meist auf seinem Grund solch ein Bild finden. Letztlich handelt es sich dabei um eine spirituelle Möglichkeit, die auch uns heutigen Menschen mit unserer reflektierten Subjektivität offensteht.

Auch hier stellt sich zunächst nur die eine Frage, ob wir uns auf solch eine Erfahrung überhaupt einlassen können, ob wir den Mut haben, uns die Abhängigkeit von etwas, das tiefer und größer ist als wir selbst, einzugestehen und zuzugestehen. Dann kann unsere Abhängigkeit vom Unbewussten zur Hingabe werden an etwas, das uns umgreift und birgt. Auch solchen Menschen, denen die persönliche Mutter oder der persönliche Vater nicht gerecht zu werden vermochten, können an den überpersönlichen Bildergestalten und den zugehörigen Emotionen eine letzte Verankerung im Sein wiederfinden und erfahren. In den inneren Bildern vermögen wir uns schließlich so zu gründen, dass uns die Abhängigkeit von Menschen nicht länger zu absoluten, sondern nunmehr zu relativen gerät. So erging es einer meiner Analysandinnen:

Sie stand schon in den Fünfzigern, war Heilpädagogin von Beruf und von recht karger Mutterbeziehung geprägt, von einer Mutter, die sie in ihrer Eigenart nicht gesehen und der sie es nie hatte recht machen können, trotz großer Bemühung. Als die Älteste einer großen Geschwisterschar hatte sie immer schon viel Verantwortung und selbst ein Stück Mutterrolle übernommen, zugleich um die Anerkennung der Mutter durch Leistung zu gewinnen. Von dieser Mutter, die sie nie hatte akzeptieren können, war sie gerade deshalb nie losgekommen. Noch mit ihren 49 Jahren suchte sie es ihr recht zu machen und endlich die Anerkennung zu bekommen, die sie als Kind vermisst hatte.

Da man sie zu Hause oft übergangen hatte, hatte sie im Zusammenhang mit Übergangen-Werden einen richtigen Komplex entwickelt, der sich z. B. so auswirkte, dass sie ganz aus dem Häuschen geriet, wenn es mit einer Verabredung nicht klappte oder wenn gar ein Termin verschoben werden musste. Sie empfand dann ihre Abhängigkeit von dem Menschen, auf den sie sich eingestellt hatte und der sie deshalb so schmerzlich warten lassen konnte, als so stark, dass sie dann im Moment am liebsten die ganze Beziehung abgebrochen hätte.

Im Verlauf einer Therapie, in der ich als Therapeutin ihr natürlich auch Bezogenheit zu vermitteln suchte, gelang es ihr jedoch, über das geträumte Bild eines Brunnens, in den sie hinabstieg, den Zugang zu ihrer eigenen emotionalen Tiefe wiederzufinden. Ausgerechnet ein Schwein, eine Muttersau, die ihr am Brunnenrand begegnete, wies ihr den Weg in die Tiefe des Brunnens, zu einer »Erdfrau«, die in vielen Zügen der Frau Holle des Märchens glich.

Das Auftauchen eines Schweines hatte sie zunächst sehr verwundert, bis sie beim Besprechen des Traumes merkte, dass es all das verkörperte, was ihrer eigenen Mutter und damit ihr selbst gefehlt hatte, die Erdverbundenheit, die elementare Mütterlichkeit, die Fähigkeit, sich selbst zu sättigen und auch andere zu nähren, die Fähigkeit schließlich auch, lustvoll in der Erde zu wühlen und sich zu suhlen.

Bei näherem Hinschauen erkannte sie im Schwein das Begleittier und Begleitsymbol großer Muttergottheiten, wie der kretisch-griechischen Demeter. So gelang es schließlich dieser Frau, das Bild der überpersönlichen Erdmutter wiederzufinden, samt der entsprechenden Emotion des Vertrauens in die Basis ihres Lebens – ein Bild, dem sie sich mehr und mehr annäherte, auch indem sie die Erdfrau ihres Traumes malte, sie sogar in Ton modellierte, also selbst aus Erde gestaltete, bis es zu einem wirklichen Gespräch mit dieser »Erdmutter« kam, als die sie die Gestalt immer mehr erkannte. In ihrem Tagebuch und in aktiven Imaginationen begann sie einen richtigen Dialog mit ihr zu führen und wagte es schließlich unter großer innerer Bewegung, die »Erdmutter« anzusprechen. Sie nannte es: »Wie im Gebet.« Es war ein Tabu-Bruch für die protestantisch erzogene Frau, aber innerlich notwendig. Auf ihren Urlaubsreisen auf Malta und Kreta entdeckte sie die Gestalten früher weiblicher Gottheiten, die der Erdfrau ihres Traumes in vielem glichen.

Über diese Annäherung an die uralt gegenwärtige »Erdmutter« ihres Traumes erfuhr sich die betreffende Frau selbst wieder als zur Erde gehörig, als »Erdtochter«: Sie erfuhr sich von der Erde, vom Leben selbst als einer größeren Mutter als ihrer persönlichen Mutter angenommen und begann sich nun vor allem in ihrer Körperlichkeit wiederzuentdecken, die ja vom Erdsymbol mitgemeint ist, die sie aber als Tochter einer kargen persönlichen Mutter sträflich vernachlässigt hatte. Sie erlaubte sich nun z. B. endlich, die Seidenblusen zu tragen, die sie immer geliebt hatte und die ihrem Hautgefühl schmeichelten; sie begann liebevoll für sich selbst zu kochen und öfters auch Freunde einzuladen. Dazu wachte ihre Lust am Gärtnern, am Umgraben von Beeten, am Pflanzen und Ernten auf. Kurzum, sie begann sich auf vielen Gebieten Gutes zu tun, sich selbst eine Mutter zu sein. Dies alles war für die eher spartanisch aufgewachsene Tochter etwas sehr Neues.

In der Folge kam es zu einer viel größeren Tragfähigkeit in ihren Beziehungen, nicht zuletzt in unserer therapeutischen Beziehung; sie wurde toleranter im Ertragen kleinerer und größerer Abhängigkeiten, wie sie eben jede Bezogenheit aufeinander mit sich bringt. Schließlich vermochte sie in ihrer neu gewonnenen Selbstgewissheit sogar mit ihrer persönlichen alten Mutter besser umzugehen und deren Erwartungen nach Zuwendung, die ihr bisher immer nur Schuldgefühle gemacht hatten, nun auch mit etwas Humor und Sachlichkeit entweder zu erfüllen oder auch nicht. Zu ihrer großen Verwunderung begann die Mutter, seit die Tochter auch einmal Nein zu sagen wagte, deren Grenzen viel mehr zu respektieren und mehr nach ihr zu fragen. Abhängigkeit stellt ja immer ein System der Interdependenz, der Gegenseitigkeit dar.

Was macht nun nach allem, was wir schon überlegt haben, die »Kunst, abhängig zu sein« letztlich aus? Sie besteht zunächst einmal aus der Fähigkeit, das Unvermeidliche einer gewissen Abhängigkeit nicht nur zu sehen, sondern auch zu bejahen. Es ist eine »Kunst«, die nicht zuletzt auch Humor voraussetzt, Humor als die Fähigkeit, einen Schritt zurückzutreten, sich selbst samt seinem Anspruch auf Autonomie ein wenig zu relativieren, sich selbst und seine Bezugspersonen in ihrer jeweiligen Begrenztheit zu sehen, so wie uns alle in unserer Angewiesenheit aufeinander.

Vielleicht ist es sogar gut, wenn wir uns alle zu kleineren und größeren Alltagssüchten bekennen müssen, es macht uns nämlich toleranter und für andere genießbarer. Humor kann gelegentlich sogar ein Jugendlicher in der Autonomiekrise haben, wie derjenige, der kürzlich erklärte: »So abhängig, dass ich einen Beruf wählen muss, den meine Eltern verabscheuen, bin ich nicht mehr. Aber so unabhängig, dass ich einen wählen könnte, der sie freut, bin ich noch lange nicht.«

Beziehung gestalten

Da wir nun einmal keine isolierten Einzelwesen sind, kann ich im Rahmen meiner Angewiesenheit auf andere durchaus Spielregeln und Gestaltungsmöglichkeiten finden, kreativ und auch lustvoll zu leben. Ich muss dann nicht die falsch Unabhängige spielen, die ebenso gut allein leben, sich von Partnerin oder Partner jederzeit auch trennen könnte oder am besten schon getrennt hätte. Ich kann und mag meinem Gegenüber immer wieder einmal versichern, dass ich nicht ohne sie oder ihn leben möchte. Ich möchte doch auch im Ernst nicht leben ohne die wunderbaren Möglichkeiten, einander zu ergänzen und zu verwöhnen, gerade da, wo man vielleicht allein nicht ganz so weit käme. So ist z. B. der eine von beiden ein Meister im Kochen, die andere im Massieren und im Verbinden der Wunden. Der eine hat reichere Ideen bei der geistigen Arbeit, die andere sieht die Realisierungsmöglichkeiten. Es gibt wunderbare Gelegenheiten, einander auf Gegenseitigkeit zu verwöhnen; ich möchte eine jede und einen jeden von uns da nur an die eigenen Erfahrungen erinnern.

Es gibt auch die Kunst, in äußeren Dingen partiell abhängig zu sein, z.B. in gewissen materiellen Bereichen, aber auch dies auf Gegenseitigkeit. Wenn ich mir dabei meines Selbstwertes und meines Wertes für den anderen sicher bin, kann ich auch etwas von einem Gegenüber annehmen, ob es sich nun um ein größeres Geschenk handelt oder um ein Darlehen. Natürlich kommt es auch auf dieses Gegenüber an: Ich muss darauf vertrauen können, dass er oder sie sich selbst auch um die rechte »Kunst, abhängig zu sein« bemüht und um die Kunst des Balanceakts weiß. Dann kann ich auch etwas von meinem Gegenüber annehmen.

Die »Kunst, abhängig zu sein« hat überhaupt immer diese beiden Seiten: zum einen, wie ich diese Kunst mir selbst gegenüber ausübe, und zum anderen, wie ich sie mit meinem Gegenüber gestalte. Wo z.B. die Beziehung zwischen Eltern und erwachsenen Kindern hinreichend gut ist, werden Töchter und Söhne auch etwas annehmen können, eine Ausbildungsbeihilfe, eine Urlaubseinladung... Sie wissen, dass sie den Eltern Freude damit machen, wenn sie sich etwas von ihnen schenken lassen.

Wo aber von dem einen etwas angeboten wird, um den anderen dadurch abhängig zu halten, kann es nicht angenommen werden. Dann würden sich die Kinder eher die Hand abhacken, ehe sie von solchen Eltern etwas annähmen. Ich muss immer wieder daran denken, wie einer meiner Analysanden wutentbrannt und mit hohen Kosten ganze Kisten von Eingemachtem an seine Mutter per Express wieder zurückschickte, weil sie es offensichtlich nur geschickt hatte, damit er zu ihr nach Hause käme, um sich zu bedanken und die Gläser zurückzubringen! Es ist allerdings auch erlaubt, so meine ich, erwachsene Kinder wieder hinauszuwerfen, wenn sie mit zwei Koffern schmutziger Wäsche ankommen, in der Gewissheit, sie von Mutter gewaschen zu bekommen, weil sie genauso um die Abhängigkeit ihrer Eltern wissen und deren Wunsch, sie unter allen Umständen wiederzusehen. Dabei lässt sich die lebenslange Relation zwischen Eltern und Kindern grundsätzlich nicht auflösen, auch bei aller Ablehnung der daraus entstehenden Abhängigkeit nicht.

Die Familie ist überhaupt ein umfassendes Interdependenz-System, auch über Generationen hinweg. Diese Abhängigkeit lässt sich nicht vermeiden, nur gestalten, ungekonnt oder eher gekonnt. Gekonnt wäre, die erwachsenen Kinder durch Respekt für ihre Schritte in die Selbstständigkeit davon zu überzeugen, dass man sich noch für sie interessiert, dass eine Bezogenheit besteht. Gekonnt wäre, die Entwicklung eines Partners dadurch zu begleiten, dass man seine Schritte in die größere Selbstständigkeit achtet, vielleicht sogar offen bewundert, sie mit ihm teilt und eigene Schritte der Selbstverwirklichung wagt. Auf dieses Teilhaben und Teilhaben-Lassen kommt es bei der »Kunst, abhängig zu sein« vor allem an.

Eine verheiratete Frau, die ihren Mädchennamen wieder annehmen wollte, was ihr ja kraft Gesetzes zusteht, fragte sich, ob sie es, ihrem ersten Impuls folgend, einfach tun sollte, ohne mit ihrem Mann Rücksprache zu halten. Einerseits hätte sie gerade das gerne getan, ihr Sinn für Bezogenheit sagte ihr jedoch, dass es angemessener sei, ihren Mann an diesem Vorhaben teilhaben zu lassen. So versetzte sie ihn überhaupt erst in die Lage, sein Verständnis für diesen Schritt zu zeigen, das in diesem Fall durchaus vorhanden war.

Dramatisch stellt sich die Frage des Teilhabens und Teilhaben-Lassens dann, wenn zu der Bezogenheit einer Zweierbeziehung ein Dritter oder eine Dritte hinzukommt, weil sich eben einer der beiden ursprünglichen Partner auf diese Person zu beziehen beginnt. Nichts wird von den Betroffenen im Allgemeinen als härter und liebloser empfunden, als wenn sie nicht einbezogen werden, wenn sie nicht teilhaben können an der neuen emotionalen Erfahrung des Partners bzw. der Partnerin. Dies wird als Bruch der ursprünglichen Bezogenheit aufeinander empfunden, weil es dem betroffenen Partner weder Möglichkeiten zur Teilhabe noch zur Abgrenzung bietet. Weder Abwehr noch Großzügigkeit können sich in diesem Falle ausdrücken. So werden die Spielregeln einer »Kunst der Abhängigkeit« verletzt. Manche betrachten es zwar vielleicht gerade als einen Teil der »Kunst, abhängig zu sein«, sich kleinere oder größere Freiheiten ohne Wissen des Partners herauszunehmen. Wo die Abhängigkeit zu rigide geworden ist, mag dies als eine momentane Notlösung verständlich sein. Eine Lösung ist es nicht, solange die Bezogenheit auf den ursprünglichen Partner noch besteht.

Gehören also das Teilhaben und das Teilhaben-Lassen zu den wichtigsten Spielregeln einer »Kunst, abhängig zu sein«, so ist doch die Fähigkeit, sich abzugrenzen, Nein zu sagen, mindestens die zweitwichtigste. Sie ermöglicht die »Kunst«, die Abhängigkeit voneinander als relative zu gestalten, sie nie zu einer absoluten verkommen zu lassen. Sie enthält die »Kunst«, sich zu streiten, verschiedener Meinung zu sein und sich in dieser Unterschiedlichkeit auszuhalten. Gute Abgrenzung gelingt jedoch nicht immer, sie kann vielmehr – im Sinne unserer »Kunst, abhängig zu sein« –, auch ungekonnt sein, wie das folgende Beispiel zeigt:

Ein Mann, Facharzt und überzeugt von der Schulmedizin und ihrem naturwissenschaftlichen Hintergrund, kreidet es seiner Frau wie einen Treuebruch an, dass sie, wie so manche Menschen heute, von der Esoterik angezogen nun auf einmal die Kraftfelder der Chakras studiert und sich mit den Möglichkeiten der Bach-Blütentherapie befasst. Sie möchte ihn anfangs teilhaben lassen. Er aber lässt sich, geradezu beleidigt von einer solchen Zumutung, nicht darauf ein. So grenzt auch sie sich ab und versucht nicht mehr, ihn an diesem für sie wichtigen Interesse Anteil nehmen zu lassen. Sie lebt den entsprechenden Bereich mit gleich gesinnten Freundinnen, der Mann bleibt außen vor.

Dies ist in meinen Augen kein gutes Beispiel für die »Kunst«, sich innerhalb einer Beziehung voneinander abzugrenzen. Immerhin ist es besser, als wenn es gar keine Abgrenzung gegeben hätte, als wenn sie ihre Interessen aus einem falsch verstandenen Symbiosewunsch heraus ganz aufgegeben hätte. Und es ist besser, als wenn er seine Kritik vom Standpunkt der Schulmedizin aus gar nicht zum Ausdruck gebracht hätte, aus Angst, sie zu kränken und zu verlieren.

Die Kunst, sich abzugrenzen, wird von einem anderen Paar angemessener geübt:

Er ist Computerfachmann, sie psychologische Beraterin. Auch hier sind die esoterischen Interessen der Frau ein ständiger Konfliktpunkt. Doch er liest, ungeachtet seines weltanschaulichen Hintergrunds, doch immer wieder einmal gemeinsam mit ihr ein Buch, das sie besonders interessiert – sie setzen sich zusammen, setzen sich mit den unterschiedlichen Ansichten des anderen auseinander, streiten. Er nimmt einzelne ihrer Perspektiven in sein Weltbild auf, sie bekommt Einblick in die Komplexität seines naturwissenschaftlichen Denkens, das sie sich zuvor auch allzu vereinfacht vorgestellt hatte. Sie lernt, hinter seinen nur spröde mitgeteilten Erfahrungen, die er angesichts der unendlichen Weiten bei einer Wüstenreise machte, auch bei ihm spirituelle Erfahrungen zu erkennen, und er ahnt eine ähnliche Ergriffenheit hinter ihrer Suche im esoterischen Bereich. Sie nehmen einander ernst in ihrer Unterschiedlichkeit.

Sich abgrenzen zu können ist der legitime Schutz dagegen, vereinnahmt und ausgenutzt zu werden – eine Gefahr, die in der relativen Abhängigkeit einer jeden verbindlichen Beziehung besteht. Es wäre gekonnt, die Abgrenzung jeweils mit dem Prinzip der Gegenseitigkeit zu verbinden. Zur Kunst, abhängig zu sein, gehört, auf Gegenseitigkeit aufeinander bezogen und voneinander abgegrenzt zu sein.

Abhängigkeit als Kunst

Nun geht es in diesem Kapitel ja nicht nur um ein Können, sondern gar um eine Kunst. Damit die Abhängigkeit zur Kunst wird, bedarf es aber wie bei jeder großen Kunst einer Vision, einer unbedingten Liebe zum Gegenstand der Gestaltung und schließlich eines unbedingten Willens, eben zu realisieren, was Vision und Liebe zum Gegenstand uns auftragen. Was wäre die Vision einer solchen Kunst? Es ginge darum, Abhängigkeit als Relation zueinander zu sehen und sie als Bezogenheit aufeinander zu praktizieren, als eine gestaltbare und genießbare »Kunst der Gegenseitigkeit« also (die sehr viel mehr wäre, als nur ein ausgelebter positiver Mutterkomplex mit Einsprengseln von Autonomie).

Die Liebe zum Gegenstand, was wäre sie? Es ginge zunächst um eine aufwertende, bejahende Sicht der Abhängigkeit im Gegensatz zu ihrer pauschalen Abwertung, wie sie zuweilen in einem unbezogenen und realitätsfernen Kult der Unabhängigkeit aufgekommen ist, einem Kult der Autonomie, wie er auch in der klassischen Psychoanalyse vorherrschend war. Abhängigkeit hat doch zu tun mit tiefen Beziehungswünschen, mit der Sehnsucht nach Verschmelzung, nach Geborgenheit. Diese Wünsche dürfen nicht als infantil bzw. als unerfüllbar heruntergespielt werden (im Sinne der Fabel von den zu hoch hängenden, unerreichbaren Trauben, die man deshalb von vornherein für zu sauer erklärt). Auf den Umgang mit solchen Wünschen kommt es vielmehr an, vor allem auf den gekonnten Umgang, bei dem nämlich das Erfüllbare und das Lebbare vom Unerfüllbaren unterschieden und dann realisiert wird. Das Unerfüllbare kann nicht realisiert werden, aber oft verzichten wir von vornherein darauf herauszufinden, was das Erfüllbare ist, und es dann auch ins Leben zu bringen.

Und hier hätte schließlich der unbedingte Wille zur Verwirklichung, der jede Kunst ausmacht, seinen Ort: Er würde bedeuten, dass ich mich von nichts und niemandem abhalten ließe, die Abhängigkeit als eine Kunst der Bezogenheit zu gestalten, dass ich meine Partnerin oder meinen Partner dafür gewinne, unsere Abhängigkeit voneinander als Herausforderung zu verstehen, um auch in der relativen Abhängigkeit wir selbst und frei zu bleiben, ja, es immer mehr zu werden.

Die relative Abhängigkeit voneinander treibt also geradezu die Autonomiebewegung hervor. Die beiden Begriffe Autonomie und Abhängigkeit sind polar und nicht einander ausschließend zu verstehen. In einer zu starken Abhängigkeit vom anderen spüre ich ja zugleich mein nicht genügend starkes Selbstsein. Im Ärger darüber sehe ich mich aufgefordert, mich tiefer in mir zu verwurzeln, mich in meiner Eigenart immer kraftvoller zu erfahren und zu profilieren; stark genug aber auch zu werden, mich immer wieder verlässlich auf den anderen zu beziehen –, emotional, geistig, körperlich und auch in materiellen Dingen. Die Kunst, abhängig zu sein, bedeutet, aus der nun einmal bestehenden Abhängigkeit etwas Verbindliches, Gestaltbares und Genießbares zu machen. Warum z. B. eine Beziehung, von der man trotz aller Versuche nicht mehr loskommt, nicht eines Tages akzeptieren und kreativ mit ihr umgehen? Früher hätte man gesagt: »Hier haben die Götter gesprochen, diese Beziehung ist Schicksal«, und hätte sie zu gestalten begonnen, anstatt sie immer wieder in Frage zu stellen, wie wir es heute oft tun.

Die Kunst, abhängig zu sein, setzt ein Ja zum Gebundensein aneinander voraus, erst dann kann sie sich entfalten, kann sie bewusst gestaltet werden. Nur zu diesem Preis ist der Anteil an Geborgenheit zu haben, den es unter Menschen gibt, den es aber auch wirklich und zuverlässig gibt. Letztlich aber bedarf es zu dieser Kunst des Mutes – oder der Demut? –, sich von etwas abhängig zu wissen, das uns umfasst und birgt: Nennen wir es die Macht des Lebens selbst, aus der wir geboren und damit grundsätzlich bejaht sind, und dies eben nicht als Vereinzelte, sondern in Interdependenz mit allen Lebewesen, die uns umgeben, im Kosmos der äußeren und der inneren Welt. Sich einzufügen in diese große Interdependenz – bescheiden, liebevoll, verantwortungsvoll –, das wäre sie, »die Kunst, abhängig zu sein«, die ich meine.

Wie kann die gegenseitige Bezogenheit aussehen? Wie können wir unser Innerstes und Eigenstes bewahren und uns gleichzeitig dem Gegenüber, den Mitmenschen und der Welt, öffnen? Um diese paradoxe Identität geht es im nächsten Kapitel.

3. Paradoxe Identität – Wurzeln, Schutz und fließende Grenzen

Ist es nicht so, dass gerade das Zarte, das Zerbrechliche, das Verwundbare auch unsere Zartheit, ja unsere Zärtlichkeit weckt? Wenn ich an die Zartheit eines wenige Tage alten Kindes denke, an einen jungen Vogel, an eine eben aufblühende Pflanze – kommt da nicht Achtsamkeit auf, ja Zärtlichkeit, ein Bedürfnis, zu schützen? Auch eine Vase aus feinem Glas in ihrer Zerbrechlichkeit nimmt man vorsichtig-liebevoll in die Hand: Sie kann unsere Zartheit wecken. Wie viel mehr noch weckt z.B. ein schutzlos schlafender Mensch diese Zartheit! Es hat mich einmal ganz tief angerührt, als ich spät abends durch einen Zug ging, durch mehrere Wagen 2. Klasse – es war kein Schlafwagen! –, und überall die Menschen schlummern sah. Sie waren so ungeschützt und hingegeben an ihre menschliche Bedürftigkeit.

Entspringt nicht alle tiefe Zärtlichkeit der Schutzlosigkeit, die sich vor allem in der Nacktheit zeigt? Ton Lemaire schreibt: »Meine Liebkosung entdeckt die Verletzlichkeit des anderen, der anderen: die Wehrlosigkeit ihrer Nacktheit, aber sie bestätigt sie auch. Das behutsame Streicheln meiner Hand verweilt bei der Zerbrechlichkeit des anderen, der anderen.«[62] Aus solchem Berührtwerden wiederum gewinnt ein Mensch sein gutes Gefühl für sich selbst, seine Identität als geliebter Mann, als liebenswerte Frau. Identität meint zu allererst meinen Körper, mein unverwechselbares Körper-Selbst. Alles, was zart ist, verletzbar ist, hat eine Qualität, die uns zärtlich stimmen kann. Das hat das Unverwundbare nicht! Das Zarte aber löst Achtsamkeit und Besorgtheit aus. So werden auch in der Umgangssprache Zartheit und Zärtlichkeit wechselweise gebraucht.

Zartheit und Zerbrechlichkeit

Gerade starke Menschen sind manchmal schwächeren oder gar verletzten Menschen in Zartheit zugewandt. Die Beziehung zwischen Arzt und Patient, Therapeutin und Klientin beruht, wo sie stimmt, auf solcher zarten Empathie. Das Urbild für all dies ist die Mutter-Kind-Beziehung. Wie weckt die zarte Hand der Mutter, jede ihrer Berührungen das tiefe, warme Gefühl der Verbundenheit, der Zugehörigkeit, des selbstverständlichen Angenommenseins im Kind, ein Gefühl, auf dem seine Identität aufbauen kann. Wie wird es vom strahlenden Blick der Mutter oder des Vaters, wenn sie ihr Kind betrachten, bestätigt! Und wie kann eine zu harte Hand, ein zu kühler, zu ungeduldiger Blick das Kind irritieren, und wenn es dies ständig erlebt, sein Gefühl von Zugehörigkeit und selbstverständlicher Verbundenheit mit den Eltern stören, ja zerstören und stattdessen das Gefühl wecken, unwillkommen und wertlos, abgelehnt und ablehnenswert zu sein. Das keimende Selbstgefühl des Kindes, das noch ganz von der Beziehung zur Mutter oder zum Vater abhängig ist, kann sich hier gar nicht erst aufbauen, ist von vornherein gestört. Hier kann auch keine tragende Identität aufkommen, allenfalls ein Not-Ich. Dieser Mensch ist in seinem Selbstgefühl von Anfang an verwundet.

Es ist aber gerade die Zerbrechlichkeit des Menschen, die wir in der Zärtlichkeit erkennen, respektieren und aufheben, also im Doppelsinne Hegels wegnehmen und zugleich bewahren. So ist es gerade die Fragilität des Menschen, die ihn zur Zartheit fähig und für Zärtlichkeit empfänglich macht. Anerkennen Frau und Mann ihrer beider Zerbrechlichkeit und Verwundbarkeit als Menschen, so anerkennen sie ihre Bedürftigkeit nach einfühlendem, zartem Umgang miteinander und ihr gegenseitiges Angewiesensein darauf – gerade wenn sie sich schutzlos einander zeigen, nackt, in ihrer Körperlichkeit, in ihrem Körper-Selbst als dem Ursprung ihrer Identität.

Wenn wir also unsere eigene Zerbrechlichkeit anerkennen, unsere Verwundbarkeit, letztlich unsere Sterblichkeit und sie auch gefühlsmäßig annehmen, so wissen wir damit zugleich um die Zerbrechlichkeit, Verwundbarkeit und Sterblichkeit eines jeden anderen Menschen, wissen wir um sie als die *condition humaine* und können uns in sie einfühlen. Dies führt dazu, miteinander achtsam umgehen zu lernen, in dieser Verwundbarkeit aller solidarisch miteinander zu leben. Aus der eigenen Verwundbarkeit heraus, in unserer Körperlichkeit und damit auch in unserem Körper-Selbst, unserem Selbstgefühl und unserer Identität, wissen wir um die gleiche Verwundbarkeit der anderen und können deren Unversehrtheit zu schützen lernen wie unsere eigene. So erwächst aus der eingestandenen und eingefühlten Verwundbarkeit aller schließlich Solidarität und das Bedürfnis, einander zu schützen und beizustehen.

So entpuppt sich die Achtsamkeit füreinander aufgrund unserer aller Zerbrechlichkeit nicht nur als intime Artikulation des Menschlichen, sondern möglicherweise sogar als Basis für eine neue Ethik: als Zartheit statt Grobheit im Umgang miteinander, als Friedensfähigkeit aufgrund unserer Verwundbarkeit. Den Zusammenhang von Selbstgefühl bzw. Selbstwertgefühl und zwischenmenschlicher Bezogenheit will ich an dem Grimm'schen Märchen *Hans, mein Igel* noch näher erläutern.

Hans, mein Igel – wenn Menschen sich einigeln

»Hans, mein Igel« ist in dem gleichnamigen Märchen ein Beispiel extremer Verwundbarkeit, die sich selbst mit aufgestellten Igel-Stacheln schützt: Der Märchenheld ist ein Junge, der mit einer Igelhaut geboren wurde, offenbar um den vereinnahmenden Übererwartungen seiner Eltern – er soll ein repräsentativer Hoferbe werden – zu entgehen. Als Igel wird er vehement von seinen Eltern abgelehnt, vor allem von seinem Vater, und wegen der fehlenden Anerkennung und Zuwendung muss er nun erst recht ein Igel sein, seine Stacheln aufstellen und die Übergriffe aggressiv abwehren – mit Stacheln, die jede Nähe zu ihm unmöglich machen, jedenfalls in den Augen seiner Eltern. Hätte man ihn nämlich am stachellosen weichen Bauch gekrault – so wie Kinder das bei Igeln gern tun –, hätte er die Stacheln glatt gelegt und sein Wohlbehagen ausgedrückt.

Seine Eltern lehnen ihn jedoch schroff ab und probieren das Kraulen nicht ein einziges Mal aus. Seine Mutter ist überzeugt, er könne wegen seiner Stacheln nicht an der Brust trinken, und so wird er nicht gestillt; sie will nicht, dass er in ein ordentliches Bett kommt, und so wird Stroh für ihn aufgeschüttet, statt dass man ihm ein Bett machte. Sie glaubt auch, er könne nicht getauft werden, weil man für so einen wie ihn keinesfalls einen Paten fände, und so sucht man gar nicht erst einen. Er hat also auch keine schützende Person, wie es der Pate sein könnte.

Da Hans die Anerkennung und Zuwendung seiner Eltern nicht bekommt, ist er extrem verunsichert in seinem Selbstwertgefühl und kann sich allenfalls unter seinen Stacheln verstecken, auch mit seinen Stacheln schützen, indem er – auch prophylaktisch – möglichen Angreifern schmerzhafte Stiche versetzt. Was er nicht kann wegen dieser Stacheln, mit diesen Stacheln, ist: Nähe oder gar Liebe zulassen. Eine Umarmung ist mit diesem Stachelkleid überhaupt nicht möglich. Auch sich selbst als den missglückten Menschen, der er ist, kann er nicht umarmen, er vermag sich selbst als diesen Igel-Menschen nicht anzunehmen. Er kann sich nur einrollen und stechen, wenn sich ihm ein Mensch nähert, andere Sicherheit kennt er nicht. Was für ein treffendes Bild hat der Märchenerzähler hier gefunden! Ein narzisstisch verwundeter Mensch, der zu wenig Zuwendung und Liebe erfahren hat, ist voller Angst und Aggression, igelt sich ein und sticht präventiv einen jeden, der ihm nahekommen will. Nähe kennt er nur als Gefahr, als Gefahr vor Übergriffen!

Sind überhaupt Umstände vorstellbar, unter denen es solch einem mit Stacheln geborenen Menschen je gelingen könnte, aus dieser Igelhaut herauszukommen? Denkbar wäre es nur unter den unwahrscheinlichen Umständen, dass er sich auf einmal doch mit einem warmen, liebevollen Blick angesehen und angenommen fühlen könnte: als der Igel, der er nun einmal ist. Diese Umstände könnten nur dadurch eintreten, dass er selbst sich annähme, wie er ist, und sich so elementar nach Liebe und Nähe sehnte, dass er es einfach nicht mehr aushielte in seiner bisherigen Haut, dass er das Unwahrscheinliche wagte, sich einer Frau zu nähern und sich bis ins Körperliche hinein nach ihr zu sehnen. Da dies in einer stechenden Igelhaut einfach nicht möglich ist, müsste er bereit sein, das scheinbar Unmögliche zu tun und die Igelhaut, in der er doch geboren wurde und die doch auch sein einziger Schutz ist, abzulegen. Wie sollte dies anders möglich sein als unter furchtbaren Schmerzen?

Doch nur schutzlos wäre er frei zur Begegnung, letztlich zur Liebe. Das Märchen erzählt mit großer Einfühlung und Dramatik, wie es schließlich zur Liebe kommt, nachdem Hans zunächst jahrelang nur in der falschen Identität gegenüber der Welt, im Not-Ich des ungeliebten Kindes zubringen müsste, in der Igelhaut. Er ist »Hans, mein Igel« – mein und dein Igel also. Für jeden, der ihn anspricht, wird er dessen Igel sein, an dem dieser sich sticht. Daraus kann ich meine erste These ableiten:

Je größer die Selbst-Unsicherheit eines Menschen, desto stärker wird seine Einigelung sein, sein Stachel-Stellen. Er wird der *homo in se incurvatus* sein, von dem auch Luther spricht, der »in sich zurückgekrümmte Mensch«. Diese These lässt sich umkehren: Je größer die Selbstgewissheit, das Selbstwertgefühl eines Menschen, je sicherer seine Identität, desto mehr Mut zu offenen Grenzen, zu Berührbarkeit, Nähe und Kontakt wird er haben. Je besser verwurzelt die Kern-Identität eines Menschen, desto stärker das Gefühl von Sicherheit, desto durchlässiger also die Grenzen. Selbstgewissheit kann andererseits nur gewonnen werden durch wirklich erfahrene Akzeptanz.

Wenn nicht durch die Eltern oder nahe Bezugspersonen, so kann doch manchmal noch im Kindergarten oder in der Schule einiges aufgefangen werden, wenn z. B. eine warmherzige Erzieherin oder ein Lehrer auf das verschlossene Kind aufmerksam wird und es wirklich sieht. Auch die Peergroup, die Mädchengruppe oder die Freundin, die Jungengruppe oder der Spielkamerad kann einem solchen Kind viel geben. Später wird vielleicht eine Therapeutin die Bezugsperson sein können, die dem Jugendlichen oder schon jungen Erwachsenen die intensive Zuwendung gibt, nach der er hungert und die ihm ermöglicht, Selbstwert und Identität aufzubauen. Seit längerem gibt es im Umkreis der Frauenbewegung Frauengruppen, in denen gemeinsame Identitätssuche erfolgt; seltener, aber doch auch anzutreffen, sind entsprechende Männergruppen.

Eine Grunderkenntnis der psychologischen Bindungstheorie besagt, dass jedes Kind seiner Ungeschütztheit und Verwundbarkeit so zu begegnen sucht, dass es erwachsene Bezugspersonen findet, väterliche, mütterliche Menschen, die es schützen können, wenn die Eltern selbst versagen. So hätte Hans, mein Igel, vor allem den Paten gebraucht, dem man ihm versagte. Wir verwundbaren Menschen brauchen alle, auch als Erwachsene, uns zugewandte Bezugspersonen, die uns akzeptieren; wir brauchen ein Du, ein Wir, dem wir zugehören, um unsere Ungeschütztheit als Einzelne auszugleichen. Wir brauchen ein sicheres Refugium bei Menschen oder wenigstens das innere Bild eines geschützten Raums in unserer Fantasie und Imagination (auch die geglaubte Gegenwart Gottes, die Verbundenheit mit ihm kann solch ein innerer Zufluchtsort sein). Auch Hans, mein Igel, im Märchen sucht seine Eltern, und angesichts ihrer anhaltenden Ablehnung entwickelt er Beziehungsfantasien: zu einem Tier, einem Dudelsack, einem Baum – lauter Äquivalenten für das Mütterliche; er sucht auch noch das Väterliche in den Königsgestalten, die ihm später begegnen und deren eine sich schließlich als verlässlich erweist. Letztlich aber sucht er die Braut, die Königstochter, deren liebender Blick ihn erlösen könnte.

Ehe wir uns jedoch der Liebe eines anderen Menschen überhaupt öffnen können, brauchen wir auch einen akzeptierenden Blick auf uns selbst (der einem narzisstisch Verwundeten enorm schwer fallen dürfte). So auch hier.

Auch Hans, mein Igel, der vor lauter Vernachlässigung fast gestorben wäre, greift zu, als ihm sein Vater ein einziges Mal im Leben einen Wunsch frei gibt: Er wünscht sich einen Hahn, ein im Grunde ein aggressives Tier, auf dem er ausreiten könnte wie ein kleiner Ritter. Was für ein Bild: der Igel, der auf einem Hahn reitet! Dazu wünscht er sich einen Dudelsack. So ausgerüstet zieht Hans, mein Igel, unverzüglich aus dem ungastlichen Elternhaus aus, hinaus in den Wald, wo er sich hoch oben im Baum, wo ihn niemand erreicht, ein Baumhaus baut, wie es viele Kinder tun, denen es zu Hause nicht gut geht. So sucht er gleichsam Zuflucht bei der größeren Mutter Natur und baut hier seine erste Identität auf. Dort lebt er viele Jahre mit seinem Hahn, seinem Dudelsack, den er allmählich meisterhaft zu spielen lernt – im emotionalen Ausdruck und im Gespräch mit sich selbst –, und lernt die Wege in Wald und Wildnis, also auch seines eigenen Unbewussten, kennen, so dass er sie schließlich sogar den Königen, die sich hier verirrt haben, weisen kann.

Was er bei den Eltern nicht hatte, holt er aus der Umwelt, aus dem Reichtum der Natur, zu der auch Bäume, Tiere und nicht zuletzt die Musik gehören – als Möglichkeiten, mit sich selbst ins Gespräch zu kommen und Identität zu gewinnen. Erik H. Erikson, der erste bedeutende Identitätsforscher,[63] beschreibt Pubertät bzw. Adoleszenz als die Lebensphase, in der eine erste Identität von gewisser Kontinuität und damit eine Treue zu sich selbst entwickelt wird, und diese Treue zu sich selbst wäre die Basis für jede künftige Beziehungsfähigkeit. (Eigentlich setzt diese neue Entwicklungsaufgabe voraus, dass ein Kind das Urvertrauen schon gewonnen hat, das erst aus dem liebevollen Gesehenwerden von Mutter und Vater erwachsen kann.)

Die verirrten Könige, die Hans, mein Igel, – wie das Märchen erzählt – dann später im Wald begegnen und sich von ihm den Weg zeigen lassen, könnten sein Selbstwertgefühl nachträglich aufgebessert haben: Hans, mein Igel, als Berater von Königen! Sie sind Vaterfiguren, an deren Verlässlichkeit nun alles für ihn hängt, für ihn, dessen Vater ihn so sehr im Stich gelassen hat. Beide Könige haben ihm als Lohn für seine Hilfe ihre Tochter versprochen. Der eine König bricht jedoch sein Wort und enttäuscht Hans' Vertrauen wie einst der Vater, will ihm gar ans Leben, sobald er sich auf das Versprechen beruft. Hans, mein Igel, ist erneut narzisstisch tief verwundet. In seiner Enttäuschungswut bedroht er den König, verschafft sich die Königstochter, die ihn doch verachtet, und lässt sie seine Stacheln spüren. Noch kennt er nur Vergeltung und Rache. Nähe ist unmöglich.

Die Verlässlichkeit des anderen Königs ist es schließlich, die alles zu wenden vermag, die ihm tatsächlich seine Tochter zuführt, die ihn nicht verachtet, wenn sie auch seine Stacheln noch fürchtet. Angesichts ihrer schutzlosen Verletzlichkeit, in der sie ihn dennoch nicht abweist, erwacht seine Zärtlichkeit. Er tut das Unmögliche: Er legt die Igelhaut ab und erfährt ihre Nähe, weiß sich zum ersten Mal angenommen und geliebt. Am Tag darauf vermag er es, die Igelhaut zu verbrennen, schutzlos und nackt zu sein, sogar verletzt vom Herunterreißen der Haut – damit Liebe möglich wird.[64]

Die verwundbare Identität

Die eigene Verwundbarkeit könnte zu dem wenigen gehören, woran es keinen Zweifel gibt. Um sie zu wissen schließt jedoch nicht aus, noch immer so tun zu können, als ob ich unverwundbar wäre – mit dem Risiko, reale Gefahr zu unterschätzen und damit gerade dem Gegner ins Messer zu laufen. Nehme ich meine Verwundbarkeit dagegen wahr, kann ich mich sinnvoll schützen, und dazu gehört vor allem auch, Gleichgesinnte und mögliche Verbündete zu finden, mit denen es zu solidarischem Handeln in der Gefahr kommen kann.

Meine Identität gehört zu dem, was in der Begegnung mit anderen verwundbar, aber auch heilbar und versicherbar ist. Max Frisch notierte in seinem Tagebuch:

»In gewissem Grad sind wir wirklich das Wesen, das die anderen in uns hineinsehen, Freunde wie Feinde. Und um-

gekehrt! Auch wir sind die Verfasser der anderen; wir sind auf eine heimliche und unentrinnbare Weise verantwortlich für das Gesicht, das sie uns zeigen, verantwortlich nicht für ihre Anlage, aber für die Ausschöpfung dieser Anlage.«[65]

Erweist sich damit unsere Erfahrung von Identität – mehr als wir gemeinhin annehmen – als ein Beziehungsvorgang? Gewiss ist sie nichts Statisches, sondern vielmehr ein dynamisches, elastisches Ergebnis eines Beziehungsprozesses von Spiegelung und Widerspiegelung unseres Selbsterlebens in anderen näheren oder ferneren Bezugspersonen. Hieraus erwächst uns die Mitverantwortung für das Selbstwertgefühl der Menschen, mit denen wir zusammenleben und gemeinsam arbeiten: Es ist uns mit anvertraut, deren Identitäts- und Selbstwertgefühl zu heben oder zu mindern. Mit Verena Kast,[66] deren Studien zur Identität ich die folgenden Überlegungen verdanke, frage ich:

Wie steht es eigentlich heute mit der Vorstellung einer lebenslangen Identität? Gibt es die gefestigte Identität noch, die wir früheren Generationen zugetraut und zugeschrieben haben? Man spricht ja heute schon von einer »Patchwork-Identität«, analog zu den Patchworkfamilien, in denen eine solche zusammengestückelte Identitätserfahrung oft ihren Ausgang nimmt. Auch gibt es die lebenslange Berufsrolle, den Lebensberuf und die entsprechende Berufsidentität immer seltener, ebenso wie die lebenslange Beziehungspartnerschaft. In all dem ist unsere Identität Veränderungen und Verwundungen ausgesetzt. Hinzu kommt der häufige, oft berufsbedingte Wechsel des Wohnorts und damit auch die ständige Veränderung des gesamten sozialen Umfelds. Feste kulturelle oder gar religiöse Bezugsfelder werden selten, an die Stelle nationaler Zugehörigkeit tritt immer öfter ein Migrantentum, im besten Fall eine Weltbürgerschaft, die aber für die Identität auch strapaziös ist. Wir sind herausgefordert, flexibler zu werden denn je.[67]

Auch wenn die »innengeleiteten« Anteile der Identität heutiger Menschen – zugunsten der »außengeleiteten«, zu denen auch der modische Lifestyle gehört – immer geringer zu werden scheinen, so bleibt doch mit dem unaustauschbaren Körperselbst, dem Körper, den wir haben, eine unverwechselbare innengeleitete Identität eines jeden und einer jeden von uns bestehen. Hier sind wir fraglos bei uns selbst zu Hause – es sei denn, wir hätten auch ein gestörtes Körpergefühl, was wieder mit unzureichenden oder unguten frühen Körperkontakten zu tun haben könnte, also mit verwundenden Beziehungserfahrungen. Wir haben eine Beziehungs- und Identitätsgeschichte mit unserem Körper.

Zu meiner Identität gehört unbedingt, wie wir schon am Körpererleben sehen, dass ich mich in meiner Lebenswelt hinreichend geborgen und beheimatet fühlen kann. Hierzu aber bedarf ich vor allem des Kontaktes zu anderen Menschen. Nur aus den sozialen Beziehungen heraus kann ein Zugehörigkeitsgefühl entstehen, wohin auch immer in der mobilen Welt von heute es mich verschlägt.[68] Denn es gilt: »Stehen wir in Beziehungen zu anderen Menschen und zu uns selbst, so stehen wir zugleich in Beziehung zum ganzen Reichtum der Welt«[69], zu dem die Außenwelt mit ihrer vielfältigen Kultur und Geschichte, aber ebenso die Innenwelt mit ihren Emotionen, Imaginationen und Symbolen gehört. Je tiefer wir hier im Eigenen wurzeln, desto weniger müssen wir uns vor Fremdem bewahren, desto offener, ja neugieriger können wir uns Neuem, z. B. dem Reichtum und den Anregungen von Nachbarkulturen und den von dort kommenden Menschen, öffnen.

Andererseits beobachten wir immer wieder, wie verunsicherte und entwurzelte Migrantinnen und Migranten zu Ghettokulturen in eigenen Stadtvierteln neigen, in denen sie mit Menschen ihrer ursprünglichen Nationalität und Kultur zusammen sein können. Wie viele Menschen aus islamischen Kulturen entdecken erst aufgrund der Verunsicherung durch die westliche Kultur ihre Zugehörigkeit zum Islam neu und halten intensiven Kontakt zu den Moscheegemeinden ihrer neuen Wohnorte in Europa. Ihre Identität ist unter uns im Westen ebenso verwundbar wie die unsere es bei dauerhaftem Aufenthalt in islamischen Kulturen wäre.

Je stabiler die Identität, desto überflüssiger die Fremdenangst und desto größer unsere Fähigkeit, uns von Fremdem und bisher Unbekanntem berühren, ja faszinieren zu lassen. Unbelebte und zurückgedrängte Potenziale in uns selbst können vielmehr durch interkulturelle Kontakte freigesetzt werden, sodass es zu einem Geben und Nehmen kommt. So könnten wir z. B. einen menschenfreundlicheren Umgang mit Zeit und Kommunikation kennenlernen, als er bei uns üblich geworden ist. Der Orientale nimmt sich erheblich mehr Zeit für aufmerksame Begrüßung und sonstige Kommunikation im Alltag und kommt deshalb gelegentlich nicht ganz pünktlich zu den strikt vorgegebenen Terminen in anderen Bereichen. Bei uns klappt dagegen meist die Pünktlichkeit reibungslos, wohingegen die Alltagskommunikation häufig vernachlässigt wird. Einer meiner Bekannten, der jetzt in einer Baufirma in Sachsen arbeitet, erzählte mir überrascht, dass es dort noch üblich sei, sich morgens bei Arbeitsbeginn mit Handschlag zu begrüßen. Das ist gute Kommunikation – auch wenn man dabei etwas Zeit verliert.

Nur bei innerer Unsicherheit und Angst vor meinen eigenen unvertrauten und abgelehnten dunklen Seiten, meinen sogenannten Schattenanteilen, die der andere mit seiner ungewohnten Art womöglich berührt, werde ich es nötig haben, mich gegen ihn abzuschotten, wie Hans, mein Igel, es tat, werde ich meine Angst vor meinem eigenen inneren Orientalen, meinen inneren Widerstand gegen den ständigen Leistungs- und Zeitdruck auf den anderen projizieren und an ihm bekämpfen.

Hätten wir dagegen die Freiheit, auf unsere eigene andere Seite neugierig zu sein, könnten wir dem Fremden und Ungewohnten mit Neugier und offenen Grenzen begegnen, könnten wir unser Wesen weit ausspannen, um unsere künftige Identität um neue Facetten zu erweitern, die sich vielleicht gut mit unserer bisher gelebten Art verbinden würden. Ein kohärentes Ich vermag sich unter allen widersprüchlichen Begegnungen treu zu bleiben. Eben diese Fähigkeit macht ja die Faszination des verbreiteten Globetrottertums aus, das auch zu unserer gegenwärtigen Kultur gehört.

Auch im Umgang mit uns selbst kommt es sehr darauf an, unsere Schattenanteile nicht einfach zu unterdrücken, sondern sie gleichsam demokratisch mitleben zu lassen. Nur dann wird es uns auch gelingen, mit anders sozialisierten und aus anderen Kulturen stammenden Mitbürgern und Minderheiten zusammenzuleben und sie zu integrieren. Eine »Kultur der Anerkennung«[70] ist gefragt: nicht einfach nur Toleranz, die immer etwas von oben herab daherkommt, sondern ein echtes Tragen, Mittragen und Vertragen von bestehenden Unterschieden, eine »Dissonanzverträglichkeit«. Es geht darum, einander die Wertschätzung zu geben, die wir offensichtlich alle für unser Selbstwertgefühl und unsere Identität benötigen – so wahr wir alle verwundbar sind, wenn man uns dies Elementare, auf dem jede Zugehörigkeit beruht, versagt.

Natürlich gilt dies nicht nur für private, sondern auch für gesellschaftliche und politische Zusammenhänge. Zugehörigkeit und Zusammengehörigkeit entstehen auch hier nur in dem Maße, in dem wir uns selbst einbringen mit dem, was wir für das größere Ganze zu sein und zu geben haben.[71] Nicht nur und nicht zuerst aus dem, was wir von einer Gesellschaft bekommen oder durch das wir profitieren, erwachsen ein Zugehörigkeitsgefühl und eine Beheimatung, sondern mehr noch aus dem, was wir selbst einsetzen. Das macht eine Sache zu unserer Sache, zur Herzenssache, macht ein Land zu »unserem Land«. Die Konsequenz aus dieser Sichtweise wäre natürlich, dass wir Verhältnisse schafften, in denen gerade unsere zugewanderten Mitbürgerinnen und Mitbürger sich voll einbringen könnten und so Wertschätzung (indem auch sie Werte schöpfen) und Beheimatung fänden.

Der sichere Ort in uns

Gefragt ist in der heutigen, radikal mobilen Welt ganz besonders der »Wert der Verlässlichkeit«[72] (Verena Kast). Auf mich selbst muss ich mich verlassen können – es braucht eine gewisse Treue zu mir selbst angesichts so vieler Veränderungen –, und nicht weniger müssen wir uns aufeinander verlassen können. Das setzt dem Anpassungszwang etwas entgegen, setzt auch einer bedingungslosen Flexibilität Grenzen. Ein verlässlicher Kern unserer Person muss da sein, der sich dann immer neu mit allem, was auf uns zukommt, verbinden kann: mit anderen Menschen, Lebensstilen, mit dem Wertewandel als Ganzem. Bei guter, verlässlicher und dauerhafter Nachbarschaft verändert die Kommunikation auch meinen Identitätskern, aber eben allmählich und nicht plötzlich. Ich mache mir die Qualitäten des anderen zu eigen und erkenne, dass die Begegnung mit den Nachbarn, mit der Nachbarkultur schlummernde Potenziale auch in mir geweckt hat. Wie sehr hat uns Deutsche z. B. die Nachbarschaft der frankophonen, der slawisch- oder italienischsprachigen Menschen und ihrer jeweiligen Kultur auf allen Ebenen bereichert!

Mein Ich-Kern fängt gleichsam den Ball, der aus der Nachbarschaft kommt, auf oder lässt ihn abprallen, und solange Bälle hin und her fliegen, ist man immerhin miteinander im Spiel. Es braucht daher aber auch Achtsamkeit auf sich selbst, und es bedarf der Empathie mit sich selbst. Man muss spüren können, was nicht stimmig ist und nicht zu uns passt, sonst entfremden wir uns von uns selbst.

Wenn die Welt gefährdet ist und damit auch unsere Identität, unser *way of life,* wie die Amerikaner nach dem

11. September 2001 sagten, dann brauchen Menschen einen »sicheren Ort«[73], einen Raum, wo sie ganz sie selbst sein und ihre Identität leben können. Zu dieser Identität gehört, wie schon deutlich wurde, immer auch ein bejahendes Du, und sei es ein inneres, imaginiertes Gegenüber; besonders wohltuend und wirksam aber ist eine mit uns übereinstimmende Gruppe. Gerade Menschen, die eine schwere Traumatisierung relativ gut überlebt haben, sprechen häufig davon, dass die Bewältigung des Traumas nicht zuletzt damit zusammenhing, dass sie eine solidarische Gruppe hinter sich wussten und dass sie in sich selbst einen sicheren Ort fanden, zu dem die traumatisierenden Personen keinen Zugang hatten. Solch ein »sicherer Ort« kann oft in der Fantasie hervorgerufen werden und z.B. wie bei Hans, mein Igel, ein Baumhaus sein oder eine Nische im Zimmer, die ihr Licht direkt von oben, durch ein Oberlicht, erhält, so im Traum einer Frau, den ich kürzlich hörte.

Es kann aber auch ein wirklicher Ort in der Außenwelt gewesen sein, an dem Menschen sind, die einem in der Kindheit oder später Zuflucht gegeben haben, z.B. eine vertraute alte Mühle mit Müllersleuten, die einen gastlich aufnahmen und immer ein Essen oder ein Zimmer bereithatten. Für den einen ist solch ein sicherer Ort die Waldklause mit einem Bruder Jakob, für die andere das Kloster mit einer Schwester Hildegard. Der sichere Ort und die schutzgebende Person, die häufig auch ein Begleittier oder ein Krafttier wie z.B. eine Eule, ein Delphin, ein Elch ist, können sich aus Träumen oder Fantasien herleiten, in denen sie einem das erste Mal begegneten. Für C.G. Jung war es die Begleitgestalt Philemon, für eine meiner Patientinnen, von der ich bereits erzählt habe, war es die Gestalt der Seekuh, einer Verkörperung der »Alten Weisen«.

Man kann innerlich einen solchen sicheren Ort aufsuchen, immer dann, wenn man ihn braucht. Er wird dann zum Refugium. An einem solchen Ort wird man seine Angst loslassen können, zu sich selbst kommen und die eigene Identität wahrnehmen, die hier nicht zu verunsichern ist. Dieser sichere Ort ist für jeden Menschen zunächst ein eigener, ein besonderer, er ist jeweils sein und ihr sicherer Ort.

Es stellt sich aber auch die Frage, ob es heute nicht sinnvoll wäre, zusammen mit anderen Menschen solche sicheren Orte zu schaffen. Frauengruppen haben dies versucht, von kleinen Gruppen von Vertrauten bis hin zu einem weltweiten Netzwerk, ebenso Solidar-Gruppen, NGOs, Umweltgruppen, neuerdings auch wieder Friedensgruppen. Auch kirchliche Basisgruppen bis hin zur weltweiten Ökumene können solche schützenden Kraftfelder darstellen. An diesen verschiedenen Orten, die alle relativ ungeschützt sind und die nur durch den Geist, der die Menschen verbindet, gesichert sind, sollte auch über die historischen und gesellschaftspolitischen Entwicklungen miteinander gesprochen werden, vor allem auch über die Angst, die wir angesichts der Veränderungen haben, so dass wir sie nicht verdrängen müssen, was nur bewirkte, dass sie uns bei nächster Gelegenheit erst recht in den Rücken fällt. An diesen Orten sollten wir so miteinander sprechen, dass ein »Mut zur Angst« frei wird und letztlich die Angst zu einer »liebenden Angst« um die Mitmenschen, die Menschheit, den ganzen Planeten Erde werden kann.

Für solche Orte, die nur durch den gemeinsamen Zusammenhalt zu geschützten Orten werden, braucht es Menschen, die Stehvermögen haben, eine Eigenständigkeit leben und sich nicht mit einer diffusen, relativ beliebigen Identität zufriedengeben, wie es viele unserer Zeitgenossen tun, die sich an jede Modeströmung anpassen. Es braucht Menschen mit einer originären Identität, die einen verlässlichen Kern hat und gleichzeitig an der Peripherie sehr beweglich ist.[74]

Es gibt Menschen, die allzu unreflektiert mit ihrer Identität umgehen und allzu außengeleitet ihren Kern, der doch mit der je eigenen Lebensgeschichte zusammenhängt, vernachlässigen oder die diesen Kern gar nicht kennen. Gerade sie sind immer wieder in Gefahr, sich unbewusst von Autoritäten und sogar von autoritären Systemen bestimmen zu lassen, da sie sich unbewusst feste Strukturen wünschen. Je freier sie sich von jeder Verpflichtung wähnen, desto anfälliger werden sie unbewusst für die Sehnsucht, gebraucht zu werden, die z.B. von autoritären Systemen, die sie dann missbrauchen, ausgenutzt werden, indem sie ihnen ihre ideologischen Ansprüche und rigiden Strukturen aufzwingen und dies womöglich noch im Namen der Freiheit.[75]

Wenn unser Leben gelingen soll, werden wir unsere Identität nicht von außen bestimmen, von Trends und Kommerz definieren lassen, sondern sie immer neu in unseren authentischen Beziehungen zu anderen Menschen und aus unserem Handeln in der Welt gewinnen, letztendlich aber aus dem ständigen Kontakt mit uns selbst, unserer Innenwelt.

Einen ungeschützten sicheren Ort mitten in den Trümmern des ersten Golfkriegs zeigt der oben schon erwähnte Traum einer Frau:

> Um einen runden Tisch, der aus dem Stamm eines gefällten Baumes geschnitten ist, sitzt auf freiem Feld ein Kreis von Menschen, Menschen aus beiden Lagern. Sie reichen einander etwas von Hand zu Hand: noch kein Brot, aber Körner, Saatkörner neuen Lebens.

Dies ist ein wunderbar symbolisches Bild, voll ungeschützter Zartheit, fast Zärtlichkeit!

Eine Kultur des Respekts

Ich komme zurück auf den Anfang dieses Kapitels, auf die Überlegungen, dass das Ungeschützte Zartheit und Behutsamkeit weckt. Nicht Saddam und sein Regime, wohl aber die hoffnungslose Situation des irakischen Volkes, das von innen wie von außen von erdrückender Übermacht und Gewalt bedroht war, weckte auf einmal unmittelbar vor Beginn des Irakkriegs Mitgefühl und Mitleiden der Welt, mehr als die waffenstrotzenden, maximal gesicherten USA, die sich so sehr bedroht fühlen seit dem 11. September. Reagiert nicht dieses große Land wie Hans, mein Igel, im Märchen? Es stellt die Stacheln auf und droht, prophylaktisch zuzustechen! Wer wagt es, diesen Igel zu streicheln, statt sich zu fürchten? Das würde heißen, ihm sein großes demokratisches Erbe in Erinnerung zu rufen und einen liebevollen Blick auf seine Tradition der Freiheit und Menschenrechte zu werfen! Wer spricht die Vereinigten Staaten auf ihre wahre Identität an und ermutigt sie, auf die Kraft dieser Identität und deren zusammenhaltende, stabilisierende, faszinierende Kraft zu vertrauen? Gegen diese wahre, inspirierende Identität käme kein Gegner an, sie wäre der Kern, um den herum man sich offene Grenzen, eine offene Gesellschaft leisten könnte und der einen sich gegenseitig befruchtenden Kontakt mit der Weltgesellschaft und ihren so unterschiedlichen Kulturen ermöglichen würde, mit gerechteren und ungerechteren Kulturen, über denen allen Gott »seine Sonne« aufgehen lässt, um ein Gleichniswort aus der Bibel zu gebrauchen (»Er lässt seine Sonne aufgehen über Gerechte und Ungerechte«).

Verletzlichkeit und Sicherheit gehen freilich nicht einfach ineinander über. Bei bloßer ungeschützter Verletzlichkeit kann man sehr wohl einfach nur zum Opfer werden. Es braucht vielmehr ein Zwischenglied, einen Transmitter. Mit Verena Kast sehe ich dies in der Fähigkeit zu gestalten, auch schwierige Situationen zum Besseren umzugestalten.[75a] Nur der schöpferische Umgang mit Ungeschütztheit und Verletzlichkeit könnte auch bei offenen Grenzen sicher machen. Kreativität schlösse dabei auch List und Diplomatie ein, vor allem aber Dialogfähigkeit: zu einem Dialog, der sich ins Gegenüber und dessen Standpunkt einzufühlen versuchte (so z. B. in die Angst Amerikas vor Terrorismus; die Angst Iraks, zuerst ausspioniert und dann doch noch mit Krieg überzogen zu werden; die Angst Europas, zum Spielball der Interessen Amerikas zu werden, statt als gleichberechtigter Partner einbezogen zu sein; die Angst vieler in Ost und West vor der Überfremdung und Depotenzierung des einzigen Kontrollinstruments UNO und der Steigerung des Terrorismus als Folge).

Was wir brauchen, ist eine Kultur des gegenseitigen Respekts. Anstatt einander das Selbstwertgefühl zu schwächen, käme es darauf an, es einander zu stärken. Dazu müssten wir uns entschließen, darauf zu vertrauen, dass auch die anderen uns anerkennend begegnen werden, wenn sie unsere Anerkennung ihrer Grundwerte und Grundbedürfnisse spüren. Die Bedürfnisse der Menschen, zu denen vor allem die nach Achtung und Selbstachtung gehören, gleichen sich auf der ganzen Welt.

Von unser aller Verwundbarkeit und Bedürftigkeit könnte eine Friedenskultur und die Kreativität zur Schaffung einer solchen Friedenskultur ausgehen. Wir gäben einander, was wir jeweils selbst brauchen: Anerkennung, gegenseitigen Respekt und Wertschätzung. Man würde darauf verzichten können, einander zu demütigen und zu entwerten, den anderen als »Schurkenstaat« oder als »Cowboy-Horde« zu bezeichnen (wie die USA und Irak einander gegenseitig betitelten, als der Konflikt sich zuspitzte) und gar mit Gewalt zu bedrohen. Man würde einander einbeziehen in das größere Ganze, d. h. einander über alles Wichtige informieren, aufeinander hören, auch Außenseitern Verantwortung anvertrauen und vor allem selbst Verantwortung übernehmen. All das, von dem wir wünschten, dass andere es uns geben sollten, gäben auch wir ihnen.

Aus der Verletzlichkeit unserer psycho-physischen und psycho-sozialen Existenz heraus könnte, wenn wir sie ernst nähmen, eine tiefe Solidarität erwachsen, eine Friedensgesinnung und Friedensordnung, wonach sich die Mehrzahl der Menschen überall auf der Welt zweifellos sehnt. Wir wären alle sicherer, wenn wir unsere Verletzlichkeit und Angst auf diesem verwundbaren Planeten wahr- und ernst nähmen: Wir würden uns nicht unfruchtbar einigeln – weder durch Abschottung noch Säbelrasseln –, sondern eine solidarische Friedensordnung auf dieser Welt unter lauter Verwundbaren einrichten, die sich nicht durch riesige Waffenarsenale schützen müssten, sondern sich durch verlässliche, tragfähige Beziehungen und ständige Kommunikation untereinander Sicherheit schaffen, so wie es die kleinen Länder schon immer tun.

Völker und Gesellschaften, die stark genug wären in ihrem demokratischen Kern, ihrem Selbstverständnis und ihrem Selbstwertgefühl, müssten sich nicht von der Terrorismusangst überwältigen lassen und sich nach innen und außen einigeln oder gar andere bedrohen. Sie würden vielmehr danach fragen, wie man dysfunktional gewordene Kräfte und Gesellschaften wieder einbeziehen könnte in die Verantwortung für das größere Ganze. Nur durch Einfühlung in deren Defizite, Ängste und Bedürfnis nach Gesehen- und Angesprochenwerden könnte dies geschehen. Die Einfühlung in unser aller Bedürftigkeit und Verwundbarkeit könnte zur Basis einer Friedenskultur des gegenseitigen Schutzes werden.

Um eine Friedenskultur zu schaffen, bedarf es auch der aktiven Friedensarbeit jeder und jedes Einzelnen. Was sind aus tiefenpsychologischer und sozialpsychologischer Sicht die inneren Voraussetzungen für die Friedensarbeit? Um diese Frage geht es im folgenden Kapitel.

4. Vom Mut, gegen den Strom zu schwimmen

Mut zur Friedens- und Versöhnungsarbeit

Es ist keine Frage, dass Friedens- und Versöhnungsarbeit auf allen Ebenen Mut braucht: den Mut, gegen den Strom zu schwimmen. Es beginnt bei dem Mut, sich einzumischen, z.B. wenn ich sehe, wie eine Schülergruppe einen Mitschüler tätlich anzugreifen beginnt. Es beginnt bei dem Mut, sich dagegenzustellen, wenn ich erfahre, dass am Arbeitsplatz ein Einzelner oder auch eine ganze Gruppe von Menschen gemobbt wird. Es beginnt bei dem Mut, sich einzumischen, wenn im Zugabteil über Ausländer hergezogen wird, über Asylanten, vielleicht sogar über Juden.

Friedensarbeit beginnt mit Zivilcourage im Alltag, auch mit der »Tapferkeit vor dem Freund«[76] (I. Bachmann), der vielleicht im Gespräch für eine andere Ansicht eintritt, z.B. dafür, dass ein bewaffnetes Eingreifen irgendwo auf der Welt bei einem Konfliktfall notwendig sei. Friedensarbeit braucht den Mut, z.B. gegen den Krieg zu sprechen, selbst wenn alle um mich herum, auch unsere Regierung – wie fast schon vergessen? – für den Militärschlag gegen Afghanistan sind. Lehrerinnen und Lehrer z.B. brauchten damals großen Mut, wenn sie ehrlich antworteten, als ihre Schüler nach der Berechtigung dieses Krieges fragten, und gelegentlich waren sie dann Sanktionen ausgesetzt. Auch unsere Regierung brauchte und hatte sogar den Mut, sich gegen den Militärschlag gegen den Irak zu stellen, denn man prophezeite bekanntlich uns Deutschen im Falle eines Neins zu diesem Krieg die völlige Isolierung innerhalb des westlichen Bündnisses. Als Joschka Fischer damals bei dem Treffen in München mit hochrangigen Vertretern der USA, die alle ihre Argumente für den Krieg ins Feld führten und uns mit harten Sanktionen drohten, ins Gesicht sagte: »Ich bin nicht überzeugt«, bewies er meines Erachtens eine Courage, die zählt.

Es braucht großen Mut, einen Friedenseinsatz z. B. in Afghanistan zu wagen, wie es eine befreundete Kollegin vor einiger Zeit tat, die gemeinsam mit afghanischen Frauen am Aufbau von Mädchenschulen arbeitet – unter den unversöhnlich misstrauischen Augen von Talibananhängern und ständig konfrontiert mit der überall noch herrschenden Gewaltbereitschaft gegenüber Frauen. Aber Mut zu haben, der immer wieder eine gewisse Angst überwindet, macht auch froh und stärkt das Selbstgefühl. Die Zusammenarbeit mit anderen, die diesen Mut auch haben, beglückt und lässt eine Gemeinschaft entstehen, in der man sich zugehörig und geborgen fühlen kann. Eine andere gute Bekannte, die heute sehr viel geschützter lebt, hält ihren Einsatz in Chile während des Bürgerkriegs für die erfüllteste Zeit ihres Lebens, obwohl sie sogar einmal verhaftet wurde.

Es braucht auch Mut, einen geplanten Einsatz aufzugeben, wie es ein befreundeter Journalist und Wirtschaftsfachmann tat, der während des Irakkriegs nach Bagdad reisen wollte, um einen Bericht aus erster Hand liefern zu können und in einem Konflikt zwischen zwei dortigen zerstrittenen Wirtschaftsstellen zu vermitteln. Er erkannte jedoch rechtzeitig, dass dies zum damaligen Zeitpunkt einer unbesonnenen Tollkühnheit gleichgekommen wäre, so sehr ihn die Idee fasziniert hatte, mit eigenen Augen die wirklichen Verhältnisse zu sehen und dort nach besten Kräften zu vermitteln.

Manchmal frage ich mich auch, was wohl aus denen geworden ist, die sich zu Beginn des Irakkriegs als menschliche Schutzschilde gegen die US-Angriffe zur Verfügung stellten. Hatten sie nicht bedacht, dass die Angriffe mit modernsten technischen Waffen, z. B. ferngesteuerten Flugzeugen und Raketen, stattfinden und dabei keinerlei Rücksichten auf derartige Idealisten genommen werden würden? Mut kann zur Tollkühnheit werden; manche brauchen ihn auch zur Selbstbestätigung, um sich zu spüren oder auch um latente Ängste zu überspielen, und helfen damit niemandem. Manchen Menschen ist ihr Leben einfach zu wenig wert. Mut braucht aber Sachverstand und Augenmaß, wenn er denn etwas bewirken will. Und Mut braucht vor allem auch den Mut zur Angst, zur Angst an der rechten Stelle.

Angst hat eine sehr wichtige Warnfunktion im Dienste des Lebens und des Überlebens. Sie zeigt uns auch an, wo Werte, die wir verteidigen wollen, z.B. Frieden und Gerechtigkeit, durch kontra-phobisches Verhalten gerade in Gefahr kommen, durch ein Verhalten, bei dem nach vorne geprescht wird, als ob es Angst und Gefahr nicht gäbe, und bei dem unbewusste Angst durch Tollkühnheit überspielt wird. So hat manche unbesonnene Demo oder Protestaktion das Gegenteil von dem bewirkt, was sie wollte, und hat, gewiss ohne dies zu beabsichtigen, Gewaltbereiten in die Hände gespielt.

Eine Schlüsselqualifikation für alle, die sich mit Friedensarbeit, die immer Arbeit an Konflikten ist, befassen wollen, wäre demnach die »Fähigkeit zum Umgang mit Angst und Krisen«[77] (Ulrich Beck). Um diese Schlüsselqualifikation zu erwerben, braucht es nicht nur äußere, sondern auch innere Arbeit an sich selbst. So sollte ich mich z.B. innerlich mit dem auseinandersetzen können, was ich außen am meisten hasse, und vielleicht ist dies für einen versöhnungsbereiten Menschen gerade die Aggression. Was ich außen ablehne, ist aber oft mein Schatten in meinem eigenen Inneren, und das, was innerlich mein Schatten ist, sollte ich kennen, damit ich damit umgehen kann und es mir nicht in den Rücken fällt, zumal es meist auch »subversive Lebenskraft«[78] (Verena Kast) enthält. Der Schatten ist selten nur destruktiv! In der therapeutischen Arbeit mit Einzelnen sieht das z.B. so aus:

> Eine äußerst schüchterne Frau, die sich kaum auf dem Sessel niederzulassen wagte, träumte von sich als Seeräuberin, die mit ihrem Schiff ausfuhr und sich alles nur Erdenkliche, was sie zum Leben brauchte, zusammenraubte.

Was meinte dieser Traum? Die Gefahr, dass diese äußerst schüchterne Frau, die sich vom Leben noch nicht einmal das zu nehmen wagte, was ihr zustand, jemals zu einer Seeräuberin werden könnte, war gewiss gering einzuschätzen. Der Traum machte ihr aber das Bedürfnis und auch ihr Recht deutlich, sich endlich vom Leben zu nehmen, was sie zum Leben brauchte. Er verhalf ihr, ihre eigene gesunde Aggression zu erkennen und dazu zu stehen.

Ein anderes Beispiel:

> Jemand, der sich seines Autoritätskomplexes noch gar nicht bewusst geworden ist, hasst blindlings alle Polizisten, die eigene momentane Regierung oder auch pauschal die derzeitige Weltmacht USA – alle einfach, die Macht haben, während er sich ohnmächtig fühlt.

So viel Kritik diese Institutionen auch verdienen mögen, ist eine differenzierte Urteilsfähigkeit doch unabdingbar, wenn ich wirklich zur Konfliktlösung beitragen will. Solange ich eigene Komplexe in die Friedensarbeit hineintrage, werde ich die Kraft und Geduld nicht aufbringen, an immer wiederkehrenden Konflikten zu arbeiten, und vielleicht auch nicht das Augenmaß haben. Dann kann es sein, dass ich das Mögliche übersehe und mich an Unmöglichem übernehme. Mir geht die Puste aus, ehe auch nur der Ansatz zu einer Lösung gefunden ist.

Wenn ich zu meinem Autoritätsschatten stehe – gleichsam in einer inneren Feindesliebe –, dann kann es mir gelingen, selbst Führungskraft zu entwickeln und Anfeindungen auszuhalten, was für Friedensarbeit außerordentlich wichtig ist. Wenn ich aber nicht zur inneren Arbeit an mir selbst bereit bin, könnte es mir geschehen, dass eigene lebensgeschichtliche Verwundungen und Blockierungen z. B. im Umgang mit Aggression mich in eine relativ unbewusste Identifikation mit Rebellen und Aufständischen treiben und ich dann deren Gewaltbereitschaft und Gewalttaten relativiere und verharmlose. Wenn ich mit dem Rebellischen unkritisch identifiziert bin, kann ich mich weder ausreichend abgrenzen noch habe ich genügend Abstand. Beides ist jedoch für die Konflikt- und Versöhnungsarbeit unabdingbar. Zwar ist mein innerer Rebell kostbar für die Friedensarbeit, doch ich muss ihn kennen und den Umgang mit ihm erlernt haben.

Umgekehrt gibt es die schnöde Verdächtigung, die Aktiven würden alles nur aus Ehrgeiz tun. Mit dieser Unterstellung können diejenigen, die nie etwas wagen, die eigene Feigheit und Faulheit allerdings nicht entschuldigen! Die wichtigste Voraussetzung ist sowieso, überhaupt den Mut aufzubringen, Friedensarbeit zu machen. Nur wer den Mut zur Friedensarbeit hat, kann auch mit dem Mut zur Angst etwas anfangen.

Vom Umgang mit dem Schatten

Hier stellt sich noch einmal die Frage, was denn eigentlich die tiefere Motivation ist, Friedensarbeit zu machen. Ist sie stark genug, ist sie den großen Strapazen und auch Enttäuschungen, die Friedensarbeit mit sich bringen kann, gewachsen? Auf alle Fälle muss ich tief überzeugt sein vom Sinn der Friedensarbeit und auch um meine tiefsten Motivationsquellen wissen. Vielleicht reichen meine Motive ja bis in religiöse Wurzeln hinein. Nur dann ist es möglich, die hohe Durchhaltefähigkeit gegenüber Frustration, Diffamierung, ja auch gegen Anfeindung aufzubringen, die hier geboten ist. Ich werde sie nur haben, wenn ich wirklich um des Friedens willen den Einsatz wage, nicht unbewusst doch auch um meiner selbst willen, z. B. um endlich ein Ziel oder eine Daseinsberechtigung zu haben, um von mir selbst loszukommen und eigene ungelöste Konflikte außen auszutragen, statt in mir selbst.

Es gilt, in uns selbst friedensfähig zu werden, indem wir in Kontakt treten mit unseren eigenen inneren Gegensätzen und uns um innere Konfliktbewältigung, ja Feindesliebe bemühen. Hier hilft das Schattenkonzept der Psychologie C.G. Jungs ein ganzes Stück weiter.[79] Aber auch durch den Kontakt zu meinen tieferen Quellen kann ich den möglichen Frustrationen etwas entgegensetzen. Auf der anderen Seite ist Friedensarbeit eines der besten Gegenmittel gegen die um sich greifende Resignation und Depression, die angesichts der gesellschaftlichen und politischen Verhältnisse auch in unserem innenpolitischen Umfeld auszumachen ist: in der Ausländer-, Moslem- und Judenfeindlichkeit, die noch immer nicht gebannt ist, in der latenten Gewalt gegen Minderheiten und Opponenten.

Wie war das damals in der 68er-Bewegung? War sie nicht im Wesentlichen von Idealisten getragen, auch von vielen Christen und Menschen mit einem empfindlichen Gewissen, die wichtige Kritikpunkte ansprachen und Mängel der Gesellschaft aufzeigten? Durch die Radikalität, in der sie vorgebracht wurden, sind viele dieser Kritikpunkte von der Gesellschaft damals tatsächlich wahr- und aufgenommen worden, einige aber auch bis heute nicht. Die Unfähigkeit der damaligen Gesellschaft, sich auch mit diesen Kritikpunkten auseinanderzusetzen, trug mit dazu bei, dass ein kleinerer Teil jener 68er-Bewegung damals in eine gefährliche Gewaltbereitschaft hineintrieb. Die Gewalt erwuchs aus Frustration über die nicht angehörten Anliegen jener Opposition. Silke Mayer-Witt gehörte damals zu der terroristisch abgeglittenen Gruppe, weil sie den inneren gewaltbereiten Schatten offenbar nicht wahrnahm und nur außen bekämpfte. Heute ist sie beim Friedensdienst im Kosovo tätig. Sie hat offenbar nach verbüßter Haft mit ihrem Gewaltschatten Kontakt aufgenommen und innerlich Frieden geschlossen.

Sehr wichtig erscheint mir, durch Kontakt zu den eigenen Gefühlen kontraphobisches Verhalten zu vermeiden. So gilt es z.B., das innere Warnsignal Angst ernst zu nehmen und anzunehmen, gerade wenn man ein eher mutiger Mensch ist als ein feiger. Mut zur Angst zu haben, das hieße: »Augen auf und durch« – im Gegensatz zu der üblichen Auffassung, es gehe darum, die Augen zuzumachen, um durchzukommen.

Mut zur Angst

Bewusst durch die Angst hindurchzugehen, darauf kommt es auch im Umgang auch mit den Krisen an, die eine sich globalisierende Welt mit allen damit verbundenen Konflikten mit sich bringt. Die Angst zu benennen verhindert, dass sie uns als etwas Unheimliches in den Rücken fällt, und gibt ihr ein Gesicht. So kann sie ihre warnende Funktion erfüllen und unsere Ressourcen zur Bewältigung der Situation freisetzen. Ebenso wichtig erscheint mir ein Zusammenrücken der Menschen in der Gefahr, z. B. indem kompetente Menschen aufgesucht werden. Zur Angstbewältigung kann gehören, einander in der Gefahr Körperkontakt zu geben, einander anzufassen und anzusehen, so wie es z. B. bei den Friedensdemonstrationen und Lichterketten auch geschieht. Es kommt darauf an, so miteinander zu reden, dass die Gefahr nicht verschleiert, aber auch nicht über ihre wirkliche Größe hinaus aufgebläht wird, so miteinander zu reden, dass man sich im gemeinsamen Hindurchgehen gegenseitig der Solidarität versichert und sie einander auch gibt.

Ein Ernstfall dieser Art, den viele Menschen selbst und mit ihren Freundinnen und Freunden durchlebt haben, waren die Tage und Wochen nach der Verstrahlung durch das Tschernobyl-Unglück, eine Zeit ungeheurer Verunsicherung und Erschütterung; es waren auch die Wochen des Irak-Kriegs, in denen vielen von uns zumute war, als würden mit der plötzlichen öffentlichen Bejahung von Gewalteinsätzen ungeheure Tabus gebrochen.

Im personalen Bereich sind solche Zeiten höchster Angst die Phasen persönlicher Katastrophen: das Scheitern einer wichtigen Lebensbeziehung, ein beruflicher Konfliktfall, der zur Entlassung führt, ein Teamkonflikt, in dem alle Vermittlungsversuche scheitern. Jeder Mensch hat mit gutem Grund Abwehrmechanismen und Abwehrstrategien gegen die Angst aufgebaut. Insbesondere haben wir auch eine gewisse Tendenz, Angst durch Rationalisierung abzuspalten, die uns oft über die kritischsten Momente hinwegrettet und vor allem Zeit gewinnen lässt, damit wir von der Angst nicht überwältigt werden.

Die Ratio einzusetzen ist zunächst immer wieder sinnvoll. Aber dauerhaft verdrängte Angst wirkt sich ungünstig aus, z.B. in dem schon genannten kontraphobischen Verhalten, bei dem alle Warnungen in den Wind geschlagen werden und nach vorne geprescht wird, um nur die eigene Angst nicht zu spüren. Wichtig wäre stattdessen, Angst zuzulassen, da sie uns auch mit unseren Gefühlen in Kontakt bringt, die wir zur Krisen-Bewältigung nach innen und nach außen brauchen. Und sie verdeutlicht uns die Werte, an denen wir wirklich hängen, für die wir letztlich eintreten. Angst kommt ja da auf, wo wichtige Lebenswerte in Gefahr geraten. Angst hat eine Warnfunktion, die uns aufruft, das Bedrohte zu verteidigen.

Es gilt, kreativ zu werden, neue Kompetenzen zu entwickeln. Not lehrt nicht nur beten, sondern auch handeln, Not lehrt Friedensarbeit. Wenn sich aber der bedrohte Wert nicht mehr verteidigen lässt, dann gilt es auch eine bestimmte Aktion oder Vorgehensweise loszulassen, um sich vielleicht auf einen nächst höheren Wert zu besinnen. Ein indianisches Sprichwort lautet: »Wenn dein Pferd tot ist, steig ab.« Im Zweiten Weltkrieg war es z. B. mehr wert, in einer provisorischen, aber bombengeschützten Umgebung zu sein, als auf jeden Fall im gefährdeten eigenen Haus zu verbleiben, das ja das Einzige war, das die Familie in einer bombenbedrohten Stadt noch festhielt. Deshalb sagte meine Mutter, als das Haus schließlich in Trümmern vor uns lag: »Die Sorge wären wir los.«

»Flüchten oder standhalten?«, das fragte der große Friedensforscher und Friedensaktivist Horst-Eberhard Richter in seinem gleichnamigen Buch.[80] Manchmal gilt es auch zu weichen bzw. von einem bestimmten Standpunkt, einer bestimmten Aktionsweise oder Vorstellung abzulassen und sie loszulassen, wenn sie sich als dysfunktional für eine Befriedung erweisen. Eine andere Möglichkeit wäre, der Angst immer wieder – so weit das irgend geht – das Prinzip Hoffnung entgegenzuhalten, die oft gerade der zugelassenen Angst entspringen kann, einer »kundigen Unzufriedenheit«[81] (Ernst Bloch), die uns anruft, uns jeweils ganz bewusst auf das Bessere hin zu entwerfen. Vielleicht gilt doch auch im Großen das Polaritätsprinzip des Lebens, das in der Psychologie des Unbewussten von C. G. Jung eine so große Rolle spielt: dass nämlich extreme Bewusstseinslagen und Verhältnisse auch polare Kräfte, Gegenkräfte auf den Plan rufen müssen. Sind solche Gegenkräfte nicht auch unter uns längst auf dem Plan? Können wir sie aber auch schon im Anfänglichen ernst nehmen, wenn sich nur erste Keime zeigen? Darauf käme es an.

Es gibt ja so manche, die bei näherem Zusehen doch ins Scheitern verliebter sind als in das Hoffen,[82] die jedenfalls dem Scheitern die größere Chance einräumen als dem Gelingen. Dies ist für die Friedensarbeit nicht günstig. Es gilt vielmehr, geduldig das Hoffen zu erlernen, nicht bei dem stehen zu bleiben, was jetzt noch nicht, sondern was ab jetzt schon oder spätestens morgen gehen kann.

Was Not tut, ist, dass wir uns unseren Ängsten stellen. Dabei geht es auch um die Angst, hinter der die Liebe steht: die Angst, die uns bewusst macht, was wir lieben am Leben. Friedensarbeit hat nicht nur mit Moral zu tun, sondern vor allem mit der Liebe zum Leben, zu allem Lebendigen. Alles, was unsere Liebe zum Leben weckt, ist eine Voraussetzung für die Friedensarbeit, die der Erhaltung dieses Lebens dient. Und dazu gehört z. B. auch der Duft der Orangenbäume in Israel, die genauso und gleichzeitig duften wie die in den Gebieten der Palästinenser. Sie zu lieben bedeutet, beide Völker zu lieben und ihnen zu wünschen, miteinander und füreinander ihre Orangenbäume ernten zu können. Es gab eine Zeit, da diese Orangenbäume beiden Völkern heilig waren.

Es ist mir wichtig, dass wir uns bewusst machen, dass Friedensarbeit nicht nur mit moralischen Kategorien zu tun und durchzuhalten ist, sondern auch mit Gefühlsqualitäten, wie denen der Liebe zu etwas, das wir in den bedrohten Gebieten und vor allem auch in unserer eigenen Mit- und Umwelt schützen und erhalten wollen. In diesem Zusammenhang wäre auch ein anderer Umgang mit Angst im politischen und publizistischen Bereich gefragt: Der Panikmache, wie wir sie so oft erleben – wobei oft diejenigen, die sie schüren, ihre manipulierende Macht über die Gemüter genießen und sich dann oft auch noch als die rettende Autorität hinstellen –, wäre eine gewisse Form von Gelassenheit entgegenzustellen. Eine solche Hoffnung hält zwar das Schlimmste für möglich, vertraut aber dennoch auf mögliche Lösungen, die zum Besten führen (Ernst Bloch). Gelassenheit beruht auf einem tiefen Vertrauen ins Leben. Vertrauen ins Leben aber ist letztlich eine religiöse Kategorie.

Gelassenheit als Ressource[83]

Bisher habe ich Angst und Mut einander gegenübergestellt – Angst als Gegensatz zum Mut. Wie steht es nun aber mit der Gelassenheit, inwiefern gehört sie zu den inneren Voraussetzungen der Friedensarbeit? Sind nicht Mut und Gelassenheit Gegensätze, und brauchen wir nicht Wut auf all das schreiende Unrecht in der Welt und Empörung darüber, um überhaupt den Mut aufzubringen, uns all dem entgegenzustellen? Wie kann man Mut und Gelassenheit zusammenbringen?

»Ich habe ertragen, was ein Mensch ertragen kann, fahr hin, lammherzige Gelassenheit! Zum Himmel fahre, leidende Geduld!«[84]

So Schillers Maria Stuart zur Gelassenheit. Doch die Gelassenheit, die ich meine, ist alles andere als lammherzig. Vielmehr hat sie mit der »unerschrockenen Gelassenheit«[85] zu tun, von der Kant spricht: Gelassenheit als Unerschrockenheit – das hat einen ganz anderen Klang! Eben nicht wer die Augen aus Angst vor der Berührbarkeit, vor Schmerz und Erschütterung verschließt, wäre gelassen, sondern wer – sich tief aufs Leben und auf den Willen zum Frieden einlassend – durch Erfahrungen wie Schmerz und Erschütterung hindurchgeht, der oder die erlernte Gelassenheit, wäre innerlich reifer geworden, stärker, freier und dabei vielleicht auch geduldiger, offener; vielleicht sogar heiterer. Das Wort »gelassen« hat kein Geringerer als Meister Eckhart[86] in die deutsche Sprache eingeführt: Gelassenheit heißt, sich lassen können – das kleine Ich mit seiner Angst lassen zu können –, um sich Größerem zu überlassen.

Machen wir einen Sprung in eine Zeit, die uns näher steht als Meister Eckharts Zeit: »Gelassenheit sei eine anmutige Form des Selbstbewusstseins« – so sieht und so sagt es die Schriftstellerin Marie von Ebner-Eschenbach. Eine Form des Selbstbewusstseins also wäre die Gelassenheit demnach auch, eine anmutige dazu. Ein überraschender Gedanke? Recht bedacht, kann er nur einleuchten, denn um angesichts all der Konflikte, der Aufregungen und Herausforderungen, die das Leben uns allen immer wieder zumutet, gelassen zu sein und bleiben zu können, dazu brauchte es schon einen guten Stand. Eine gute Verwurzelung in sich selbst brauchte es, Selbstbewusstsein als ein Wissen um sich, vielleicht sogar eine Ahnung seines wahren Selbst. Wann immer es uns gelingt, uns auf die Probleme anderer Leute einzulassen und uns zugleich so stark von ihnen zu unterscheiden, dass wir uns nicht ununterschieden mit ihnen verwickeln, kommt doch ein Hauch von innerer Freiheit auf. Kommt es doch gerade bei der Friedensarbeit darauf an, sich nicht blindlings in die Probleme anderer zu verwickeln, sondern sie jeweils bei denen zu lassen, die sie vor allem haben. Kommt es doch darauf an, sich nicht dadurch verletzen, verunsichern oder gar entwerten zu lassen, dass andere aus ihrer Problematik heraus agieren.

Mühsam bleibt es gewiss, sich jeweils davon zu unterscheiden und die Gefühlsstürme, auch wenn sie von anderen ausgelöst werden, emotional aufzufangen. Aber muss ich mich denn wirklich verletzt fühlen, entwertet gar, muss ich automatisch zurückschlagen, wenn andere sich aggressiv äußern und gebärden? Ich kann dies zurückweisen, ich kann es aber auch stehen lassen, auf alle Fälle kann ich locker bleiben, unverletzt, unzerstört – gelassen eben. Als Psychotherapeutinnen und Psychotherapeuten kennen wir das auch aus unserer täglichen Praxis, diese Fähigkeit brauchen wir, um uns von den Emotionen der Patientinnen und Patienten zu unterscheiden. Nicht selten kommt, von dieser ruhigeren Warte aus betrachtet, sogar ein Sinn für die jeweilige Situationskomik auf, wenn man sich irgendwo gar so verbissen gebärdet. Ein Funke Humor kann aufblitzen, kann es uns möglich machen, elastisch zu reagieren und den finsteren Gesichtern gelegentlich vielleicht sogar eine Prise Charme entgegenzusetzen, letztlich doch mit Verständnis zu begegnen, denn auch in der Gegenpartei ist vieles allzu menschlich. So hat es Marie von Ebner-Eschenbach wohl auch gemeint mit ihrer Formulierung, Gelassenheit sei eine anmutige Form des Selbstbewusstseins. Gelassenheit verliehe uns auch die lockere Hand und Lässigkeit, Probleme zu lösen, an denen Verkrampfung mit ihrer schwerfälligen Hand wohl scheitern müsste.

Gelassenheit ist dabei nicht etwas, das man vor sich herträgt wie einen Leuchter, das man sich anzieht wie eine Rüstung – Gelassenheit wäre vielmehr eine Form der Abrüstung, eine anmutige dazu, eine zivile Form des Selbstbewusstseins, die ohne Aufgeregtheit und ganz ohne Drohgebärden auskommt. Gelassenheit kommt ja aus einer gewissen Freiheit von Angst, gerade weil man mit der Angst vertraut ist, und steht aller Panikmache entgegen. So kann sie oft um sich herum eine angstfreie Atmosphäre verbreiten. Gelassenheit strahlt aus, so wie Panik ansteckt. Gelassenheit aber ist der Panik gewachsen, ist letztlich stärker als sie. So ist sie nicht nur eine anmutige, sondern auch eine anziehende Form des Selbstbewusstseins.

In diesem Zusammenhang erinnere ich mich an ein Gespräch mit einer Frau, die kürzlich von der ungewöhnlichen Anziehungskraft ihrer Großmutter auf andere Menschen erzählte:

> Ihre Großmutter, so die Enkelin, sei eine alte Jüdin gewesen, der nichts Menschliches fremd geblieben und der auch nichts in ihrem Leben erspart worden sei, doch habe sie eine so starke Ausstrahlung auf andere Menschen gehabt, dass sie überall, wo sie hinkam, rasch zum Mittelpunkt wurde, um den sich die Menschen scharten. Worauf beruhte diese Ausstrahlung? Es sei etwas von ihr ausgegangen, so die Enkelin, das einem das Gefühl gab, es sei in diesem Leben nichts zu fürchten.

Es sei nichts zu fürchten – ich war geradezu betroffen, als ich das hörte. Diese Überzeugung auszustrahlen durch seine ganze Haltung, sein ganzes Sein – und das bei einem jüdischen Schicksal im damaligen Hitler-Deutschland, das war kühn, das war innere Freiheit, das war Gelassenheit. Diese Großmutter sagte ja nicht, dass es so sei, dass man nichts zu fürchten habe – sie wusste ganz gewiss um ihre Angst und um die reale Gefährdung damals –, aber ihre Haltung hatte dennoch eine Ausstrahlung, die denen, die mit ihr zusammensaßen, dieses Gefühl gab. War so etwas menschenmöglich? Wie stark spürte ich meine eigene Enge, meine Angstbereitschaft noch, gemessen an solcher inneren Weite. War sie überhaupt vorstellbar? Vorstellbar gewiss, auch wenn ich jene Großmutter nie kennengelernt habe, auch wenn sie von ihrer Enkelin gewiss auch idealisiert wurde, aber vorstellen kann ich mir einen solchen Menschen. Und allein diese Vorstellung weckt eine ziehende Sehnsucht in mir. So frei werden zu können! Das wäre Gelassenheit!

Ein anderes Beispiel ist der Brief einer Frau, die schreibt:

> »Da liege ich still allein, gewickelt in diese vielfachen schwarzen Tücher der Finsternis, Langeweile, Unfreiheit des Winters – und dabei klopft mein Herz von einer unbekannten, unbegreiflichen inneren Freude, wie wenn ich in strahlendem Sonnenschein über eine blühende Wiese gehen würde.«[87]

Dieser Briefstelle sieht man nicht an, dass sie in einem Gefängnis, einem Internierungslager, geschrieben wurde, in dem man die Schreiberin schon seit drei Jahren festhielt, war sie doch eine Vorkämpferin des Pazifismus, zu einer Zeit, als Pazifismus noch als Vaterlandsverrat galt: im Ersten Weltkrieg. Der Brief stammt von Rosa Luxemburg. Die Langeweile, die Schikanen, die Ungewissheit über die Zukunft können ihr in diesem Moment wie auch in vielen anderen Zeiten nichts anhaben. Da gibt es etwas in ihr, das sich darüber erhebt. Ihre besondere Gabe, sich zu freuen, verdankt sie ihrer intensiven Wahrnehmung, ihrer Konzentration auf das, was gute Gefühle auslösen kann. In einem anderen Brief sind es die Düfte des Sommers, das Rascheln der Blätter, die Vogelrufe, die sie selbst im Lager erreichen. Vielmehr aber ist es ihre Überzeugung, für eine größere Sache, als sie selbst als Person es wäre, einzustehen und inhaftiert zu sein: für den Frieden. Dieses Wissen ermöglicht ihr auch unter diesen quälenden Umständen eine starke Sinnerfahrung und damit die Fähigkeit, Ängste und Leiden an sich abprallen zu lassen. So schreibt sie: »Ich glaube, das Geheimnis ist nichts anderes als das Leben selbst.«[88]

Sich mit Menschen, Dingen, Zusammenhängen zu beschäftigen, die über uns hinausweisen, wie es der mögliche Friede unter den Menschen ist, durchbricht den Kreislauf der dunklen Gedanken und Gefühle, der Resignation. Ein so erfüllter Mensch wie Rosa Luxemburg kann dann auch sich selbst und seine Lage überwachsen und ganz aufgehen in dem, was er tut und empfindet, in dem wichtigsten aller Hochgefühle: am Leben selbst teilzuhaben, fürs Leben selbst einzustehen. Das und nichts anderes ist das Geheimnis des Glücks: im Frieden von innen her sich für den Frieden in der Welt zu verströmen. Hier kommt wunderbar zum Ausdruck, dass Arbeit am Frieden tiefe Freude machen kann und auf alle Beteiligten selbst zurückwirkt.

Teil III
Spiritualität leben

Im ersten Teil des Buches ging es um das Sich-Öffnen für die Botschaften aus den Tiefenschichten der Seele, was aus Sicht der Jung'schen Psychologie zur Spiritualität zählt, ebenso wie das ganzheitliche und verantwortliche Bezogensein nach innen und nach außen, das im zweiten Teil dargestellt wurde. Im dritten Teil steht die Frage im Mittelpunkt, welche Konsequenzen gelebte Spiritualität für den einzelnen Menschen und die Welt aus Jung'scher Sicht hat.

Auch wenn der Begriff Spiritualität, wie er heute gebraucht wird, zu Jungs Zeiten noch nicht im Umlauf war, so haben Jungs Denken, seine Lebenspraxis und sein Werk doch viele Charakteristika, die man heute als »spirituell« bezeichnen könnte, z. B. seine respektvolle Offenheit für die ganze Weite und Tiefe seelischer Erfahrungen, wie sie interkulturell und interreligiös vorkommen, bis hin zu dem immer wieder bezeugten Aufblitzen von Transzendenzerfahrungen.

Das breite Spektrum von Jungs Aufgeschlossenheit für die spirituelle Dimension versuche ich im Kapitel »Spiritualität bei C. G. Jung« darzustellen. Jung zählt das Bedürfnis nach Religion zu den anthropologischen Konstanten, die jedem Menschen eignen, und er nimmt religiöse Erfahrungen als psychische Wirklichkeit unbedingt ernst. Zur Spiritualität gehört für Jung der ehrfürchtige Umgang mit allen vernehmbaren Botschaften aus den Tiefenschichten der Seele, zu denen er Träume, Imaginationen, Visionen, aber auch alle schöpferischen Gestaltungen aus dem Unbewussten zählt, wie Bild und Skulptur, Musik und Tanz, Gedicht und Lied.

Was »Erlösung« unter tiefenpsychologischer Perspektive bedeuten könnte, ist in einem Kapitel erläutert, das auch die Erlösungsvorstellung der Märchen einbezieht. Zusammenfassend suche ich zu zeigen, wie Innenerfahrung, symbolische Erfahrung und symbolisierende Einstellung, schließlich als tragende Basis und zugleich als Impuls für verantwortliches Handeln in der Außenwelt gesehen und praktiziert werden kann.

1. Spiritualität bei C.G. Jung

C.G. Jungs Spiritualität ist Rückbindung an die Seele, Vertrauen auf die Seele, eine Kultur der Seele. Die Seele aber ist zunächst Natur, innerste Natur des Menschen. Zugleich ist sie verbunden mit der äußeren Natur als dem bewussten Empfangsorgan dieser innersten Natur des Menschen, als deren Resonanzkörper und Schwingungsfeld. Ein starkes Naturerlebnis C.G. Jungs, das er selbst in einem Interview mit George Duplain im Jahre 1959 schilderte, kann dies veranschaulichen:

Jung erinnert sich an seine Zeit in Indien. Eines Abends fiel sein Blick vom Observatorium in Darjeeling aus auf die Gebirgsketten rund umher, die im Abendlicht glühten. Er erinnert sich deutlich:

> *»Sikkim lag schon im Schatten, die Berge waren blau bis auf 4000 Meter Höhe, violett bis zur Höhe von 7000 Metern. Und in der Mitte dieser Gebirgskette stand der Berg Kanchenjunga in seiner ganzen Herrlichkeit und leuchtete wie ein Rubin. Es war der Lotos mit dem Kleinod in der Mitte.«*[89]

Bezaubert von diesem Anblick, hörte er auf einmal, wie die anwesenden indischen Wissenschaftler, »ohne es zu merken, einen Laut murmelten: Om«. Ohne es zu merken! »Om: Dies ist das ursprüngliche Wort«, so Jung, »der Ton, der von der Mutter zum Kind geht«[90] und den wir auch äußern, wenn wir Numinosem begegnen. Hier erschienen die Bergketten auf natürliche und dennoch numinose Weise angeordnet wie ein Mandala. Der rubinrote Berg inmitten der violetten und blauen Ketten – umströmt vom Klang des Om. Eine spirituelle Erfahrung? Eine symbolische gewiss!

Was ist Spiritualität?

Spiritualität ist ein Modewort geworden. C. G. Jung hat den Begriff im heutigen Sprachgebrauch nicht gekannt und also gewiss auch nicht gebraucht, wohl aber hat er den alten Sprachgebrauch gekannt. Darf man den heutigen Begriff »Spiritualität« trotzdem mit ihm in Beziehung bringen?

»Spiritual« nannte man damals (wie auch heute noch) den geistlichen Seelsorger in Klöstern, der die Seelen der ihm Anvertrauten zu geleiten suchte. Spiritualität war dementsprechend religiöse Praxis im Sinne andächtigen, ehrfürchtigen Umgangs mit der Seele als dem göttlichen Anhauch im Menschen *(spiritus)*. Dieses lateinische Wort, das Wind, Hauch und Atem meint, hat sowohl Bezüge zum späteren Begriff des belebenden Geistes als auch zu dem der lebendigen Seele. Spiritualität als religiöse Praxis war Kultivierungsarbeit im Blick auf Geist und Seele.

Der heutige Begriff »Spiritualität« meint ebenfalls eine religiöse Praxis, die sich aber weitgehend von der ursprünglichen Bindung an die christlichen Konfessionen gelöst und auch Traditionen aus anderen Religionen aufgenommen hat, z. B. die Meditationsformen des Zen-Buddhismus, die Mandala-Visualisierung des tibetischen Buddhismus, indische Traditionen des Yoga, alte Divinationstechniken des chinesischen I-Ging oder auch das alteuropäische Tarot, wobei diese Formen religiöser Praxis – des andächtigen, ehrfürchtigen Umgangs mit der Seele – ebenfalls vom Bekenntnis zu deren Ursprungsreligionen losgelöst werden. Man praktiziert z.B. heute auch als gebürtiger Christ buddhistische Meditation, befragt das I-Ging und visualisiert Mandalas. Weil der Begriff »religiös« heute zu stark an die Zugehörigkeit zu einer bestimmten, religiösen Konfession gebunden scheint, meidet man ihn eher und sagt lieber »spirituell«, um damit die weltoffene Freiheit der eigenen spirituellen Praxis zu betonen.

Andächtig-ehrfürchtiger Umgang mit der Seele, befreit von konfessioneller Bindung, in offenem Kontakt mit der spirituellen Tradition vieler Religionen, offen auch für die unvoraussehbaren Tiefenerfahrungen der Seele – war dies nicht auch das zentrale Anliegen C.G. Jungs, war er nicht Pionier in der Erforschung all dieser Erfahrungsbereiche auch für die europäische, christlich geprägte Psyche? Hatte er nicht durch sorgsamste ehrfürchtige Beachtung seiner Träume sich selbst gleichsam eine spirituelle Praxis geschaffen? Empfahl er nicht jedem seiner Patienten das sorgfältige Anlegen eines Traumtagebuchs, so wie auch wir es heute gegenüber unseren Patientinnen und Patienten sowie all denen, die an ihrer seelischgeistigen Entwicklung interessiert sind, tun? Befragte er nicht das I-Ging in Entscheidungssituationen? Schrieb er nicht seine frühen Imaginationsserien mit einer Ehrfurcht und Sorgfalt nieder, als handle es sich um eine offenbarte Schrift, eine spirituelle Botschaft, die er zu übermitteln und zu bewahren hatte? Malte er nicht seine inneren Bilder mit größter Hingabe, als male er eine Ikone? Und wenn er dies alles praktizierte, was er ohne Zweifel tat: Warum war dies nun mehr als ein Sich-wichtig-Nehmen, mehr als persönliche Selbstbespiegelung?

Es war mehr, weil für Jung die Seele mehr war als das Ich, mehr sogar als das Selbst des einzelnen Menschen, das – wie z.B. die Träume zeigen – eine ungleich größere Weite und Tiefe aufweist, als das bloß aufs Bewusstsein beschränkte Ich je enthalten kann. Die Seele war für Jung das lebendige Ganze, das Fluidum des Lebens selbst, an dem die überpersönliche Seele der Menschheit teil hatte. Dies zeigt sich vor allem an den großen, archetypischen Träumen, die in besonderen Schicksals-Momenten auftauchen können und den Erfahrungsschatz der ganzen Menschheit enthalten, z. B. wenn die Steingestalt einer Vorzeit-Göttin einem heutigen Menschen im Traum begegnet oder die mythische Figur der »Wilden Anna« sich aus dem Meer erhebt, um der Ausbeutung der Ozeane Einhalt zu gebieten, wie ich im ersten Teil des Buches beschrieben habe.

Solche Träume lassen sich auf archetypische Prägemuster zurückführen, die jedoch nicht nur im Menschen, sondern auch in der ganzen außermenschlichen Natur – vom Kristallgitter des Kohlenstoffs bis hin zum Atommodell – bereitliegen, um vom lebendigen Atem der Seele ergriffen und zu lebenden Formen und emotional vibrierenden Bildern ausgestaltet zu werden.

Die Einheit von Seele und Welt

Alles ist letztlich psychoid für Jung – z. B. auch der vitale physikalische Vorgang, der den potenziellen Kohlenstoff zum sichtbaren Kohlenkristall ausgestaltet. Einen Anhaltspunkt für das Bestehen einer transzendentalen Einheit von Psyche und Welt bildeten für Jung auch die sogenannten außersinnlichen Wahrnehmungen wie Wahrträume, Hellsehen und Vorauswissen sowie das schon beschriebene Phänomen der Synchronizität (vgl. S. 118 f.).

Bei dem Alchemisten Dorneus[91] fand Jung einen Kronzeugen dieser Weltsicht, da dieser die Seele des Einzelnen in der Seele der ganzen Menschheit und diese wiederum in der Seele der ganzen Welt, der *anima mundi,* enthalten und aufgehoben fand. Für die Einheit von Seele und Welt, in der subjektive und objektive Weltwahrnehmung verschmelzen, sprechen immer wieder auch Jungs Naturerfahrungen: »Zuzeiten bin ich wie ausgebreitet in die Landschaft und in die Dinge und lebe selber in jedem Baum, im Plätschern der Wellen, in den Wolken, den Tieren, die kommen und gehen, und in den Dingen.«[92] Jungs Spiritualität ist eine Wiederverbindung mit der Natur, die er als durch und durch »beseelt« erlebt – wie mit der eigenen Seele selbst, die für ihn innerste Natur des Menschen ist.

Die philosophisch-theologische Tradition, nach der die Seele des Einzelnen in der Weltseele enthalten und die Seele des Einzelnen als Teil des Ganzen zu verstehen sei, findet sich nun gewiss nicht nur bei Dorneus, sondern reicht weit zurück zu den Wurzeln abendländischen Philosophierens und theologischen Denkens und hat z. B. sogar eine besondere Ausprägung in der deutschen Mystik bei Meister Eckhart gefunden, in dessen Lehre vom Seelenfunken des Einzelnen als einem unentbehrlichen Anteil Gottes selbst. Um all diese philosophischen und mystischen Traditionen kreist Jung und weiß es.

Seine besonderen Interessen und Forschungen, die er zusammen mit Fachleuten wie Richard Wilhelm unternahm, galten den Parallelen im fernöstlichen Denken, wo man z. B. Atman und Brahman miteinander verbunden sieht, Einzelseele mit Weltseele, Einzelsein mit allumfassendem Sein. Jung näherte sich dem »Geheimnis der Goldenen Blüte«, einem von ihm kommentierten »Buch von Bewusstsein und Leben«[93], und entdeckte das Mandala, das im indischen und tibetischen Denken sowohl ein symbolisches Modell des Kosmos als auch der menschlichen Seele darstellt, die nach der gleichen Matrix gestaltet sei wie der Kosmos: ein Mikrokosmos im Makrokosmos. Durch Visualisierung, also Imagination des Mandalas und dessen anschließende Gestaltung – die nach den strengen Regeln indischer oder tibetischer Tradition vollzogen wird – orientiert sich der östliche Mensch im Kosmos seiner Seele und zugleich im

Kosmos der Welt. Auch lernt er vor gestalteten Mandalas – die als heilige Bilder in den Klöstern und Tempeln hängen wie die Ikonen in der Ostkirche –, sich mit den dort abgebildeten göttlichen Kräften und Kraftfeldern zu verbinden. Immer schon wurde dem Mandala in seiner Ordnung auch heilende Kraft zugeschrieben.

Angeregt durch die Entdeckung, dass Patienten der Psychiatrie – offenbar um ihre Psyche nach psychotischen Schüben selbst wieder zu ordnen und auszubalancieren – spontan mandalaähnliche Gebilde malten, übertrug C.G. Jung bekanntlich die Möglichkeit der Mandala-Visualisierung und Gestaltung in das Wirkungsfeld seiner westlichen Psychotherapie, transponierte sie für die europäische Psyche. Jung war es, der die symbolische Wirkkraft geometrischer Urformen, wie z.B. des Quadrats, des Kreises und des Kreuzes, samt der anordnenden und ordnenden Wirkung bestimmter Zahlenverhältnisse, die im Mandala vorkommen, auf die Psyche entdeckte und erforschte.

Auch Mandalamalen ist eine spirituelle Praxis, die Jung selbst ausübte und zu der er seine Patientinnen und Patienten anleitete: In rechter Achtsamkeit geübt, ermöglicht es dem Menschen, seine persönliche Psyche im Rahmen eines umfassenderen Kraftfeldes der überpersönlichen Psyche wieder zu ordnen und zu zentrieren. Der Kontakt zu den tieferen und weiteren Energiefeldern der Psyche, die über die momentan bewusste Einstellung des Ich weit hinausreichen und sie deshalb heilend zu ergänzen vermögen, war ein therapeutisches Hauptanliegen Jungs, dem er sich sowohl in seinen eigenen Übungen als auch im Rahmen seiner therapeutischen Praxis hingab und widmete. Alle Wege, die zu diesen tieferen Schichten und energetischen Feldern der Psyche führen, die er das Unbewusste nannte, waren Jung willkommen, faszinierten ihn selbst als Person, aber auch als Forscher und Analytiker. C.G. Jungs Spiritualität ist – wie ich als Ausgangsthese formulierte – Rückbindung an die Seele, zu deren Ganzheit, Bewusstes und Unbewusstes gehören und die als solche die innerste Natur des Menschen ist. Jungs Spiritualität ist also – wie eingangs gesagt – nichts anderes als Kultivierung des Umgangs mit der Seele, ist seelische Kultur!

Vom Umgang mit der Seele

Zum Umgang mit der Seele gehörte in erster Linie das Arbeiten mit Träumen, das für ihn wie für Freud der »Königsweg zum Unbewussten« war. Für Jung aber war es über Freud hinaus zugleich ein spiritueller Weg, den er mit ehrfürchtiger Achtsamkeit beschritt. Neben dem ihm wichtigen Alltagstraum, der Ungleichgewichte der Seelenlage erkennen und beheben hilft, indem er die Einseitigkeit der bewussten Einstellung durch seine symbolischen Bilderfolgen ergänzt und korrigiert, faszinierte Jung der sogenannte »große Traum«, der archetypische Symbole aus dem überpersönlichen kollektiven Unbewussten emporzuheben vermag, z.B. wenn einem in großer Bedrängnis der »Vogel Phönix« erscheint, der noch aus der Asche wieder emporzufliegen vermag, oder ein silberner Delphin, der einen vor dem Ertrinken rettet. Dies sind Symbole, die seit Menschengedenken solche Rettungs- und Überlebensmöglichkeiten aus größter Not spiegeln und die sich nun dem Einzelnen in seiner persönlichen, vielleicht nie zuvor erlebten Not zeigen, fast wie aus einer Instinktgrundlage heraus. Ähnliches kann geschehen, wenn wir zum ersten Mal einen geliebten Menschen verlieren oder selbst vom Tode bedroht sind. Dann trägt uns in solchen rettenden und tröstenden Symbolen, die in Gedanken, Intuitionen und Träumen auftauchen, die größere Erfahrung der Menschheit. So wie wir als Kind in unserer Angst von der größeren Erfahrung der Eltern getragen waren, vermag uns die größere Erfahrung der Menschheit, die aus dem Unbewussten auftaucht, auch in unserem Einzelschicksal aufzufangen und zu tragen.

Wie übersteht man einen Todesfall? Kann man ihn überhaupt überstehen? In dieser Grenzsituation geht es u.a. darum, dass wir unseren Träumen folgen, ihre Symbole wahrnehmen und deuten – Verena Kast hat zum ersten Mal ganze Traumserien Trauernder in diesem Sinne aufgezeichnet und in ihrer sinnhaften Phasenfolge interpretiert[94] –, und dann vermag uns unsere Psyche wie aus einem tieferen Wissen heraus behutsam durch die Trauerprozesse zu geleiten: über ein inneres Wiederfinden des Verstorbenen bis hin zur Gewinnung eines neuen Selbst- und Weltbezugs. So sind uns auch Träume und Imaginationen Jungs aus Trauer und Todesnähe heraus überliefert. Im Traum kann der Verstorbene uns begegnen, nicht als »Geist«, sondern vielmehr wieder gesund, jung geworden oder auch älter, weiser. Die Träume sind die einzigen Begegnungsorte mit dem Verstorbenen, die unserer normalen Erfahrung zugänglich sind!

Der zweite »Königsweg zum Unbewussten«, den Jung entdeckt und im Sinne einer spirituellen Praxis selbst begangen hat, ist derjenige der »Aktiven Imagination«. Jung hat auf diesem Weg seinen inneren Begleiter »Philemon« entdeckt, mit dem als einer Verkörperung des tieferen Wissens seiner Seele aktiv Gespräche führen konnte und dadurch zur Klärung vieler Problemlagen gelangte. Durch Aktive Imagination finden auch heutige Menschen innere Weggefährten von Engeln bis hin zu Tieren, oft erscheint z.B. die Eule, die im Gegensatz zu uns Menschen auch in der Nacht sieht, oder – wie schon erwähnt – der Delphin als das intelligenteste Tier der Tiefe. Von hier ist der Weg nicht mehr weit zu dem respektvollen Umgang auch mit der seltenen visionären Erfahrung, die Jung selbst kannte, die aber für den Menschen unverfügbar bleibt, sodass es keinen beschreibbaren methodischen Zugang zu ihr geben kann.

Jeder ernsthafte Umgang mit Symbolen führt zu den tieferen Schichten der Psyche, die dem sogenannten Unbewussten zugehören, z.B. der Umgang mit Traumsymbolen, aber auch der mit symbolischen Stoffen, wie sie in Märchen, Mythen, dem klassischen Drama oder auch in modernen literarischen Gestaltungen – wie wir im ersten Teil des Buches am Beispiel der Harry Potter-Romane sahen – enthalten sind. Auch das spontane Spiel mit Symbolen und symbolischen Themen in Gestik und Mimik bis hin zu Psychodrama, Jeux Dramatiques und Playback-Theater öffnet das Unbewusste. Nicht weniger tun es auch Tanz und Musik, wobei Jung der Musik nicht ganz so nahestand wie den bildenden Künsten. Doch zeigt die späte Begegnung mit der Musiktherapeutin Margaret Tilly, dass er auch hier ansprechbar war. In diesem Sinne zitiert sie Jungs bemerkenswerten Ausspruch, mit dem er sich nach einer gemeinsamen musiktherapeutischen Übungsstunde am Klavier von ihr verabschiedete:

> *»Das, was Sie mir heute Nachmittag gezeigt haben – nicht nur das, was Sie gesagt haben, sondern vor allem das, was ich konkret gefühlt und erlebt habe –, lässt mich fühlen, dass Musik von jetzt an ein wesentlicher Bestandteil einer jeden Analyse sein müsste. Sie gelangt zu tiefem, archetypischen Material, zu dem wir in unserer analytischen Arbeit mit Patienten nur selten gelangen.«*[95]

Zu Jungs Umgang mit Musik gehört jedoch auch das wunderbare Beispiel aus seiner eigenen frühen Praxis, als es ihm gelang, die schwere Schlafstörung einer jungen Frau durch das Singen eines Wiegenlieds, das er von seiner Mutter kannte, zu heilen. In einen Interview berichtet er: »Als ich nun vom Segeln und vom Wind sprach« – so wollte er mit den Bildern und der Melodie jenes Liedes der Patientin Möglichkeiten der Entspannung nahebringen –,

> *»hörte ich innerlich die Stimme meiner Mutter, wie sie jeweils früher meine kleine Schwester in den Schlaf gewiegt*

hatte […]. Es war ein Lied über ein kleines Mädchen in einem kleinen Schiffchen. Und, fast ungewollt, begann ich über den Wind, die Wellen, das Segeln und die entsprechende Entspannung in der Melodie des Wiegenlieds zu singen und summte diese Empfindungen leise vor mich hin. Da sah ich, dass sie, die Patientin, wie von einem Zauber umhüllt wurde […].«[96]

Als er später vom Hausarzt jener Patientin befragt wurde, wie es zur Heilung gekommen sei, lachte Jung und gab zu verstehen: Dieses singende Verzaubern sei zwar eine der ältesten ärztlichen Methoden, doch sei es hier unabhängig von seinem Verstand geschehen: »Wie hätte ich ihm erklären sollen, dass ich einfach in mich hineingehört hatte? Erst später habe ich das Vorgefallene rationalisiert, um gewisse Schlüsse daraus zu ziehen: Sie wurde durch die Gnade Gottes geheilt!«[97] So berichtet Jung. Da fährt sein damaliger Interview-Partner dazwischen: »Wie können Sie von der Gnade Gottes sprechen?« Jung antwortet:

»Ja, warum nicht? Ein guter Traum z.B. ist eine Gnade. Der Traum ist ein wesentliches Geschenk. Das kollektive Unbewusste bin weder ich noch Sie, es ist die unsichtbare Welt, der große Geist. Es ist nicht wichtig, wie wir es nennen: Gott, Tao, die große Stimme, der große Geist. Für den Menschen unserer Zeit ist noch immer der am besten verständliche Name ›Gott‹, um die Macht zu benennen, die uns übersteigt.«[98]

Vor allem in emotional aufwühlenden Situationen, auch in großer Not komme uns das »Oh Gott!« fast von selbst über die Lippen.

Viel mehr noch als die Musik war Malen und Bildhauern für Jung das Medium, Unbewusstes zum Sprechen zu bringen, es auszudrücken. Hierher gehört auch seine Ausgestaltung des sogenannten »Turms von Bollmgen« durch eigene Maurer- und Steinmetzarbeit zu einer symbolisch erfüllten Seelenheimat, vor allem auch die geheimnisvollen Skulpturen und Inschriften, die Jung selbst gestaltete und eingravierte. Berühmt geworden ist der delphische Orakelspruch, den Jung über der Tür seines Wohnhauses einmeißelte:

> *»Vocatus atque non vocatus deus aderit.« »Gerufen und ungerufen, Gott wird da sein.«*

Anlässlich eines Interviews zu seinem 85. Geburtstag wird Jung von Dr. Georg Gerster von Radio DRS gefragt: »Darf ich fragen, aus welchen Gründen gerade dieser Spruch über der Tür Ihres Hauses steht?« Jung lacht:

> *»Ja, das ist eine sehr umständliche Geschichte. Ich habe eben die Erfahrung gemacht, dass diese sogenannten religiösen Phänomene überall vorhanden sind, ob beabsichtigt oder nicht. Es braucht nur eine Notlage, eine ernste Notlage, und diese religiösen Äußerungen melden sich dann wieder zu Wort. Also, wenn man höchst erstaunt oder überrascht ist, so sagt jedermann – auch wenn man nicht einmal an Gott glaubt – ›oh Gott!‹ oder ›bei Gott!‹, und das sind unwillkürliche Äußerungen religiöser Natur, denn sie gebrauchen den Namen Gottes.«*[100]

Der Interview-Partner wünscht sich die Aussage offenbar noch präziser und fragt zurück: »Müssen wir da nicht den Begriff ›religiös‹ etwas näher definieren bzw. ihn so definieren, wie Sie ihn gebrauchen?« »Ja, etwas weiter definieren«, ergänzt Jung. Erweitert wünscht er die Definition, nicht verengt. Doch sein Gesprächspartner wirft ein: »Sie sagen ›Gott‹ – es könnte auch ›Abgott‹ sein […].« Jung entgegnet:

»Ja, es kann natürlich alles Mögliche sein, nicht wahr, es kann auch ein bloßes Wort sein, aber es gehört noch in denselben Umkreis. Alle religiösen Phänomene, die nicht gerade kirchliche Rituale sind, haben mit Emotionen zu tun. Darum beobachten wir auch diese religiösen Manifestationen hauptsächlich in Momenten von Notlagen oder sehr emotionalen Umständen. «[100]

Der Interviewer drängt weiter und erinnert Jung an Aussagen, die er zu dem Thema früher schon gemacht hat:

»Gehört nicht zum Begriff des Religiösen, so wie Sie ihn jetzt definieren, der Begriff ›sinnvoll‹? Das, was dem Ich aus dem Unbewussten – denn darum geht es ja wohl – zustößt, muss ja wohl sinnvoll sein, wenn vielleicht nicht für den Moment, nicht für den engen Horizont des Ich, so doch im weiten Sinn für die Gesamtpersönlichkeit?«

Jung antwortet:

»Ja, das ist so: Der Begriff des Archetypus, der hier in Betracht kommt, der ist, wie man sagt, ›numinos‹, das heißt, er hat in einem gewissen Sinne überwältigende Kraft. Er ist an sich emotional. Ein solcher Archetypus, wie z.B. der Begriff eines Gottes oder einer übernatürlichen Macht, kommt in hochemotiven Situationen eben zum Vorschein. Nehmen wir eine Situation an, bei einer Panik z.B., wo ein Mensch sich seiner Angst nicht mehr erwehren kann, dann wird er eventuell ein Stoßgebet äußern […].«[101]

Jungs Aussagen über religiöse Erfahrungen führten natürlich immer wieder zu Missverständnissen mit den Vertretern der offiziellen kirchlichen Religion, den Theologen. Doch bemerkenswert ist zunächst, dass Jung im Unterschied zu Freud überhaupt psychologisch relevante positive Aussagen über Gott und das Gottesbild macht und damit einer »Hermeneutik des Vertrauens« zu den Symbolen folgt, nicht einer »Hermeneutik des Verdachts«, die eher für Freud charakteristisch war, der Symbole als etwas ansah, das das eigentlich Gemeinte, meist die Triebsphäre betreffende, tarnt und verhüllt.

Für Jung hingegen sind Symbole jeweils bestmögliche, emotional hochbedeutsame Ausdrucksformen und Gefäße des Gemeinten, sodass er auch das Symbol des Gottesbildes für psychisch hochbedeutsam hielt und es keinesfalls wie Freud vor allem als Relikt infantiler Abhängigkeitswünsche und bloßes Derivat des Vaterbildes interpretierte. Ein solches Relikt kann das Gottesbild natürlich in Einzelfällen sein. Es gibt krankmachende, angstmachende, quälende Gottesbilder. Gottesbilder als solche sind aber gewiss nicht grundsätzlich quälend oder überhaupt nur infantil. Sie entsprechen vielmehr nach Jung gerade einer Bereitschaft der Psyche, Ganzheitssymbole, Sinnsymbole zu bilden, und sie gehören deshalb im höchsten Maße zur seelischen Gesundheit, bewirken Lebenszufriedenheit und Lebenserfüllung: So werde sich der in seiner Religion geborgene Mensch nie ganz im Dunkel und der Einsamkeit einer sinnlosen Welt verlieren. »Es ist nämlich Zweck und Bestreben der religiösen Symbole, dem menschlichen Leben Sinn zu verleihen.«[102]

In welchen Bildern freilich sich dieses archetypische Symbol der Ganzheit dann zeigt, wie es sich in Träumen und Imaginationen des einzelnen Menschen ausgestaltet, bleibt offen. Dass jedoch immer wieder Gottessymbole bzw. Symbole des Heiligen entstehen, gehört für Jung zur schöpfungsmäßigen bzw. evolutionsbedingten Grundausstattung der menschlichen Psyche. Da sie eine anthropologische Konstante sind, brauchen wir weder zu befürchten, sie zu verlieren, wenn religiöse Erziehung ausfällt oder atheistische Ideologien sie verbieten, noch zu versuchen, sie aus emanzipatorischen Gründen zu vermeiden oder gar zu überwinden, sondern sollten ihre stetige Neuentstehung begrüßen.

In jenem berühmten »face to face-Interview« von 1959, in dem die BBC den hochbetagten Jung fragte, ob er heute noch an Gott glaube, antwortet er: »Heute?« – Es folgt eine lange Pause, dann sagt er das überraschende Wort: »Ich weiß. Ich brauche nicht zu glauben.«[103] Und auch in einem noch späteren Interview, um 1960, antwortet Jung wieder: »Ich habe es nicht nötig, an Gott zu glauben, ich weiß es.«[104] »Gott« nämlich ist für Jung nichts Geringeres als das Sinnsymbol menschlichen Lebens, Symbol der Lebensganzheit.

Zu Jungs überraschender Antwort »Ich weiß es!« gehört – wenn wir ihn nicht missverstehen wollen –, was er an anderer Stelle zum Archetyp des Sinns sagt:

> *»Wer den Archetyp des Sinns erfahren und einen Mythos des Sinns erschaffen oder in sich aufgenommen hat, muss nicht mehr deuten: Er weiß. Es ist. Das Vergängliche, Vordergründige weist dann nicht mehr auf ein transzendentales Archetypisches hin, sondern beide Welten verschmelzen zur sinnvollen Einheit. Dann ist der Sinn des Windes der Wind, der Sinn der Liebe die Liebe und der Sinn des Lebens ist das Leben. Was im Beginn des Weges Unbewusstheit und Leere war oder als Banalität erschien, enthält jetzt das Geheimnis des Einfachen, in dem die Gegensätze überbrückt sind.«*[105]

Und man könnte hinzufügen: Dann ist der Sinn Gottes »Gott«. Gott ist für Jung also direkter Ausdruck jenes Archetyps des Sinns.

Sinnsuche und Gottesbilder

Es zeichnet die Jung'sche Psychologie vor anderen Richtungen aus und charakterisiert ihren besonderen Ort innerhalb der Tiefenpsychologie, dass sie ihren Schwerpunkt dort hat, wo es um die Sinnsuche und die Sinnfrage geht.

Wenn es »Zweck und Bestreben der religiösen Symbole (ist), dem menschlichen Leben Sinn zu verleihen«,[106] wäre es dann nicht lohnend für die Theologie, sich der Frage nach den heute lebendigen religiösen Symbolen zu stellen: der Frage nach einem heute Sinn vermittelnden Gottessymbol? Denn überlieferte Symbole können ja verblassen, können auch Überholtes fixieren. Zugleich aber hat jedes Symbol etwas Uneingelöstes, das gemeint ist, wenn es neu aus dem Unbewussten, z. B. aus den Träumen, aufsteigt: Wie schon erwähnt taucht heute z. B. das Symbol des Delphins, das zur Zeit der frühen christlichen Katakombenmalerei ein Symbol für Christus war, aus der Tiefenpsyche vieler Zeitgenossen neu auf – in Träumen, in denen dieser Bote aus der Tiefe wieder geradezu religiöse Qualität hat. Der Mensch kann sehr viel durchstehen, wenn er Sinn darin sieht, verzweifelt aber über einem als sinnlos empfundenen Leben. Seelsorge und Psychologie gemeinsam sehen daher in der Sinnfrage ein zentrales Anliegen.

Der Dialog zwischen Jungs tiefenpsychologischer Religionsauffassung und derjenigen offenbarungszentrierter Theologen gestaltet sich dennoch immer wieder schwierig. Schon Jung selbst hatte mit dem Vorwurf zu tun, er »psychologisiere« das Religiöse. Darauf wäre zunächst mit der Gegenfrage nach der jeweiligen Perspektive zu antworten: Da jede Erfahrung zunächst einmal psychisch gemacht wird, kann sie zu Recht auch unter dem Aspekt der Psychologie betrachtet werden, was jedoch andere Perspektiven nicht ausschließt. Hierzu meint Jung, der sich in diesem Zitat allerdings auch zur Legitimität der psychologischen Perspektive bekennt:

»Ich bin und bleibe Psychologe […]. Ich beschäftige mich nicht mit dem, was den psychologischen Gehalt der menschlichen Erfahrung transzendiert […]. Aber im Bereich des Psychischen habe ich mit religiösen Erfahrungen zu tun, die eine Struktur und eine Symbolik haben, welche man interpretieren kann. Für mich ist eine religiöse Erfahrung etwas Wirkliches, eine Wahrheit. Ich stelle fest, dass solche religiösen Erfahrungen die Seele zu retten vermögen, ihre Einswerdung fördern und ein spirituelles Gleichgewicht herstellen können. Für mich als Psychologe existiert der Zustand der Gnade: Das ist die vollkommene Heiterkeit der Seele, das schöpferische Gleichgewicht, die Quelle der geistigen Energie.«[107]

Gottes Gegenwart in den tiefen Erfahrungen der Seele, das bedeutete die »vollkommene Heiterkeit der Seele«, wäre also höchst erstrebenswert. Als Psychologinnen und Psychologen können wir dabei jedoch nur, wie Jung immer wieder betont, von einem »Gottesbild« sprechen, nicht von Gott an sich. In einem Brief vom 14.5.1950 unterstreicht C.G. Jung diese Relativierung:

»Alles, was sich der Mensch unter Gott vorstellt, ist psychisches Bild; und es ist nicht weniger ein Bild, auch wenn er tausendmal versichert, es sei kein Bild. […]

Die Psychologie kann als Erfahrungswissenschaft nur feststellen, dass das Unbewusste spontan Bilder hervorbringt, die von jeher als ›Gottesbilder‹ angesprochen wurden. Aber wie das Wesen der Psyche uns völlig unbekannt ist, so vermag die Wissenschaft auch nicht festzustellen, was durch das Bild abgebildet wird. Wir gelangen hier eben an die ›Grenze des Menschlichen.‹«[108]

Gibt es nun aber einen Archetypus, der das Gottesbild immer wieder konstelliert und mit emotionaler Dynamik auflädt? So fragt Jung und ähnlich wird diese Frage neuerdings sogar von der Hirnforschung gestellt, die herausgefunden hat, dass es in bestimmten Gehirnregionen bestimmte neuronale Konstellationen und Verknüpfungen gibt, die den Menschen offenbar immer neu dazu motivieren, Symbole des Sinns und der Ganzheit zu bilden. So machte der Neuropsychologe Michael Persinger von der Laurentian University, Kanada, Versuche, bei denen er mit Hilfe eines elektromagnetischen »Helms« den rechten Schläfenlappen stimulierte, der dazu beiträgt, ein Gefühl für das Selbst entstehen zu lassen. Durch diese elektromagnetische Stimulierung wurden dann symbolische Bilder des Selbst erzeugt,[109] die aber nach Jungs Beobachtung auch mit entsprechenden Ganzheits- bzw. Gottesbildern korrelieren können.

»In erster Linie stellt sich die Frage«, so Jung, »nach der Existenz eines archetypischen Gottesbildes, denn einem solchen kommt eine essenzielle Bedeutung für die Determination menschlichen Handelns zu.« Und weiter:

> *»Es gibt nun tatsächlich einen empirisch feststellbaren Typus, der symbolgeschichtlich sowohl wie kasuistisch als ›Gottesbild‹ ausgewiesen ist, nämlich ein Ganzheitsbild, das ich auch als Symbol des Selbst bezeichnet habe. In dieser Hinsicht kommen gleichsam am häufigsten die so genannten Mandala-Symbole in Betracht.«*[110]

Jetzt sind wir also noch einmal beim Mandala-Symbol, das als Symbol des großen Ganzen sowohl Selbstsymbol des ganzen Menschen wie auch Symbol der ganzen Welt und letztlich auch Symbol der Gottheit ist. Jung stellt es sich ähnlich vor, wie man im indischen Denken Atman in Brahman enthalten sieht: »Der Archetyp des Selbst versinnbildlicht sich nämlich in der Seele als eine imago dei.« Eine *imago dei* also – was können wir uns darunter vorstellen? Ein bemerkenswerter Ausspruch Jungs, den Aniela Jaffé überliefert, lautet: »So muss in diesem Sinn auch der Gottessohn als Symbol des Selbst als innerster Kern der Persönlichkeit aufgefasst werden.«[111] Und gegenüber Serrano sagt Jung: »Und wissen Sie auch, was das Selbst für den westlichen Menschen ist? Es ist Christus, er steht für das höchste menschliche Streben. All das ist voller Geheimnis, oft sogar erschreckend.«[112] Für den östlichen Menschen, besonders für den fernöstlichen, könnte das Selbst dementsprechend in Buddha symbolisiert sein. Da sowohl Christus als auch Buddha männliche Symbole darstellen, stellt sich natürlich die Frage, wie das Selbst für die östliche oder die westliche Frau symbolisiert werden könnte. Dafür müssten wir Frauen wohl selbst eine Antwort finden.

Die Auseinandersetzung mit der Theologie seiner Zeit drängte sich auf, weil Jung als Sohn eines zwar gläubigen, aber spirituell wenig erfüllten reformierten Pfarrers die religiöse Einstellung des Menschen als ein zentrales psychologisches Thema betrachtete. In seiner Schrift *Über die Beziehung der Psychotherapie zur Seelsorge* erwähnte er bekanntlich, dass seine Patienten jenseits des 35. Lebensjahres letztlich alle ein Problem mit der religiösen Einstellung hätten, sofern sie in ihrem Leben keinen Sinn sähen.[113] So sieht er auch in der Neurose im letzten Sinne »ein Leiden der Seele, die ihren Sinn nicht gefunden hat«[114]. Was solcher Sinnleere entgegenzusetzen wäre, könnten einzig und allein neue Erlebnisse von »Glaube, Hoffnung, Liebe und Erkenntnis« sein, wenn sie sich denn vermitteln ließen.[115] Und Jung meinte bereits 1932, dass sich dieses Problem zunehmend verschärfen und dem Seelenarzt, dem Psychotherapeuten, dadurch eine Aufgabe übertragen werde, die eigentlich die des Seelsorgers sei.

Die religiöse Erfahrung als solche jedoch ist für Jung von elementarer Bedeutung. So schreibt er:

»Wenn wir die psychologische Struktur des religiösen, das heißt des ganz machenden, heilenden, rettenden, alles umfassenden Erlebnisses zu definieren versuchen, so scheint die einfachste Formel [...] die folgende zu sein: Im religiösen Erlebnis begegnet der Mensch einem seelisch übermächtigen Anderen.«[116]

Und nur das Übermächtige, welchen Ausdruck es auch annimmt, »kann den Menschen als Ganzes herausfordern und ihn zwingen, als Ganzheit zu reagieren.«[117] Als Ganzheit zu reagieren ist wohl das Äußerste, was ein Mensch zu tun vermag. Zugleich ist es das, was dem Menschenleben eine wesentliche Sinnerfahrung schenkt.

Um auf die zu Beginn dieses Abschnitts gestellte Frage zurückzukommen: Es wäre tatsächlich eine herausfordernde Aufgabe für die Theologie, nach heute lebendigen Symbolen zu fragen, vor allem nach Gottessymbolen, die Sinn vermitteln und die das »Unabgegoltene«[118] (Verena Kast), das mit jedem neu aufsteigenden Symbol verbunden ist, erfahrbar machen können.

Jung beobachtete zugleich die Wandlung lebendiger Symbole – bis hin zum Symbol des Gottesbildes – in den Träumen seiner Zeitgenossen. Diese Wandlung zeigt sich auch in dem Traum, den mir eine Frau nach einer lebensbedrohlichen Krankheitskrise erzählte:

> Vorgeladen, bei Gott zu erscheinen, betritt sie bange den Raum – und sieht sich Gott, einer gütigen Frau, gegenüber, die ihr mitteilt, dass ihr noch viele Jahre weiterer Lebenszeit zugedacht seien.

Schon Jung drang darauf, künftig vor allem dem Weiblichen den gebührenden Platz im Gottesbild zu geben. Das Weibliche ist für Jung das Vierte im Bunde der Gottheit: in Gestalt von Maria-Sophia. Man mag sich wundern, wie Jung in den fünfziger Jahren – angesichts der Dogmatisierung der Aufnahme Mariens in den Himmel – intuitiv und visionär voraussah, wie stark der Archetyp des Weiblichen in der Folge aktuell werden würde. Er sah übrigens auch die Wiederkehr der Engel im spirituellen Erleben voraus und betonte um 1960 in einem Interview: »Und behalten Sie in Erinnerung, was der Papst« – es war Pius XII. – »gesagt hat: Die Welt müsste sich der Gegenwart der Engel wieder bewusster werden.« Pius XII. erkannte er in dieser Hinsicht als einen Menschen an, »der wusste, was uns das Unbewusste bringt, und der mit der lebendigen Wirklichkeit in Beziehung stand.«[119]

Wie heute die Engel, sind seit Beginn der feministischen Bewegung die weiblichen Gottesbilder aktualisiert: von der blauen Maria bis zur roten Sophia, von der grünen Tara bis zur schwarzen Isis. Damit einher geht eine gewisse Aktualisierung und Konkretisierung der ihnen entsprechenden Kräfte auch in der Menschenwelt. Vor allem aber für die Würde und das Selbstverständnis der Frau sind symbolische Repräsentanzen des Weiblichen im Gottesbild unerlässlich.

Von der Symbolik her, so betont Jung in diesem Zusammenhang, bedeutet die Vier und das Vierte, die Quaternität – in Vergleich zur Drei und der Trinität –, vor allem die Verwirklichung der entsprechenden Potenzialitäten in der Welt, im »irdischen Geviert«[120] (Heidegger) und damit auch in der Materie, die in der abendländischchristlichen Symbolik mit dem Weiblichen in Verbindung steht und damit sogar mit dem im Schatten liegenden Bösen. Eine fatale Verbindung! Wie stark Materie, also Körperliches, mit Weiblichem und dieses wiederum mit dem Bösem verbunden wurden, zeigen die Hexenvorstellungen und Hexenverfolgungen, die gerade seit der neuerwachten Frauenbewegung heftig thematisiert und auch emotional und geistig aufgegriffen wurden, bis dahin, dass die weibliche Spiritualität der sogenannten »Hexen« rehabilitiert wurde und faszinierte Anhängerinnen unter einer neuen Frauengeneration fand.

Das Dunkle Gottes und der Schatten der Menschen

Ausgehend von der Notwendigkeit, das trinitarische Gottesbild um dieses Vierte – die Materie, das Leibliche und das Weibliche, also um das bisher als Dunkles betrachtete – zu ergänzen, kommt Jung auch zu dem Postulat einer dunklen Seite Gottes, die das Böse einschließen müsse.[121] Jung verweist in diesem Zusammenhang auch auf Luther, der einen *deus absconditus* kannte, den uns Menschen verborgenen Gott, der z. B. in Krieg, Krankheit und Unglück auf unheimliche Weise involviert ist. Hierher gehört auch Jungs leidenschaftlichstes Buch, das er übrigens im Alter schrieb: *Antwort auf Hiob* – ein Buch über den Schatten Gottes.

Auf der persönlichen Ebene wiederum entspricht der dunklen Seite Gottes der menschliche Schatten. Der Schatten ist ein psychologisches Konzept Jungs, das heute weitgehend akzeptiert ist und Einfluss auf die Psychologie und Ethik des Politischen und des Sozialen gewonnen hat – und ihn noch viel mehr gewinnen müsste! In unserem von Jung so genannten »Schatten« begegnen wir, wie schon erwähnt, Eigenschaften und Haltungen, die unserem Ich-Ideal krass entgegenstehen, oft auch den Werten, die die prägenden Bezugspersonen der Kindheit, aber auch die Sozietät uns gesetzt hat. Es handelt sich also um Eigenschaften, die wir nur schwer mit unserem Selbstbild vereinbaren können, die aber dennoch da sind und von uns meist heftig abgewehrt werden, indem wir sie in der Regel an anderen Menschen und Gruppierungen umso schärfer wahrzunehmen wissen als bei uns selbst und sie dann dort bekämpfen.

Anstatt den Schatten abzuspalten, indem wir ihn auf andere projizieren, geht Jungs Vorstellung dahin, dass wir den Schatten »integrieren« oder vielmehr (mit Verena Kast gesprochen) »akzeptieren« sollten,[122] in einer Art von »Schattenakzeptanz«, ja von »innerer Feindesliebe«[123]. Das hieße zu sehen, dass der Schatten zu mir gehört, und damit zugleich bereit zu sein, mich kritisch auf ihn ansprechen zu lassen, auch von außen.

Auch die Entdeckung des eigenen Schattens und der damit verbundenen Schuldgefühle, das Akzeptieren des Schattens und ein verantwortlicher Umgang mit ihm gehören zur spirituellen Praxis aller Religionen. So zielt z. B. das Schuldbekenntnis vor Gott im Christentum darauf hin, die Schuld zu akzeptieren, damit sie als angenommene Schuld vergeben werden kann. Los wird man auch in der christlichen Praxis die Schattenseite nicht. Aber gerade vergebbare und vergebene Schuld kann akzeptiert werden, ohne dass man darüber für immer das Gesicht verlieren muss.

Das Erlangen von Schattenerkenntnis und Schattenakzeptanz zählt zu den ältesten spirituellen Übungen und gehört letztlich auch zum Reinigungs- und Klärungsprozess der Jung'schen Individuation. Es gehört zur Spiritualität Jungs, uns die Schattenannahme als eine Art innerer Feindesliebe ans Herz zu legen. Solche Schattenakzeptanz hätte wesentliche Konsequenzen: Sie schlösse Verstehen-Können und auch Verzeihen-Können ein – sich selbst und anderen Menschen gegenüber, die von Fall zu Fall ihrem Schatten oder einer Schattenprojektion erlegen sind, als Täter oder auch als Opfer. Wir gingen menschlicher miteinander um, wenn wir die Schattenakzeptanz übten.

Wandlung der Seele

Mit der Erkenntnis des Schattens, des Dunklen in uns selbst, beginnt die Individuation und auch die Therapie. Jung hat bekanntlich zur therapeutischen Verwandlung der Schwärze in Gold, ins Gold der Individuation, eine Parallele gefunden, die er mit Faszination und spiritueller Achtsamkeit und Ehrfurcht erforschte: die Alchemie! Ein paar Bemerkungen dazu aus einem Interview mit Jung:

»Das alchemistische Opus magnum hatte sowohl zum Ziel, die Seele des Menschen zu erlösen, als auch den Kosmos zu heilen, ganz zu machen. Was die Alchemisten ›Materie‹ nennen, ist zugleich ihr eigenes Seelenleben (ihr eigenes Stück Natur). Nun ging es darum, diese Materie zu erlösen, zu retten, zu wandeln von der Schwärze zu Gold. Das ist nicht einfach. Gleich zu Beginn begegnet man dem Drachen, dem chthonischen Geist, der Schwärze. Die Materie leidet so lange, die in ihr gefangene Weisheit der Weltseele leidet so lange, bis die Schwärze sich endlich auflöst.«[124]

Jung überträgt die alchimistischen Vorstellungen ins Psychologische:

»Psychologisch gesehen befindet sich die Seele im Kampf mit der Melancholie, der Depression [oder auch der Schuld, I. R.], sie ringt mit dem Schatten. Das Mysterium der Alchemie zielt nun gerade auf die Synthese der Gegensätze hin, auf die Assimilation der Schwärze, indem man sie ins Bewusstsein hebt: So nähert man sich der Vollständigkeit des Menschen, zu dem auch seine dunkle Seite gehört. Dadurch gewinnt er eine neue Qualität: Ganzheit!«[125]

Genau dies gehört zu Jungs Spiritualität: diesen Wandlungsprozess der Seele aus den hermetisch verschlossenen Schriften der alten Alchemisten herausgearbeitet zu haben – mit einer ehrfürchtigen Geduld schon beim Übersetzen aus dem Lateinischen und Griechischen, die der unendlichen Geduld der Alchemisten bei ihren chemischen Prozeduren glich –, um dann den alchemistischen Wandlungsprozess in der eigenen Psyche nachzuvollziehen und die Patienten mit in ihn hineinzunehmen!

Auch zwischen Arzt und Patientin, Analytikerin und Analysand sah Jung einen spirituellen Prozess ablaufen, ein mögliches »deus aderit« sich ereignen: Beide sind miteinander im therapeutischen Raum, einem gleichsam alchemistischen Gefäß, und wandeln sich miteinander, indem das Unbewusste u. a. durch die Träume, die wie »zwischen uns und dem andern«[126] (Jung) geträumt seien, zu ihnen beiden sprechen und zwischen ihnen beiden etwas bewirken kann. Es würde zu weit führen, jetzt auch Jungs *Psychologie der Übertragung* hier einzubeziehen, doch hat auch sie letztlich spirituelle Dimension und zielt auf eine *coniunctio oppositorum* hin, eine Gegensatzvereinigung, die in der therapeutischen Begegnung aus dem beiderseitigen Unbewussten heraus beide zu wandeln vermag: den Analysanden wie auch die Analytikerin bzw. die Analysandin wie auch den Analytiker.

Letzten Endes muss jede echte Begegnung zweier Menschen als ein »Mysterium coniunctionis« aufgefasst werden. So schreibt Jung in einem Brief: »Das lebendige Geheimnis des Lebens ist immer zwischen Zweien verborgen, und es ist das wahre Mysterium, das Worte nicht verraten und Argumente nicht erschöpfen können.«[127]

Die beiden Flügel Jung'scher Psychologie

Die Spiritualität Jungs hat gleichsam zwei Flügel von Jungianern hervorgebracht, den einen, der mehr spirituell interessiert ist und den man in den USA frech, aber treffend den Flügel der »soulmaker« nennt. Dieser Flügel vernachlässigt oft den klinischen Aspekt, während der andere stark klinisch interessiert ist. Aber auch denen, die diesem Flügel nahestehen, ist die spirituelle Dimension des Jung'schen Ansatzes nicht fremd, und auch sie bauen auf Jungs Hypothese vom Unbewussten als wichtigster Ressource der Heilung und arbeiten achtsam mit symbolischem Material aus dem Unbewussten. Sie widerstehen jedoch einer unkritischen Rezeption Jungs als Esoteriker, Stifter einer Quasi-Religion, die den klinischen Aspekt überspränge.

Beide Flügel von Jungianern können sich auf Jung berufen. In den beiden Flügeln zeigen sich jedoch unterschiedliche Interessen und Arbeitsschwerpunkte. Jung selbst hielt beide Flügel zusammen, er schätzte und nutzte sowohl den spirituellen als auch den klinischen. Darauf beruhte das Geheimnis seiner Fähigkeit zu geistigen und therapeutischen Höhenflügen, auf denen er allerdings die anderen Interessierten und Inspirierten mitnehmen wollte.

Auch wenn Jung eine ehrfürchtig achtsame Praxis des Umgangs mit der Seele hatte, gehört die Jung'sche Psychologie durchaus nicht in den Bereich der Esoterik. Es ist keineswegs eine Psychologie nur für Eingeweihte und speziell Berufene, sondern ein empirisch belegter und klinisch vielfältig erprobter Zweig der Tiefenpsychologie – ihre psychotherapeutische und klinische Wirksamkeit wurde jüngst durch eine empirisch belegte Langzeitstudie klar erwiesen, die unter Leitung von Prof. Gerd Rudolph, Universitätsklinik Heidelberg, durchgeführt wurde.[128] Sie ist eine Psychologie, die in einer methodischen Ausbildung zum Psychoanalytiker bzw. zur Psychoanalytikerin, aber auch in der berufsbegleitenden und berufsspezifischen Fortbildung gelehrt und gelernt werden kann. Auf zahlreichen Feldern klinisch-psychotherapeutischer und psychiatrischer Arbeit und Forschung hat sich die Jung'sche Psychologie bewährt und darüber hinaus Einfluss auf das öffentliche und kulturelle Leben und Bewusstsein gewonnen.

Aspekte und Begriffe der Jung'schen Psychologie sind z. B. bereits in den allgemeinen Sprachgebrauch eingegangen, wie etwa der Begriff des Individuationsprozesses, des Archetyps, des Schattens, der Anima und des Animus. So ist Jungs Psychologie keineswegs eine Grenzwissenschaft, die zum Bereich des Okkulten tendierte, auch wenn sie es der mutigen Offenheit ihres Initiators Jung verdankt, auch psychische Erfahrungen aus diesem Bereich psychologisch ernst zu nehmen und dadurch bearbeitbar und erforschbar zu machen.

Jung verstand sich als empirisch orientierter Forscher, der beobachtbare Tatsachen, Manifestationen und Prozesse des Psychischen methodisch beschreibt und vergleicht und daraus Hypothesen, Theorien und Konzepte ableitet, die durchaus durch weitere Beobachtungen und Vergleiche relativiert werden könnten und müssten – wie es überall in der Psychologie, der Medizin, der Natur- und Sozialwissenschaft Usus ist. Er betonte immer wieder den hypothetischen Charakter auch seiner wichtigsten Begriffsbildungen, etwa seines speziellen »Selbst«-Begriffes, und dass seine Psychologie ein Konzept sei, das auf allgemein beobachtbaren psychischen Phänomenen und Prozessen beruhe – daher diskussionsfähig und diskussionswürdig.

Jung, der psychologische Empiriker und psychologische Theoretiker, steht dabei allezeit in kritischem Dialog mit Jung, dem psychisch Ergriffenen, dem vom Gehalt der psychischen Phänomene tief Berührten. Der empirische steht also allemal im Dialog mit dem spirituellen Jung.

Wie in jeder Form der Tiefenpsychologie und Psychotherapie geht es auch in der Jung'schen um das, was in der vorherrschenden Einstellung des Menschen verdrängt wird. Es ist das Gleiche, das, wenn wieder akzeptiert und integriert, das Leben erneuern würde, sodass diejenigen, denen es bis hin zur Erkrankung fehlt, wieder gesunden könnten. Es geht um den Wiederanschluss des Fehlenden, und in unserer Zeit geht es um spirituelle Erfahrung und Praxis, um den achtsamen, ehrfürchtigen Umgang mit der Seele.

Jung spricht von Seele, nicht nur von Psyche: Vom sprachlichen Klang her ist das für uns ein Unterschied. Was wir heute vor allem anderen wieder brauchten – und was die Jung'sche Psychologie mehr als andere Psychologien sein könnte! – ist eine »Psychologie mit Seele«[129] und eine dementsprechende »Psychotherapie mit Seele«. Dies wäre, nach allem, was ich bisher beschrieben habe, zugleich eine spirituelle Psychologie. Meine erste Jung'sche Therapeutin pflegte sich respektvoll horchend im Stuhl aufzurichten, wenn man einen Traum erzählte – als ginge es um einen kostbaren Text. So lernte auch ich selbst die Achtsamkeit und den hohen Respekt den Träumen gegenüber, der mir anfangs verwunderlich erschien. Ging es doch, so vermittelte mir meine erste Therapeutin, um Botschaften aus dem großen, geheimnisvollen Unbekannten unserer Psyche!

Jungs wichtigste Erkenntnis aus seiner eigenen spirituellen Praxis ist diese: Dass heutige Spiritualität wie alle frühere Religiosität es mit seelischer Wirklichkeit zu tun hat, dass sie psychische Wirklichkeit ist und als solche aber von äußerster Wirksamkeit. So sagt er:

> *»Es ist gleichgültig, was die Welt über die religiöse Erfahrung denkt, derjenige, der sie hat [bzw. diejenige, die sie hat, I. R.], besitzt den großen Schatz einer Sache, die ihm [bzw. ihr] zu einer Quelle von Leben, Sinn und Schönheit wurde und die der Welt und der Menschheit einen neuen Glanz gegeben hat.«*[130]

Für Jung gehört die spirituelle bzw. religiöse Dimension unabdingbar zum Menschsein dazu. So betont er: »Die entscheidende Frage für den Menschen ist: Bist du auf Unendliches bezogen oder nicht? Das ist das Kriterium seines Lebens.«[131] Im folgenden Kapitel geht es darum, die religiöse Vorstellung der Erlösung aus tiefenpsychologischer Perspektive zu betrachten.

2. Heilung und Selbstwerdung – Erlösung aus tiefenpsychologischer Sicht

»Bessere Lieder müssten sie mir singen, dass ich an ihren Erlöser glauben lerne: erlöster müssten mir seine Jünger aussehen.«[132] Mit diesem Ausspruch Friedrich Nietzsches, des großen Kritikers des landläufigen Christentums, lässt sich fragen: Warum sieht man den Christen, zumindest vielen Christen, die Erlösung so wenig an? Kann man überhaupt so fragen? Ist Erlösung, diesseitig und empirisch verstanden, überhaupt fassbar? Nun will ich in diesem Kapitel »Erlösung« nicht unter theologischer, sondern unter tiefenpsychologischer Perspektive betrachten, was insofern eine große Herausforderung ist, als in der Tiefenpsychologie, der theoretischen Grundlage der Psychotherapie und Psychoanalyse, überhaupt nicht von Erlösung gesprochen wird (ungeachtet dessen, dass eine Erlösungserwartung immer wieder an sie herangetragen wird). In Analogie zu dieser Zielvorstellung der Theologie spricht man allenfalls von Heilung bzw. von einem Heilungs- und Wandlungsprozess, der uns vielleicht unserem eigentlichen Selbst näherbringt, uns mit uns selbst zu einen verspricht. Selbstkritisch könnte man Nietzsches Wort in abgewandelter Form dann auch auf die Psychotherapie anwenden: »Wenn schon nicht erlöster, so doch geheilter müssten mir die Therapeuten aussehen, wenn ich an die Psychotherapie glauben sollte.« Im Bereich der Psychotherapie sollte allerdings von Anfang an nicht der Glaube, sondern nur die Erfahrung zählen, getreu C. G. Jungs, des Pfarrerssohnes, Ausspruch, die Erzsünde des Glaubens sei, dass er der Erfahrung vorgreift.[133]

Die Tiefenpsychologie soll hier nicht in Konkurrenz zur Theologie treten, sondern es geht vielmehr um die Frage, was man unter Anwendung tiefenpsychologischer Kategorien zu der Vorstellung von einer »Erlösung« sagen kann.

Erlösung im Märchen

Was Erlösung – symbolisch verstanden – sein kann, das lehren und lernen wir Psychotherapeutinnen und Psychotherapeuten an den Ausbildungsinstituten der Jung'schen Richtung vor allem durch das Studieren der alten, überlieferten Volksmärchen, z. B. der Brüder Grimm, sowie der heute verfügbaren Parallelmärchen aus allen Kulturen der Welt, in denen die Erlösungsvorstellung tatsächlich vorkommt und auch so genannt wird: Es geht hier um »Erlösung«!

Aus tiefenpsychologischer Sicht werden Märchen als der Niederschlag vorwissenschaftlich-psychologischer Erfahrungsweisheit verstanden, die über Generationen von Menschen weitergereicht wurde und typisch menschliche Probleme und deren Lösungsmöglichkeiten beinhaltet. Märchen spiegeln typisch menschliche Entwicklungswege wider, in denen Probleme, Komplexe bzw. »Verwunschenheiten«, wie die Märchen selbst es nennen, in einer Wandlung überwachsen werden können, die erlösend ist. Es sind hier, in symbolischer Sprache ausgedrückt, deutliche Parallelen zu den Schritten zu erkennen, die auch im Prozess einer Analyse oder Psychotherapie zu durchschreiten sind, um einer Heilung näher zu kommen.

Die Erlösungsvorstellung der Märchen ist eine ganz spezielle. Erlöst wird der Mensch von einer »Verwunschenheit«, einer »Dunkelgestalt«, in die er teils unverschuldet, teils mitverschuldet durch irgendein Verhängnis hineingeraten ist. Solch eine »Verwunschenheit« ist oft die Verzauberung in eine Tiergestalt, in die ein Kind z. B. dadurch verwandelt wird, dass der Kinderwunsch der Eltern lediglich der eigenen narzisstischen Aufwertung diente, statt dass ihr Wunsch dem Kind in seiner ganz eigenen Art galt. Oft geht die Verwünschung, wenn auch halb unbewusst von den Eltern aus, wie z. B. im schon besprochenen Märchen *Hans, mein Igel,* in dem der Vater als reicher Bauer sich einen Hoferben wünscht und sich, als der Kindersegen allzu lange ausbleibt, zu einer Verwünschung hinreißen lässt: »Ich will ein Kind haben, und sollt's ein Igel sein.«

Im Märchen werden nicht nur Wünsche, sondern auch Verwünschungen wahr, und so bekommen die Eltern den Jungen mit der Igelhaut. Dieser ist zwar – wie schon im zweiten Teil des Buches beschrieben –, innerlich weich und verwundbar, äußerlich jedoch stachelig und abweisend, da er die Erfahrung machen musste, dass man gar nicht ihn selbst meint, sondern ihn nur für etwas vereinnahmen will, was er für die narzisstischen Eltern darstellen soll, und dies muss er abwehren. Stachlig ist er zu allen, weil er überall Übergriffe befürchtet. Wie kann in diesem Fall Erlösung aussehen? Das Märchen schildert uns, dass eine Frau bereit ist, diesen Igelmann, in seiner Verwunschenheit anzunehmen und zu lieben, so wie er ist. Das bewegt diesen Mann, der sich noch nie um seiner selbst willen liebevoll gespiegelt sah, so tief, dass er zum ersten Mal im Leben seine Stacheln, die ihn bisher beschützt haben, los sein will. Sie könnten der Frau weh tun, und mit diesen Stacheln kann er sie nicht umarmen. Immer wieder erlebe ich es, dass Männer mit solchen Igelproblemen Therapie bei mir suchen und sich z. B. mit folgenden Worten in meiner Praxis anmelden: »Ich bin ›Hans, mein Igel‹ und brauche dringend Therapie.«

Sehr ähnlich wie dem Igel ergeht es auch dem »Eselein« im gleichnamigen Märchen der Brüder Grimm. Seine königlichen Eltern wollen partout einen repräsentativen Thronerben, viel dringender als ein Kind, das als es selbst zu lieben wäre, und so bekommen sie prompt einen Anti-Prinzen, nämlich ein Eselein. Das ist zwar drollig, aber scheinbar dumm und verspielt und eher zu einer Kasperlrolle geeignet als zu einem Regenten. Vor allem die Mutter ist über sein wunderliches Aussehen und seine Art so entsetzt, dass sie es am liebsten tot sehen und den Fischen vorwerfen würde, während es der Vater immerhin als gottgegebenes Menschenkind hinnimmt. So kommt es, dass das Eselein, das sich als Lautenspieler durchschlägt, immerhin zu den Vaterfiguren, denen es begegnet – einem Musiklehrer, einem Torwächter und einem fremden König – spontanes Zutrauen hat, ganz anders als zu den Frauen. Ihnen gegenüber ist er von Angst und Misstrauen erfüllt, da sie für ihn die Mutter widerspiegeln, die ihn ja den Fischen zum Fraß vorwerfen wollte. Von Frauen erwartet er nur Ablehnung, so sehr er sich auch nach ihrer Zuwendung sehnt.

Auch hier ist es die vorbehaltlose Liebe einer Frau, die diesen verwunschenen Mann in seiner Eselsgestalt anzunehmen, ja zu lieben vermag und ihm in seiner sensiblen, drollig verspielten und auch künstlerischen Art schließlich die Erlösung ermöglicht. Vor ihr vermag er die Eselshaut, die seine zweite Haut geworden ist, abzuwerfen – und heraus kommt ein liebenswerter und liebesfähiger, verantwortungsvoller Mann, der durchaus reif ist, nun doch das Regierungsamt, das sein Vater ihm ursprünglich zugedacht hatte, zu übernehmen.

Natürlich ist es im Märchen keineswegs nur die Frau, die den verwunschenen Mann erlöst. Oft ist ja auch die Frau die Verwunschene, verwunschen z. B. in eine Froschprinzessin oder sogar in eine Ameise. Im Märchen *Jorinde und Joringel* ist sie in eine Nachtigall verzaubert, die zwar unerhört schön und sehnsuchtsvoll singen kann und zu fliegen vermag, aber ihre menschliche Stimme und ihren menschlichen Körper mit Armen und Händen, mit denen sie handeln und auch umarmen könnte, verloren hat. Sie wurde in eine Nachtigall verzaubert, als sie in der Liebesbeziehung zu einem Mann – zu Joringel – stand und unter den Bann ihres Mutterkomplexes geriet, der in einer Erzzauberin verkörpert ist. Nun ist es ganz an dem jungen Mann – der zwar auch für kurze Zeit versteinert, als er der Erzzauberin zu nahekam, aber doch wieder frei kommen kann –, sie zu erlösen.

Im Märchen ist es immer die Person eines Paares, die nicht ganz so stark unter dem Bann der Verwunschenheit steht, die den anderen erlösen kann. Die Voraussetzung ist dabei allerdings, dass sie einander wichtig genug sind, um diesen Erlösungsweg auf sich zu nehmen, denn manchmal geht die Suche nach dem geliebten Partner oder der Partnerin bis ans Ende der Welt, manchmal gibt es zuvor einen Kampf auf Leben und Tod – z. B. mit dem Drachen, der die Prinzessin gefangen hält.

Im Märchen *Jorinde und Joringel* kann Jorinde, die in eine Nachtigall verwandelt ist und obendrein von der Erzzauberin in einem Käfig gefangen gehalten wird, nur erlöst werden, wenn Joringel, ihr geliebter Partner, von einer blutroten Blume träumt, deren Blüte eine Perle enthält, und wenn er diese Perle dann in der Wirklichkeit sucht und auch findet. Dieser Traum, den er in der Wirklichkeit einlösen muss, bedeutet, dass er in der Tiefe seiner Psyche zu einer Liebesfähigkeit findet, die so blutvoll, feurig und leidenschaftlich ist wie die blutrote Blume – ein Bild für den weiblichen Schoß – und die zugleich die monden-silberne Perle enthält, ein Symbol für das runde Ganze, das innerste Selbst und manchmal sogar ein mystisches Symbol für den Bezug zu Gott, für das Dritte zwischen und über jeder Beziehung, das sie trägt und schützt. Dieser Bezug der Liebe hin zur Transzendenz entwickelt sich nur durch durchlittenen und überwundenen Schmerz hindurch, so wie auch die Perle nur durch eine Verwundung der Muschel, die sie trägt, entsteht.

Die Liebe, in der Leidenschaft und Transzendenzbezug sich verbinden, vermag den Bann jener Erzzauberin, d. h. den Bann des Mutterkomplexes, der über dieser Beziehung lag, zu durchbrechen. Berührt durch diese Blume gewinnt Jorinde ihre menschliche Gestalt wieder, gewinnt Boden, Sprache und Körper, sodass sie erlöst ihren Joringel umarmen kann, der den Bannkreis, der um sie lag und sie von ihm trennte, durchbrochen hat. Auch hier ist Erlösung ein

Beziehungsgeschehen, das den Bann eines Mutterkomplexes bricht, unter dem Jorinde nur Sehnsucht – also Nachtigall – war und nicht mehr oder noch nicht eine Frau aus Fleisch und Blut.

Im Märchen *Die verwünschte Prinzessin* ist es der Bann eines Vaterkomplexes, den ein junger Mann, der Held jenes Märchens, zu brechen vermag. In Liebe entflammt achtet er die Depression und die narzisstischen Wutanfälle jener Prinzessin geringer als seine Liebe zu ihr, und unter Einsatz seines Lebens – sie richtet alle Versager hin – treibt er ihr den Rückweg zum magisch-mächtigen Vater buchstäblich aus. Er wagt sich in die Höhle des Löwen und begibt sich unter der Führung eines »dankbaren Toten« ins geheimnisvoll-magische Reich jener Vatergestalt, die ein Berggeist ist. In dramatischen Szenen und großartigen Bildern wird hier geschildert, wie eine im Bann ihres machtvollen Vaters stehende, zu Depression und Zerstörungswut verwunschene Tochter durch einen Mann erlöst werden kann, der sich liebevoll-aggressiv energisch zwischen sie und den Vater stellt und der zugleich tief in das verwünschende Seelenreich des Vaters eindringt und dieses überwindet, indem er es versteht, durchschaut und die vitalen und geistigen Kräfte, die dem Vater eigen waren, nun in sein eigenes Wesen integriert.

Befreiung von einem von weither mitgeschleppten Leiden, das die wahre Gestalt des betreffenden Menschen deformiert hat – dies heißt Erlösung im Märchen, wenn man dessen Symbolsprache tiefenpsychologisch interpretiert. Ähnlich deuten kann man natürlich auch die Symbolsprache der religiösen Überlieferung, wo sie von Erlösung spricht. Auch Religion und Theologie haben nie in einer anderen Sprache als in einer symbolischen zu sprechen vermocht.

Heutige Psychoanalyse und Psychotherapie kann also an den archetypischen Prozessen der Märchen und ihrer Dynamik lernen, was Heilung – oder in der Märchensprache: Erlösung – bedeuten könnte. Die Märchensymbolik ist auch insofern realistisch und auch der theologischen Vorstellung von der Erlösungsbedürftigkeit des Menschen nahe, als sie um übermenschliche Mächte weiß, die stärker als der einzelne Mensch sind und ihn in die Verwunschenheit treiben und dort gefangen halten können: Ob es die böse Fee ist wie bei Dornröschen, die Erzzauberin wie bei Jorinde und Joringel, der Berggeist im Märchen *Die verwünschte Prinzessin* – es sind nicht nur die persönlichen Mutter- und Vaterkomplexe, die hier gemeint sind, obgleich sich auch diese wie autonome und dem bewussten Willen entzogene Kräfte gebärden. Als kollektive Komplexe sind sie mehr als dies, sind sie überpersönliche Mächte, die ein ganzes Kollektiv, eine ganze Gesellschaft verwünschen können. Entsprechend hat die Erzzauberin jenes Märchens nicht nur Jorinde, sondern gleich zehntausend Jungfrauen verwünscht und in ihre Vogelkäfige eingesperrt, wo sie – in einem fernen Waldschloss festgehalten – an jeder weiteren Entwicklung gehindert werden. So kann denn auch Joringel mit seiner roten Blume samt der Perle, d.h. mit seiner Liebeskraft, die Leidenschaft und Transzendenz verbindet, die übrigen zehntausend verwunschenen Jungfrauen mit erlösen, sodass auch sie zur menschlichen Gestalt und zu ihrer eigenen Liebesfähigkeit finden.

Man kann spüren, wie diese Märchenhandlung durchsichtig wird für menschliche Schicksale, die einer psychischen Befreiung – mit und ohne Psychotherapie – harren. Wie viele junge Frauen sind z.B. wegen eines unerlösten kollektiven Mutterkomplexes, bei dem die magischen Kräfte des Weiblichen ins Unbewusste abgedrängt sind und von dorther autonom und bannend wirken, nie beziehungsfähig geworden! Es ist ein kollektiver Mutterkomplex, der die Frau auf eine unerfüllte Sehnsucht fixiert, in eine Nachtigall verwandelt, und den Mann versteinert, es sei denn, er halte an seiner Beziehungsfähigkeit fest und fände in der Tiefe seiner Seele die blutrote Blume mit der Perle. Von solch einem Mann mag auch eine Frau in ihrer unerfüllten

Sehnsucht träumen, um ihn dann subjektstufig als eine eigene innere Seelenkraft zu erkennen: Sie kann mit ihrer so genannten männlich-aktiven Seite die blutrote Blume mit der Perle in der eigenen Seelentiefe suchen und finden, sie heraufholen in die Wirklichkeit und damit von innen her ihre eigene Verwunschenheit in eine Nachtigall überwinden, so dass sie vermag, dem realen männlichen Gegenüber als eine Frau aus Fleisch und Blut zu begegnen.

Ebenso kann ein Mann sein verwunschenes inneres Frauenbild – vielleicht ein beseeltes Nachtigallenbild ohne Fleisch und Blut – überwinden und es durch ein durchaus erotisch-sexuelles Bild, das wie im Hohen Lied der Bibel in mystische Tiefe reichen kann, ersetzen: ein inneres Bild, das auch die reale Suche nach einer Partnerin ganz anders gestaltet, als ein bloßes Nachtigallenbild es vermöchte.

Erlösung im Märchen sieht immer so aus, dass ein Mensch aus einer verwunschenen Dunkelgestalt erlöst wird – hin zu seinem eigentlichen Wesen, zu seinem eigentlichen Selbst. Die Dunkelgestalt kann dabei in einem depressiven oder narzisstisch-zerstörerischen Wesen bestehen wie bei der »verwünschten Prinzessin« oder in einer vormenschlichen Tiergestalt, also einer triebhaft gesteuerten seelischen Situation. Diese kommt besonders krass bei »König Lindwurm« in einem dänischen Märchen zum Ausdruck oder auch bei der »Prinzessin, die in einen Wurm verwandelt wurde« in einem litauischen Märchen. Bei beiden Märchen geht es um die Verwandlung in ein primitives, kriechendes Wesen, das sich selbst verachtet, und um die Erlösung aus dieser Dunkelgestalt.

Heilung und Selbstwerdung in der Therapie

Befreiung aus der Selbstentfremdung hieße im Märchen Erlösung, in der Therapie Heilung und Selbstwerdung. Die Erlösergestalt der Märchen wird zu Beginn und auch im

Verlauf einer Therapie freilich oft vom Klienten auf den Therapeuten, die Therapeutin projiziert. Es ist für die Therapeuten nicht ganz leicht, mit solchen Projektionen umzugehen. Wegdiskutieren lassen sie sich nicht, mit Argumenten ist ihnen nicht beizukommen. Besser ist es, die Erlösungssehnsucht und Erlöserprojektion als das Bedürfnis des Patienten, der Patientin zu akzeptieren, endlich gesehen, verstanden und angenommen zu werden, auch in der verschatteten Gestalt, in der er oder sie jetzt daherkommt als Igel, Eselein, Frosch oder Ameise. Die Projektion anzunehmen darf aber nicht heißen, uns selbst als Therapeuten mit einer solchen Erlösergestalt zu verwechseln, sonst bänden wir die Patienten an uns selbst anstatt an ihr tieferes Selbst oder allenfalls an ein echtes Erlösersymbol, wie es die Christusgestalt ist.

In der Tiefenpsychologie und der aus ihr erwachsenden Therapie wird von einem »verschatteten Selbst« (Asper) oder gar von einem »falschen Selbst« (Winnicott) gesprochen, wenn wir die verletzte und verbogene Gestalt meinen, die ein narzisstisch verwundeter Mensch hat, ein Mensch, der von seinen wichtigsten Bezugspersonen nie richtig gesehen und liebevoll gespiegelt wurde. Ihm fehlt dann der liebevolle Bezug zu sich selbst und damit der liebevolle Bezug zum Leben. Meist verachtet er sich tief und versucht oft, durch irgendeine auffällige Überkompensation Aufmerksamkeit und Zuwendung zu erhaschen. Oft schwankt solch ein Mensch extrem zwischen Selbstverachtung und Größenfantasien. Der Umgang mit einem derart geprägten Menschen ist meist äußerst mühsam. Da er sich selbst nicht gut ist, versteht er im Grunde nicht, was es heißen könnte, sich liebevoll auf einen Menschen zu beziehen im Sinne des Satzes »Liebe deinen Nächsten wie dich selbst«. Ihm fehlt ja gerade der Bezugspunkt zu sich selbst, wie sollte er dann andere lieben können? Narzisstisch verwundete Menschen haben deshalb naturgemäß die größten Beziehungsprobleme, was sich bis in die therapeutische Beziehung hinein auszuwirken pflegt.

An solcher auffallend anhaltenden Beziehungsstörung, die sich auch zwischen Patient und Therapeut konstelliert, ist die sogenannte narzisstische Störung geradezu diagnostisch zu erkennen. Gestört ist dann der Bezug nach innen zum wahren Selbst hin, dazu der Bezug zum Du und damit der Bezug zur Mitwelt. Letztlich ist der Bezug zum größeren Ganzen des Lebens, zum Leben selbst, gestört. Aus solcher verschatteten Gestalt seiner selbst, seiner Dunkelgestalt heraus, schreit wohl mancher nach Therapie wie nach Erlösung – und worum es in erster Linie gehen muss, ist ein Aufnehmen und Annehmen dieses Schreis nach dem authentischen Selbst. Wohl geht es auch in der Therapie um ehrliche Spiegelung der Schattengestalt, in der solch ein verdunkelter Mensch sich befindet, sonst fühlte er sich nicht verstanden in seiner Ausgangsbefindlichkeit. Doch geht der therapeutische Blick über die uneigentliche Gestalt dieses Menschen hinaus zu seiner eigentlichen Gestalt, zu seinem originären Selbst hin, zu dem, »wie Gott ihn oder sie vielleicht gemeint hat« – im Sinne einer liebevollen Ausschau, einer liebevollen Ahnung, eines Glaubens. Uns dem eigentlichen Selbst anzunähern, können wir nur auf einem Erfahrungsweg, der Innenschau, Beziehungserfahrung in der Therapie und Außenerfahrung in der Mitwelt miteinander in Kontakt bringt.

Für den zu wenig gespiegelten Menschen ist zunächst das Wichtigste die empathisch akzeptierende Spiegelung in der therapeutischen Beziehung, die Achtsamkeit, in der er sich wahrgenommen fühlt und in der er selbst erst in kleinen Schritten Achtsamkeit zu erwidern lernt. Dazu gehört für ihn auch die Äußerung negativer Gefühle wie Ablehnung und Widerspruch, was diesen in der Beziehung ängstlichen Menschen oft besonders schwerfällt. Der nächste Schritt aber ist, von seinem verengten Ich hinüberloten zu lernen zu seinem Selbst, seiner eigenen Tiefe, die sich in Träumen, Imaginationen und Fantasien zu erkennen geben kann.

Von hier aus kann ein langsames Kennenlernen des authentischen eigenen Wesens erfolgen, immer begleitet, gespiegelt und bestätigt vom Therapeuten, von der Therapeutin; ein langsames Sich-Herauslösen aus Zuschreibungen und Befreien von Rollen, die die Bezugspersonen der Kindheit, Eltern und Erzieher-Autoritäten, diesem Menschen aufgeprägt haben, im Guten wie im Bösen – so wie »Hans, mein Igel« sich schließlich aus seiner Igelhaut, mit der er verwachsen war, herauslösen kann, als eine Frau ihn akzeptiert und ihn mit den Augen der Liebe spiegelt. Ähnlich löst sich mancher nur unter den Augen seiner Therapeutin, seines Therapeuten aus seiner lebenslangen Igelhaut. Gegenüber der möglichen Partnerin, dem möglichen Partner draußen in freier Wildbahn der Beziehungen muss er es noch einmal neu lernen und wagen, doch hat er in der Therapie wenigstens ein Grundmodell von Bezogenheit aufeinander und von akzeptierender Spiegelung erfahren, das sich übertragen lässt.

Dem Leben vertrauen können

Wenn ich am Ende dieses Kapitels nun doch noch den Versuch mache, die christliche Erlösungsvorstellung aus tiefenpsychologischer Perspektive zu betrachten, dann geht es zunächst darum zu erkennen, wie man heute eigentlich nach Erlösung im spirituellen Sinn zu fragen pflegt. Kein Mensch fragt heute mehr, wie noch in der Reformationszeit gefragt wurde: »Wie kriege ich einen gnädigen Gott?« Jedenfalls habe ich noch keinen so fragen hören, wenn es um existenzielle Fragen ging. Auch gibt es im täglichen Umgang heute keinen »gnädigen Herrn« mehr wie zur Reformationszeit und auch keine »gnädige Frau«. Heute höre ich die Menschen vielmehr so fragen: »Wie bekomme ich ein gutes Leben?« oder, so sagte es kürzlich eine an Krebs Erkrankte:

»Wie komme ich wieder zu dem Vertrauen, dass es ›das Leben‹ gut mit mir meint – trotz Krebs und mit Krebs?« Zuvor hatte sie nämlich gesagt: »Ich fürchte, dass es das Leben nicht gut mit mir meint.«

Oft fällt heute in Zusammenhängen, in denen wir »Gott« sagen könnten – und in denen frühere Generationen immer »Gott« gesagt haben – der Ausdruck »das Leben« oder, wie ich selber gern sage, »das Leben selbst«. Damit benenne ich »das Leben selbst« als ein Gegenüber, ein Du, und drücke auf diese Weise aus, dass ich zur Macht des Lebens selbst in einen personalen Bezug trete, dass ich es mit Du anrede – wie ich im Grunde alles mit Du anrede, womit ich in nahe Beziehung trete, etwa auch einen Baum, einen Berg oder einen See.

Der bedeutende evangelische Theologe Paul Tillich[134] drückte es etwas philosophischer aus, meinte aber das Gleiche, was ich mit dem »Leben selbst« meine, wenn er von dem »Sein selbst« sprach und damit Gott umschrieb. Gott also: Das Sein selbst, das Leben selbst. Oder wie C. G. Jung als Tiefenpsychologe es ausdrückte, indem er Gott als das Größere, das Überpersönliche, das umfassende Selbst betrachtete, mit dem wir Menschen und Lebewesen alle mit unserem kleineren Selbst vernetzt sind und von dem wir damit auch schlechthin abhängen.

Alles kommt offenbar auf die Lebendigkeit unseres Kontakts mit dieser Lebensquelle an. Unerlöst, erlösungsbedürftig wären wir aus dieser tiefenpsychologischen Perspektive, wenn der Kontakt unseres kleinen Ich zu dieser Lebensquelle blockiert, ja abgeschnitten wäre – aus Angst, Misstrauen oder Egozentrik; dann wären wir isoliert, abgeschnitten, vereinsamt, verbittert, abgesondert.

Diese Absonderung von der Lebensquelle, vom Lebensganzen, vom Sein und vom Leben selbst wäre tiefenpsychologisch verstanden das, was in theologischer Sprache »Sünde« genannt wird. Absonderung vom Leben selbst, von

Gott wäre Sünde. Von dieser Absonderung, Isolierung, Vereinsamung, Verbitterung müssten wir erlöst werden. Sie bannt uns vor allem, wenn wir in Unglück geraten sind, in berufliche und wirtschaftliche Not, wenn uns nahe Menschen verlassen oder wenn wir vielleicht gar keine nahen Menschen mehr finden, wenn schwere Krankheit, gar Sterben und Tod hereinbrechen. Dann fragen wir wohl ähnlich verzweifelt wie jene an Krebs erkrankte Frau: »Wie komme ich wieder zu dem Vertrauen, dass es das Leben gut mit mir meint?« Aus Sicht der Tiefenpsychologie C. G. Jungs ergibt sich also folgende Perspektive: Erlösung wäre die Befreiung aus einer blockierten, verkrampften, angstvoll-vertrauenslosen, vielleicht sogar feindselig gewordenen Einstellung zum »Leben selbst«.

Die Einladung zur Erlösung lautet, christlich verstanden, mit den Worten des Paulus: »So bitten wir denn an Christi statt: Lasset euch versöhnen mit Gott.«[135] Die Erlösung, die Befreiung von Misstrauen und Angst gegenüber dem Leben, ginge nach christlichem Verständnis von Gott als vom Leben selbst aus, das uns als Modell erlösten Lebens einen gottverbundenen Menschen, Christus, vor Augen stellt, mit dem wir uns innerlich verbinden können. Christus ist das Modell eines Menschen, der sich ganz für die Verbindung und Versöhnung zwischen Mensch und Gott, Göttlichem und Menschlichem, einsetzt und sich dafür hingibt, im Sinne einer Liebeshingabe des menschlichen Ich ans göttliche Ganze, ans Leben selbst.

Das Modell dieses gottverbundenen Menschseins, dem wir uns innerlich anschließen können, wäre nach Paulus – ähnlich sagt es auch C. G. Jung – zugleich das Symbol des »inneren Christus«, wäre der gott- und lebensverbundene Mensch in uns selbst, der unser eigentliches Selbst ist und unser oft egozentrisch verengtes Ich in eine große Weite hinein öffnet, in der wir wieder atmen können, in der wir gleichsam »erlöst« wären.

Erlösung wäre also die Wiederverbindung des von sich und seinem eigentlichen Selbst getrennten Menschen mit diesem größeren Selbst, die Wiedervereinigung mit unserem gottebenbildlichen Selbst, das wir – so spricht auch die Mystik – auch als den »Christus in uns selbst« bezeichnen könnten. Der »Christus in uns« bedeutet und bewirkt die immer erneute Wiederverbindung, ja Liebesvereinigung mit unserem Selbst, mit dem, wie Gott uns gemeint hat. Unentwegt, ein ganzes Leben lang, wirbt dieses größere, tiefere Selbst um unser kleineres, flacheres, oft in sich verschlossenes Ich, wirbt darum, dass wir uns aufschließen für das göttliche Selbst, für den »Christus in uns«. Wo diese Verbindung uns gelingt, uns gegeben und geschenkt ist, dort sind wir, solange sie anhält, erlöst von einem angstvoll-vertrauenslosen Verhältnis zum Leben im Sinne eines »Das Leben meint es nicht gut mit mir«. Wir wären damit erlöst von einem sinnarmen oder gar sinnlosen Leben.

Damit keine Missverständnisse aufkommen: Natürlich kennen wir alle die Vorstellung, das Leben meine es nicht oder nicht mehr gut mit uns, und dieser an Krebs erkrankten Frau konnte ich nur sehr solidarisch zunicken, als sie von dieser Angst gegenüber dem Leben sprach. Und natürlich spiegelte sich in ihrem Misstrauen gegenüber dem Leben von ihrer Kindheit her das Misstrauen und die Missgunst ihrer dauernd kritisierenden Mutter, die sie ständig anders haben wollte, als sie war, und die ihr an jedem Missgeschick, das in der Familie vorkam, leicht die Schuld gab. Dazu kam ein leistungsbezogener und fordernder Vater, der eigentlich einen Sohn gewollt hatte und dem zuliebe sie sich selbst ganz von der Leistung her definierte. Welch ein Versagen war es, von diesem System her gesehen, an Krebs zu erkranken! Auch gegenüber ihren drei Kindern, die zu der Zeit noch recht klein waren, und gegenüber ihrem Mann, mit dem sie sonst Hochtouren in den Bergen machen konnte, empfand sie ihre Krebserkrankung als ein tiefes Versagen –

wenn nicht gar als Schuld! Wie also sollte sie darauf vertrauen können, dass das Leben es gut mit ihr meine?

In der Begegnung mit jemandem, dem das Leben so manchen Streich gespielt hat wie ihr, ist Solidarität und Empathie das Erste und absolut Wichtigste, was wir als Freundinnen, Beraterinnen oder Therapeutinnen überhaupt für einen solchen Menschen tun können. Gesehen zu werden, verstanden zu werden ist das Wichtigste überhaupt und kann unter Umständen sogar ein erstes Gefühl dafür vermitteln, dass es das Leben doch nicht nur böse mit einem meint.

Auch ist es sehr wichtig, das vage oder auch starke Schuldgefühl anzusehen und abzubauen, von dem diejenigen, die eine schwere Krankheit bekommen haben, heute fast immer heimgesucht werden, als hätten sie im Gegensatz zu anderen unvernünftiger und verkehrter gelebt. Dies ist eine ausgesprochene Schattenseite psychosomatischen Denkens. Sinnvoll an diesem Ansatz ist zweifellos, den Umgang mit der Krankheit auf die Zukunft hin, also prospektiv durchzudenken, z. B. im Blick darauf, welcher Lebensstil förderlich sein könnte, um die Krankheit aufzulösen und uns von ihr womöglich zu erlösen. Schädlich ist dieses Denken, wenn wir es nach rückwärts wenden und uns selbst aller möglichen Fehler in der Lebensführung beschuldigen. Dann haben wir zusätzlich zur Krankheit auch noch die Schuld daran und werden mit Ratschlägen seitens der Gesunden, die meist auch nicht gesünder leben, überschüttet. Auch Ratschläge bedeuten bekanntlich Schläge. Und es heißt: »Wer den Schaden hat, braucht für den Spott nicht zu sorgen.«

Viel wohler tut dem gegenüber die Ansicht des legendären Arztes Paracelsus, der davon ausging, dass wir Menschen von der Konstitution her zerbrechlich sind, »zum Umfallen geboren«, so dass jede Wiederaufrichtung und Heilung ein kleines Wunder und Grund zu großer Dankbarkeit ist. Ähnlich klingt die Anschauung der großen Klosterärztin Hildegard von Bingen: Wir werden krank, weil wir eben miteinander in Verbindung stehen, in Liebe und Mitgefühl auch mit dem kranken Mitmenschen kommunizieren wie auch mit der ganzen, oft ebenfalls erkrankten Natur. Da wir austauschen, mitteilen, einander helfen, stecken wir auch einander an. Durch Kommunikation können wir aber auch wieder gesund werden, z. B. durch Handanlegen, Handauflegen, Behandeln oder auch durch Medikamente aus der Natur, in der Gott für jede Krankheit auch ein Kraut wachsen lässt. Letztlich werden wir nach Hildegard durch das Pharmakon Athanasias geheilt, das Heilkraut der Unsterblichkeit, nämlich die Kommunikation und Kommunion mit Christus, die uns an alle Lebenskraft, Grünkraft wieder anschließt. So Hildegard von Bingen.

Auch im Umgang mit jener Frau, die an Krebs erkrankt ist, ist ehrliche Kommunikation das Wichtigste. Es geht darum, sich klarzumachen, dass Krebs so sehr eine Zeitkrankheit ist, dass wir uns eher zu wundern haben, noch von ihr verschont zu sein, als diejenigen sich wundern müssten, die sie bekommen haben. Warum warnen wir sonst ständig vor Krebs erregenden Stoffen, wenn sie nicht da wären! Genau dies suchte ich auch der an Krebs erkrankten Frau zu vermitteln.

Dass meine Patientin befürchtet, das Leben meine es nicht gut mit ihr, ist durchaus verständlich. Gesundheitsfördernd ist diese Einstellung jedoch sicher nicht. Deshalb wage ich, eigentlich nur probeweise, die Frage:

»Was wäre denn, wenn Sie trotz allem wieder darauf vertrauen könnten, dass es das Leben selbst gut mit ihnen meint?« Überrascht blickt sie auf und sagt ganz spontan: »Dann wäre alles anders. Dann wäre ich schon fast wieder gesund, auch wenn ich noch krank wäre.« Dabei lacht sie ungläubig. Aber sie wird auf einmal ganz lebendig. Allein die Vorstellung, das Leben könne es womöglich doch gut mit ihr meinen, sogar trotz und wegen und in ihrer Krankheit, weckt ihre Lebensgeister auf. Sie gewinnt wieder Anschluss an das Leben selbst und ist – für den Moment – von ihrer lähmenden Angst und ihrer Resignation wie erlöst.

Letztlich geht es hier nicht um Hoffnung auf etwa stimmtes, eine eindeutige Heilung beispielsweise, Hoffnung, die auch trügen könnte, sondern es geht u... wiederzugewinnende Vertrauen in die tragenden Kräfte.

Für sehr wichtig halte ich dabei, dass wir Therapeuten und Therapeutinnen, Ärzte und Ärztinnen, Berater und Beraterinnen oder auch Seelsorger und Seelsorgerinnen immer wieder hindurchfinden durch die eigene Angst und Resignation und nicht selbst gar zu unerlöst aussehen, damit wir – auch ohne zu predigen – etwas von diesem Vertrauen ins Leben selbst vermitteln können, wie es das Johannes-Evangelium verheißt: »Wer an mich glaubt [das heißt: wer mir vertraut, I. R.], wie die Schrift sagt, von dessen Leib werden Ströme des lebendigen Wassers fließen.«[136]

»Erlöster müssten mir seine Jünger aussehen« – so sagt Nietzsche wohl zu Recht. Wie aber kann dieser Sprung von der Lebensverzweiflung hin zum Lebensvertrauen erfolgen? Nach dem Philosophen Kierkegaard, der zugleich einer der ersten Tiefenpsychologen war, geht es darum, zunächst die Lebensverzweiflung zuzulassen und zuzugeben und dann einen wirklichen qualitativen Sprung in das Vertrauen hinein zu tun, im Sinne eines Vertrauens ins Leben selbst. Er ist vergleichbar mit Goldmaries Sprung in den Brunnen im Märchen *Frau Holle,* der ein Sprung in den Tod hätte bedeuten können, der aber in Wirklichkeit ein Sprung in ihre eigene Tiefe war, in der sie, die abgelehnte Stieftochter, vom mütterlichen Raum und Segen der Frau Holle, der größeren Mutter, vom göttlich-mütterlichen Grund des Seins aufgefangen wurde. Das Aufgefangenwerden und fragloses Angenommensein ist Gnade und entspricht dem christlichen Erlösungsgedanken, in dem Erlösung immer von Gott her ausgeht. Das göttliche Selbst, das Sein selbst, das Leben selbst, ist unserem Sprung ins Vertrauen immer schon voraus und bereitet unserem Sprung in den Brunnen am Grund des Brunnens eine Wiese aus, die uns auffängt.

Auch der Therapeut, die Therapeutin, der Seelsorger, die Seelsorgerin, der Arzt, die Ärztin könnten ein Teil des Sprungtuchs sein, das die göttliche Lebenswirklichkeit unter demjenigen ausbreitet, der aus der Lebensangst ins Vertrauen hineinspringt. Mögen wir therapeutisch Tätigen uns im Falle eines Falles in der Funktion dieses auffangenden Sprungtuchs von Seiten des Lebens her verstehen!

Was bedeutet also Erlösung aus der Perspektive der Tiefenpsychologie? Wo die Wiederverbindung mit unserem tieferen Selbst, das an ein umfassendes göttliches Selbst angeschlossen ist, gelingt und glückt, wo sie uns gegeben ist, dort sind wir erlöst aus unserer Selbst-Isolation, unserer Egozentrik, aus unserem angstvoll-vertrauenslosen Verhältnis zum Leben. Unser sinnentleertes Leben füllt sich dann wieder mit Sinn.

Könnten die Christen nun wirklich erlöster aussehen? Ja und Nein, ist meiner Meinung nach die Antwort. Ja, da Erlösung eine seelisch erfüllte Erfahrung werden könnte. Nein, da sie nie ein fester Besitz sein kann.

Gegen Ende dieses Kapitels ein letzter Gedankengang: Um sich wirklich »erlöst« zu fühlen, müsste die Angst, in den alten »unerlösten Zustand« zurückzufallen, gebannt sein oder wenigstens in Grenzen gehalten werden können. In christlicher Vorstellung ist diese Angst dadurch gebannt, dass es jederzeit die Möglichkeit der Umkehr, der Rückkehr, ja der Versöhnung gibt, so wie es sie auch in lebendigen Liebesbeziehungen, auch nach einer Lieblosigkeit, als erneute versöhnende Zuwendung zueinander wirklich gibt. So weiß sich der Christenmensch *simul iustus et peccator* – als gleichzeitig sündig und gerecht –, und er darf dies sein, sonst wäre er kein Mensch, der immer im Werden und im Suchen ist, immer Versuch und Irrtum ausgesetzt. Ich bin nicht immer auf der Höhe meiner Tiefe.

Auch tiefenpsychologisch betrachtet ist dies eine der wahrhaftigsten Erfahrungen von Erlöstsein: zu wissen und zu spüren, dass ich als Mensch nicht vollkommen sein muss, nicht perfekt, nicht schuldfrei – ich bin hell und dunkel und werde meinen Schatten immer behalten. Worauf es vielmehr ankommt, ist dieses eine: bezogen zu bleiben, mich immer wieder neu zu beziehen, auf meinen eigentlichen Kern, mein eigentliches Wesen, dadurch verbunden zu bleiben mit dem Sein selbst. Das Leben selbst kommt mir immer wieder entgegen mit neuen Möglichkeiten des Werdens, der Erlösung, und bezieht mich dadurch auch auf die Mitmenschen, im Sinne des Ausspruchs Jungs: »Die Beziehung zum Selbst ist zugleich die Beziehung zum Mitmenschen, und keiner hat einen Zusammenhang mit diesem, er habe ihn denn zuvor mit sich selbst.«[137]

Sie könnten erlöster aussehen, die Christen, wenn ihnen ihr Glaube zur seelisch vermittelten Erfahrung würde und wenn Erfahrung nicht, wie in der Tradition der Karl Barth'schen Theologie üblich, gar noch gegen den Glauben ausgespielt würde – wie es mir in meinem Religionsunterricht der sechziger Jahre noch mehrfach geschehen ist.

Jung ließ sich einmal angesichts seines Pfarrervaters, der wohl ein Leben lang am Glauben festhielt, aber mangels spiritueller Erfahrung dennoch seelisch austrocknete, zu dem schon erwähnten Ausspruch hinreißen: »Als die Erzsünde des Glaubens erschien mir die Tatsache, dass er der Erfahrung vorgriff.«[138]

Erfahrungsmäßig vermitteln aber lässt sich in der Tat – das geschieht in jeder gelingenden Psychotherapie –, wie ein egozentrisch verengtes Ich sich über den Kontakt zu seinen Träumen, Fantasien, Emotionen, nicht zuletzt über das Du seines Therapeuten, seiner Therapeutin wieder an sein tieferes Selbst anschließen und damit ausweiten lässt und damit auch wieder in Kontakt kommt mit dem größeren Leben.

Am Schluss dieses Kapitels möchte ich ein paar Zeilen aus dem Brief einer anderen an Krebs erkrankten Frau zitieren, in dem ich etwas von jenem Gelöstsein und Erlöstsein spüre, über das ich hier versuchte zu schreiben:

> »Natürlich habe ich Hoffnung, dass die Metastasen sich nicht schnell ausbreiten, dass ich nicht zu lang schwer krank sein werde etc. Aber wirklich getragen werde ich nicht durch Hoffnung, sondern durch Vertrauen. Gotteserfahrung ist für mich die Erfahrung, von innen her getragen und bejaht zu sein.«

C.G. Jung nennt die religiöse Erfahrung einen »besonderen seelischen Zustand«, und »wenn sie überhaupt eine Bedeutung hat, so bedeutet sie dem, der sie hat, alles«[139].

3. Mystik und Weltverantwortung

In diesem letzten Kapitel möchte ich das Grundthema dieses Buches, den ganzheitlichen Zusammenhang von Innen und Außen, noch einmal an zwei großen, polaren Themenkreisen behandeln:

- Mystik, die heute vielen Menschen wieder etwas bedeutet, als die innere Schau des Einen und Ganzen, die innere Schau des *unus mundus,* der Einen Welt, um die es uns in diesem Buch geht, und, unmittelbar damit verbunden:
- Verantwortung für die äußere Weltwirklichkeit, für Politik und Gesellschaft, für Ökonomie und Ökologie – und dies im Zeitalter der Globalisierung.

Wie kann dies zusammengehen?

Hochaktuell und lebensnotwendig sind beide Themenkreise. Ihre Komplexität würde die Reflexionsmöglichkeiten im Rahmen dieses Buches überfordern, wenn es dabei nicht um eine bestimmte Fokussierung ginge: nämlich darum, die Beziehung zwischen den beiden Zugangsweisen zur Wirklichkeit, Mystik und Weltverantwortung, zu klären, also zwischen Innen und Außen, Schauen und Handeln zu vermitteln. Ich verstehe also auch unseren tiefenpsychologisch begründeten Versuch, »die Welt von innen zu sehen« als eine Art von Spiritualität, als eine Form von Mystik. Konkret gefragt: Was bringt dem Menschen, der die Welt von innen zu sehen versucht, dazu, Weltverantwortung zu übernehmen? Gibt es einen Faktor im mystischen Erleben selbst, der darauf hindrängt, Verantwortung in der Welt und für die Welt zu übernehmen? Was brachte Hildegard von Bingen dazu, Kaiser Friedrich Barbarossa ins Gewissen zu reden? Warum nahm Thomas Müntzer in der Reformationszeit Partei für die aufständischen Bauern? Wie konnte der Mystiker Mahatma Gandhi die englische Herrschaft über Indien abschütteln? Warum wurde der Einsiedler Nikolaus von Flüe gerufen, um den bedrohlichen Konflikt in der jungen Schweizer Eidgenossenschaft, das »Stanzer Vorkommnis«, zu schlichten? Warum mischte sich eine Mystikerin wie Dorothee Sölle – für mich war sie eine Mystikerin! – Zeit ihres Lebens in politische Vorgänge und Zusammenhänge ein, zuletzt in die Entschuldungs-Kampagne für Länder der Dritten Welt, wodurch sie sich, wie so oft, zahlreichen Diffamierungen aussetzte, vor allem seitens bestimmter kirchlicher Kreise, die weder mit Mystik noch mit Politik viel zu tun haben wollen und eher beides ablehnen. Warum geriet ein Meditationslehrer wie Thich Nhat Hanh in politische Konflikte? Warum gar verfolgt China die neue Meditationsbewegung Falun Gong?

Und umgekehrt: Wozu benötigen Politiker einen Zugang zur Mystik? Als Dag Hammarskjöld, seinerzeit UNO-Generalsekretär, beim Flug zu einer schwierigen Vermittlungstätigkeit verschollen blieb – vielleicht einem Attentat zum Opfer gefallen? –, fand man in seinen hinterlassenen Tagebuch-Notizen viele Einträge, die ihn als Mystiker auswiesen. Wie hing sein mystisches Erleben mit seiner politischen Tätigkeit zusammen? War er zufällig auch Mystiker oder bedurfte er eines mystischen Hintergrunds, um weltweite politische Verantwortung tragen zu können, um sie eben so tragen zu können, wie er es tat? Oder wie verbindet der Dalai Lama seinen buddhistisch-mystischen Hintergrund mit seinem politischen Amt? Ist dieses Oberhaupt eines vertriebenen Volkes, dessen Rechte er politisch vertritt, nicht zugleich aus seinem mystischen Hintergrund heraus Vermittler einer weltweiten Versöhnungsbotschaft geworden und hat er nicht diesem Volk ohne Land weltweit ein inneres Land, ein inneres Tibet erschaffen, gleichsam ein mystisches Tibet?

Mystik: das Eine Ganze erfahren

Worauf beruht es, dass Mystiker dazu geeignet scheinen, das Ganze und Eine der Wirklichkeit – der »one world« – in den Blick zu bekommen? Gibt es eine bestimmte Qualität mystischer Erfahrung, die es ermöglicht, von ihr aus das Eine Ganze so zu erleben, dass es den Menschen mit Leib, Seele und Geist ergreift, sodass er fortan nicht anders kann, denn als Glied des Ganzen, in dem er lebt, auch dieses Ganze in seine Verantwortung zu nehmen – als Nehmender und Gebender zugleich? Die mystisch erfahrene Einheit der Wirklichkeit – *unus mundus* – umfasst Geist und Materie, Innen und Außen, Mystik und Widerstand. Mystik ist offenbar notwendig, um die innere Unabhängigkeit zu gewinnen, die dazu befähigt, äußerlich Widerstand zu leisten, wo es nötig wird, und die einen bei Gegenwind von außen innerlich Stand halten lässt. »Mystik ist Widerstand«[140], so gibt Dorothee Sölle den Ausspruch eines Freundes wieder. Und wie sagt es Meister Eckhart?

> *Wie wunderbar!*
> *Außen stehn wie drinnen,*
> *begreifen und umgriffen werden,*
> *schauen und das Geschaute sein,*
> *halten und gehalten werden,*
> *das ist das Ziel.*[141]

Mystisches Erleben – so vielfältig es sein kann – bezeugt doch immer wieder, dass es um die Schau, um das leibseelische Erfahren des Einen Großen Ganzen geht, der von Erich Neumann so benannten »Einheitswirklichkeit«; dass dies die eine übergreifende Wirklichkeit ist, die Essenz der mystischen Schau, ob sie nun spontan über einen kam oder auch auf einem methodisch-strengen Meditationsweg vorbereitet wurde, ob mehr über die bildhafte Meditation religiöser Symbole oder in bildlos-ungegenständlicher Weise, wie bei Heinrich Seuse, dem Schüler Meister Eckharts, der davon spricht, dass der Mystiker »in den Abgrund der ineinanderfließenden Einheit hineingezogen« werde, »wo er Seligkeit erfährt«[142], oder, an anderer Stelle: »Der Geist ist, sich selbst entsunken, eins mit dem Göttlichen geworden.«

Wie auch immer unser Zugang aussieht, der Kern der Erfahrung ist die innere Schau – nach griech. *myein,* das Schauen bei geschlossenen Augen –, die Schau, die den großen inneren Zusammenhang allen Seins erfahren lässt, eine Aufhebung der Subjekt-Objekt-Spaltung, und des einsamen der Wirklichkeit Gegenüberstehens, und die stattdessen zu einer beglückenden Verschmelzung mit dem Sein selbst führt. Diese Verschmelzung, die man offenbar ohne Anklänge an erotische Symbolik gar nicht beschreiben kann, verändert den Mystiker, die Mystikerin und verändert das Sein, macht ihn zum Liebenden und das Sein zur Geliebten und umgekehrt: macht sie zur Liebenden und den *unus mundus* zum Geliebten.

Sollten Menschen, die solches erfahren haben, nicht in ganz besonderem Sinne zum Blick auf das Ganze, zur Mitverantwortung für das Ganze des Lebens berufen sein? Nicht, weil sie jemand dafür in die Pflicht nähme, sondern weil sie das geöffnete Herz für das Große Ganze gewonnen hätten: als Liebende.

Einheitserfahrung heute

Ehe ich weiter an die großen Mystikerinnen und Mystiker vergangener Zeiten erinnere, an denen sich dieses auf vielfältige Weise veranschaulichen ließe, möchte ich von einigen ungenannten Menschen unserer Zeit berichten, die von jener Erfahrung der Einheitswirklichkeit, des *unus mundus,* erfüllt sind und von ihr aus jeweils an ihrem Ort Weltverantwortung übernehmen. Ich berichte zunächst von meiner jüngsten Begegnung mit einer Sozialarbeiterin:

Sie ist jetzt Mitte 40, beruflich in der Sozialarbeit einer Großstadt und in der Sozialarbeiterausbildung an einer Fachhochschule tätig. Sie ist verheiratet und hat vier Kinder. Auf der einen Seite nimmt sie also ihre Weltverantwortung in der Stadtteilarbeit einer deutschen Großstadt wahr, aber nicht zuletzt auch bei der Kindererziehung.

Auf der anderen Seite ist ihre mystische Erfahrung – die Basis ihrer Verantwortungsfreude –, die ihr, auf dem Hintergrund einer warmen, unverkrampften, katholischen Frömmigkeit, seit einigen Jahren immer stärker ins Leben drängt: ungerufen, manchmal fast überwältigend. Es sind innere Bilder, die sie überkommen, wenn sie unterwegs ist oder unter Menschen, aber auch nachts. Sie skizziert diese Bilder, um sie dann in großer Sorgfalt, Stille und Meditation zu malen, zu gestalten, auch zu plastizieren. Nur so, findet sie, kann sie diese Bilder wirklich bei sich ankommen und auf sich wirken lassen.

Was sind das für Bilder? Sie sah z.B. ein Fadengewirr eingestickt auf schwarzem Grund – Knoten, Schleifen, heraushängende Fäden, alles ziemlich chaotisch –, und sie ahnte: Dies ist ein Bild der Welt, wie es einem aus einer bestimmten Perspektive heraus oft erscheint. Dann wurde in ihrer Schau das ganze Bild umgewendet, so wie man eine Spielkarte von der Rückseite auf die Vorderseite wendet, auf die eigentliche Schauseite. Und dort zeigten sich die gleichen Fäden, eingestickt, nun aber kunstvoll geordnet zu einer Mandala-Struktur mit einem alles umrundenden Kreis, der ein Quadrat umfasst, und dieses Quadrat wiederum enthielt als zentrale Figur in der Mitte ein gleichschenkliges Kreuz. Sie wusste plötzlich in großer Ergriffenheit: Dieses Bild mit seiner Vorder- und Rückseite ist unsere Wirklichkeit, aus zwei unterschiedlichen Perspektiven betrachtet, einmal aus der profanen Alltagsperspektive, das andere Mal gleichsam aus mystischer Perspektive, mit den Augen des Glaubens, mit erleuchteten Augen gesehen.

Da sie dieses Bild innerlich als Stickerei gesehen hatte, gestaltete sie es nun auch als Stickerei: jenes Mandala auf der Vorderseite und jenes – unwillkürlich mitentstehende – Fadenchaos auf der Rückseite.[143]

Nun enthielt ihr Mandala als zentrales Zeichen das Kreuz in der Mitte, das einerseits für das von Christus mitgetragene Leid der Welt, andererseits aber für Orientierung im Ganzen des Kosmos steht, und dieses Kreuz war umgeben vom Quadrat der irdischen Wirklichkeit – dem »irdischen Geviert«, wie der Philosoph Heidegger gerne sagte. C.G. Jung wiederum drückte es so aus: »Das Mandala symbolisiert durch seinen Mittelpunkt die letzthinnige Einheit der Archetypen sowie die Vielfalt der Erscheinungswelt und bietet daher die empirische Entsprechung zum metaphysischen Begriff des unus mundus.«[144]

Im »irdischen Geviert« (Heidegger) realisiert sich das Irdische, das aber umfasst wird vom Kreis, vom größeren Ganzen, vom göttlichen Prinzip. Es ist die Perspektive mystischer Schau, die unserer Sozialarbeiterin diese Sicht der Wirklichkeit als göttliches Mandala auftut: Es ist die gleiche Wirklichkeit mit ihren entsetzlichen Widersprüchen, die sich ihr täglich in der Sozialarbeit, der nichts Menschliches fremd bleibt, präsentiert. Doch diese ihr nun geöffnete andere Perspektive gibt ihr Unabhängigkeit, Mut und Durchhaltekraft, vor allem aber die nötige Liebe im Umgang mit all den verworrenen menschlichen Situationen, in die sie in ihrer Arbeit hineingestellt ist und die sie ohne jene mystische Perspektive wohl manchmal als hoffnungslos einstufen und aufgeben würde. Die mystische Perspektive gibt ihr die Kraft zum Durchhalten und zum Widerstand gegen so viel

Unrecht und Unglück, mit dem sie konfrontiert ist, gibt ihr die Kraft, auch unangepasste, asozial gewordene Menschen in ihrer menschlichen Würde anzunehmen.

Sie brachte mir dann noch ein anderes inneres Bild mit:

Dieses Bild zeigt ihr menschliche Augen in Gestalt von farbigen Kirchenfenstern. Es war für sie ein Bild für das »mystische Raster«, in dem sie – wie durch gotische Fenster gebrochen und transformiert – das irdische Tageslicht sich brechen sieht, sodass sie es in sich aufnehmen kann. Mit mystisch transformierten Augen vermag sie die Außenwirklichkeit als die Eine Wirklichkeit des unus mundus wahrzunehmen. Auch dieses Bild gestaltete sie als gemaltes Bild: Große menschliche Augen blickten sie da an, jedoch gerastert und bunt verglast wie Kirchenfenster.

Diese Frau brachte später noch eine andere Erfahrung mit, die hier unbedingt erwähnt werden muss:

Sie kam eben von einem Urlaub im Tessin zurück, den sie dort gemeinsam mit ihrem Mann verbracht hatte. Beide waren braun gebrannt, denn sie waren täglich an die vier Stunden in den Bergen gewandert. Sie erzählte, dass es meistens einfach nur schön gewesen sei, sie möge diese Bergnatur und genieße sie – aber manchmal sei etwas ganz Besonderes hinzugekommen. Dann war gar keine Abgrenzung mehr zwischen ihr und den Bäumen, zwischen den Sträuchern und den Blumen. Es war ihr, als hätten sie mit ihren Blättern und Blüten Hände, die sich liebevoll nach ihr ausstreckten, als wollten sie sie streicheln. Sie sagte: »Mich überkam eine solche Zärtlichkeit zu ihnen, wie ich sie sonst nur gegenüber meinem Mann kenne. Ich streichelte sie auch.«

Auch zeigte sie mir einen Baum, den sie innerlich gesehen und dann gemalt hatte, der sich öffnete und aus seinem Wesensgrund einen Edelstein gebiert. Sie zeigte mir andere Bilder, die sie nach diesen Erlebnissen in der Ferienwohnung gemalt hatte: Bäume, Sträucher, ja Steine, an denen sie vorbeiwanderten, die alle liebevolle Hände nach ihr ausstreckten. Eine gleichsam »kosmische Zärtlichkeit« habe sie bei diesem Wandern zwischen lebendigen Wesen überkommen, Zärtlichkeit, wie sie sie auch bei Chagalls Bildern verspüre. Auch Chagall könnten wir in diesem Sinne für einen Mystiker halten.

Diese Zärtlichkeit gegenüber allem Lebendigen, die aus der Erfahrung der Einen Wirklichkeit, des *unus mundus,* herrührt, ist eine mystische Erfahrung, und sie kann wie bei jener Frau der tiefste Impuls zu einer ökologischen Gesinnung werden, zu einer Bereitschaft, Verantwortung für die Ökologie unserer Erde zu übernehmen. Unter denen, die für die Ökologie unserer Erde sensibilisiert und engagiert sind, finden sich manche heimliche Mystikerinnen und Mystiker.

Diese Menschen begreifen auch den Zusammenhang von einer ökologischen Einstellung zur Natur und einer ökologischen Einstellung gegenüber sich selbst als menschlicher Person, gegenüber der eigenen leibseelisch-geistigen Ganzheit. Sie bemühen sich, sich selbst nicht länger auszubeuten, sondern auch die quer liegenden Seiten einzubeziehen, anstatt sie als Unkraut abzulehnen oder gar auszumerzen. Hier bewährt sich eine ökologische Einstellung zur Ganzheit des Lebens. »Wie innen so außen«, so hört man immer wieder im Zusammenhang mit solchen mystischen Erfahrungen der Einheitswirklichkeit.

Weltverantwortung aus der mystischen Erfahrung heraus

Selbst die Weltfremdesten unter den Mystikern, die Einsiedler-Mönche aller Religionen in ihrer Wüsteneinsamkeit, von denen ich mich mit dem Thema »Mystik und Weltverantwortung« eher abgrenzen will, suchten doch durch innere Klärung und Aussöhnung der eigenen inneren Gegensätze, die hier als Dämonen auftraten, auch zur Befriedung der Welt beizutragen, und sei es auch nur, um etwas von der Schuld und dem Leid der Welt stellvertretend auf sich zu laden, um es am eigenen Leibe auszutragen und damit vielleicht überwinden zu helfen. Auf diese Weise suchten sie selbst in ihrer Einsamkeit durch Gebet, Gesinnungswandel und Meditation ein Stück Weltverantwortung zu übernehmen. Diese Einstellung haben auch die Mönche und Nonnen der kontemplativen Orden, die Karmelitinnen z.B. oder auch die völlig schweigenden Trappistenmönche, sind doch die Karmelitinnen mit ihrem Ordens- und Gebetshaus die einzigen, die in unmittelbarer Nähe zum Gelände des ehemaligen KZs Dachau glaubwürdig und ausdauernd präsent sind, um an der Aufarbeitung dieses schrecklichen Geschehens mitzuwirken.

Ähnlich machten es auf einer noch frühen Kulturstufe die Schamaninnen und Schamanen in ihrer Funktion als Wettermacher und Heilerinnen. Sie ordneten sich innerlich im Angesicht ihrer Geister und Götter, ordneten ihre Seelen, damit auch die Welt wieder in Ordnung kommen könnte. Wie innen, so außen, wie außen, so innen – dies war ihre Devise. In Stammeskulturen, in denen Schamanen noch präsent sind, beruht die Vereinigungsmöglichkeit mit numinosen Kräften oft auf einer noch nicht so ausgeprägten Subjekt-Objekt-Spaltung des Bewusstseins, wie sie für die späten Kulturen und Hochreligionen charakteristisch ist. Mystik aber sucht die Wiedervereinigung mit dem Göttlichen nach vollzogener Unterscheidung von Subjekt und Objekt. Dazu bedarf es eines erweiterten Bewusstseins.

Nun gibt es natürlich zahllose Beispiele gezielter Weltverantwortung aus mystischer Erfahrung und Gesinnung heraus. Ein Beispiel unter vielen ist die Arbeit des ökumenischen Katharina-Werks Basel[145], das ich über seine Tätigkeiten in Haus Fernblick bei Teufen gut kennengelernt habe. Noch bekannter ist das Lassalle-Institut[146], ein Institut für spirituelle Bewusstseinsbildung in Politik und Wirtschaft, das auch Peace-Camps für junge Menschen veranstaltet, die der weltweiten Friedensbewegung angehören.

Der Unterschied der dortigen Arbeit zu vielen anderen christlich fundierten Werken der Weltverantwortung in der sogenannten Dritten Welt, in Wirtschaft und Politik, besteht darin, dass sie ganz bewusst meditativ-mystisch fundiert ist und mit der Ausbildung und Ausübung von Meditation einhergeht. Die Arbeit an der politischen Bewusstseinsbildung sowohl von jungen Menschen als auch von Wirtschaftsfachleuten und Mitarbeitern von Aktionsgruppen in der Dritten Welt wird fundiert durch tägliche Meditation. Die Meditationspraxis kann die mystische Erfahrung von der Einheit der Welt in Gott vermitteln und ist Grundlage und Ansporn für alles soziale und politische Handeln. Es geht um die ökologische Situation des Planeten und Möglichkeiten einer nachhaltigen Entwicklung, um Bemühungen um eine gerechte Weltwirtschaftsordnung sowie um neue Konfliktlösungsstrategien in Kriegs- und Krisenregionen. Die Arbeit orientiert sich an den vier Verpflichtungen zum Weltethos, die das Parlament der Weltreligionen 1993 verabschiedet hat: Es ist eine Verpflichtung auf

1. eine Kultur der Gewaltlosigkeit und der Ehrfurcht vor allem Leben;
2. eine Kultur der Solidarität und einer gerechten Weltwirtschaftsordnung;
3. eine Kultur der Toleranz und ein Leben in Wahrhaftigkeit, und
4. eine Kultur der Gleichberechtigung und der Partnerschaft zwischen Mann und Frau.

Dieses Modell hat mich überzeugt, gerade im Blick auf das Thema Mystik und Weltverantwortung, das auf spiritueller Erfahrung der »Einen Welt« gründet. Hier lernen Menschen aller Altersstufen und aus allen Lebensbereichen in der Tradition einer uralten buddhistischen Methode, aber auch früher christlicher Kontemplation zu meditieren, um christlich fundierte Weltverantwortung in einer Weise übernehmen zu können, die tiefer im emotional-spirituellen Erleben begründet ist als viele andere Versuche bisher. Sie kann deshalb wohl aus einer anderen Quelle und Tiefe schöpfen als nur aus dem Gewissen und der Pflicht zur Verantwortung. Ich schätze die letztgenannten Motive keinesfalls gering, nur haben sie oft etwas Angestrengtes und sich Abgerungenes an sich; der Mensch erschöpft sich leichter, wenn er nur aus der Pflicht heraus handelt, statt auch aus der Ergriffenheit und dem Getragensein von einer Erfahrung des Einen und Ganzen der Welt. Die Menschen dort meditieren bewusst auch mit Buddhisten zusammen, um Unterschiede und Gemeinsamkeiten herauszustellen.

Auch mit offenen Augen kann mystische Erfahrung gemacht werden, wie sie seinerzeit André Frossard, Chefredakteur des Pariser *Figaro,* machte, als er angesichts der Tiefe des Herbsthimmels plötzlich erschauerte und etwas erfuhr, das er als atheistisch erzogener Mensch, der Zeit seines Lebens der KPF angehörte, bis dahin nie erahnt hatte.[147]

Ähnlich ist auch in der neuen Bewegung, die sich der Tiefenökologie verschreibt, eine mystisch-meditative Grunderfahrung wahrzunehmen, die als Basis für umweltpolitische Aktionen gesucht und erlebt wird. Der neuen mystischen Bewegung in Europa ist vor einigen Jahrzehnten die Meditationsbewegung vorausgegangen, die z.B. auch mich selbst vor etwa dreißig Jahren erreichte und ergriff. Im Zen und anderen Wegen buddhistischer Meditation, wie sie damals Graf Dürckheim und Pater Lassalle vermittelten, lernte meine Generation sich öffnen für das Geheimnis des Seins im schweigenden Sitzen und Atmen.

Beseeltheit – Einheit – Verbundenheit

Ich möchte eine frühe und anfängliche, aber grundlegende Erfahrung aus dieser Zeit mitteilen. Das schweigende Sitzen im Atmen, im beseelenden Atem der Welt, brachte mir auf einmal die alte Erfahrung der *anima mundi* wieder nahe, der Weltseele, die alles durchdringt und bewegt – eine durchaus auch im alten Europa beheimatete Vorstellung, seit Platons *Timaios* über die Stoa bis hin zu Plotin überliefert, von Giordano Bruno und Schelling wieder aufgegriffen und auch von Jung aufgenommen als »organisierendes, selbstregulierendes Prinzip der Welt«[148] und als »Einheit, von der die Kräfte ausgehen [...], ein beseelendes Prinzip, von vielen ›Gott‹ genannt«[149]. Es ist die eine mystische Grunderfahrung, die in diesem Üben wieder gemacht und wieder erkannt werden kann, ob sie nun mehr in mystisch-religiöser oder mehr in philosophischer Sprache ausgedrückt wird.

Wichtig war für viele von uns Europäern, dass wir über die methodisch erarbeiteten Wege des Buddhismus, die immer auch von der Körperhaltung und der Erfahrung ausgehen, Zugänge zu einer seelisch-geistigen Erfahrung des *unus mundus* und unserer Zusammengehörigkeit mit der *anima mundi* fanden, die später auch zur Wiederentdeckung der eigenen christlichen Wege der Kontemplation führten, darunter auch den ostkirchlichen Weg des Herzensgebetes, hatte doch zuvor, vor allem im Protestantismus – trotz Luther, Tersteegen und Pietismus – der Weg vom Glauben zur religiösen Erfahrung weitgehend gefehlt. Die tiefenpsychologische Schule C.G. Jungs hat denn auch einige Quellen östlicher und abendländischer Mystik wieder zutage gefördert und sie der seelischen Erfahrung zugänglich gemacht, so z.B. das schon erwähnte altchinesische Weisheitsbuch *Geheimnis der Goldenen Blüte*[150], das Jung kommentierte, oder die Mystik der Alchemisten. Für den schon erwähnten Alchemisten Dorneus beispielsweise gipfelt das alchemistische Werk des Menschen – das als ein chemisches und spirituelles *opus* zugleich verstanden wurde – in der Vereinigung des Menschen mit dem *unus mundus*[151].

Jungs Werk ist voll von Anklängen an das Werk Jakob Böhmes; auch Hildegard von Bingen und Meister Eckhart werden mit hohem Respekt von ihm zitiert. In Jungs Alterswerk *Mysterium Coniunctionis* spricht er unter Rückbezug auf die alchemistische Mystik von der Einheit allen Seins, von der Welt der Materie als Spiegelbild der Welt des Geistes.

Vor allem fand er in den Synchronizitätsereignissen – z. B. wenn wir vom Frieden sprechen und auf einmal eine Taube auf unserem Balkon landet – einen empirischen Hinweis auf die Einheit allen Seins, die in der Dualität von Seele und Materie aufgehoben sein könnte.[152] Oft zitiert Jung auch das Gleichnis vom Regenmacher, der seine Seele in Ordnung bringt, und dann komme unweigerlich auch der ersehnte Regen. Koinzidierende Phänomene, die kausal nicht erklärbar sind, weisen auf einen bewusstseinstranszendenten Einheitsaspekt des Seins hin: eben auf die Erfahrung des *unus mundus*. Die Gleichzeitigkeit sinngemäß verbundener Ereignisse lässt die Einheit von Psyche und Materie aufblitzen, eine Komplementarität gleichsam von Geist und Materie. In der Tiefe, so sagte Jung einmal, in ihrer untersten Schicht sei Seele Welt und sei Welt Seele.[153]

Auch eine weitere mystisch-archetypische Vorstellung hatten Jung und Marie-Louise von Franz wieder aktualisiert: die Vorstellung vom Anthropos, dem EINEN Menschen, der die ganze Menschheit – pars pro toto – in sich enthalte. Dies ist eine Einheitsvorstellung, die sich auch in der Vorstellung von Christus als dem einen wahren Menschen wiederfindet, und sie bietet die archetypische Grundlage für eine soziale Einstellung des Menschen und für Gruppensolidarität im Sinne dessen, was wir als Menschheit sind und was uns als Menschheit angeht. »Du bist wie ich, ich bin wie du« – diese Erkenntnis wäre die Grundlage für solch ein Selbst der Menschheit.

Der Anthropos – wie er z. B. von Hildegard von Bingen in mystischer Schau erkannt wird – ist das Symbol für Liebe und Verbundenheit schlechthin und bildet damit auch die archetypische Grundlage für ein mögliches Weltethos, das sich auf die Goldene Regel beruft: »Das, was euch die Menschen tun sollen, das tut ihr ihnen auch!«[154] In dieser Tradition steht auch das Weltethosprojekt von Hans Küng.[155] Die *Anima mundi* erscheint im Anthropos personifiziert. Im Anthropos-Symbol ist die untergründige Einheit und Verbundenheit aller Menschen betont. Mit dieser Schau – eine mehr mystische Schau als wissenschaftliche Theorie – gibt C.G. Jung der Verbindung von Mystik und Welt eine psychologisch stimmige Grundlage. Im Symbol des Mandala und des philosophischen Steins ist bei Jung die Einheit allen Seins hervorgehoben, die Einheit des *unus mundus* als eines unanschaulichen, aber real wirksamen Weltgrundes.

Sich dem Leben in Liebe öffnen

Es gibt keine umfassende Definition von Mystik, denn die Mystik des Christentums, des Judentums, des Islams, des Hinduismus, des Buddhismus sowie diejenige verschiedener spiritueller Strömungen der Gegenwart ist je eigen geprägt. Jüdische Mystik gründet auf der Vergeistigung der Gottesvorstellungen und Gesetzesforderungen. Eine besondere Ausformung hat sie seit dem 13. Jahrhundert in der Kabbala gefunden, einer jüdisch-mystisch-theosophischen Geheimlehre; eine besonders innige und beseelte im Chassidismus, den Martin Buber und Marc Chagall uns nahebrachten. Im Sufismus finden sich kontemplative, spekulative und asketische Tendenzen, aber vorherrschend auch Züge einer Liebesmystik. In den indischen Religionen zielt die mystische Versenkung auf die Erkenntnis der Einheit des Selbst (Atman) mit dem Ewig-Absoluten und auf die Verwirklichung und Wiederherstellung dieser ursprünglichen Einheit mit dem All-Sein (Brahman) bzw. auf das Erlöschen im Nirwana. Innerhalb des christlichen Verständnisses hat sich die innere Gottes- und Christuserfahrung als vielgestaltige mystische Frömmigkeit herausgebildet, die u.a. an Aussagen des Johannesevangeliums und der Paulusbriefe im Neuen Testament anknüpft.

Mystik hatte also von ihren Ursprüngen her immer auch etwas Esoterisches, etwas nur für den inneren Kreis Eingeweihter Bestimmtes und damit etwas Elitäres. Von hieraus versteht sich, dass Dorothee Sölle in ihrem Neuansatz für unsere Zeit in ihrem Buch *Mystik und Widerstand* eine »Demokratisierung« der Mystik fordert und auch ermöglicht, als ein Wiedererkennen und Anerkennen beispielsweise auch der jedem Menschen möglichen Urerfahrung von der Ganzheit und Einheit des Seins.[156]

Mystik im engeren Sinne war seinerzeit durch kultische Handlungen und ihnen entsprechende seelische Erlebnisse charakterisiert; sie erstrebte durch sie die Berührung mit dem Göttlichen, wobei zu diesen kultischen Mitteln, mit denen die Verschmelzung mit dem Göttlichen erreicht wurde, auch die heiligen Mahlzeiten mit ihrem Essen und Trinken der göttlichen Essenz gehörten. Für die frühen griechischen Christen war das Abendmahl, die Eucharistie, zugleich ein Pharmakon Athanasias, ein Heilmittel zur Unsterblichkeit. Die heilige Hochzeit *(hieros gamos)* gehörte in den Zusammenhang der Mystik, in der die Gottheit als Seelenbräutigam wie in der christlichen Mystik oder als Geliebter erscheint wie in der Sufi-Mystik. Auch die Anwendung von Erregungs- und Berauschungsmitteln, von Musik und Tanz kam dem Wunsch nach Erreichung einer mystischen Ekstase entgegen. Hier bemerken wir die heimliche Nähe postmoderner Drogen und der Techno-Kulte, die ebenfalls Ekstase suchen, zur mystischen Kultur. Auch diese postmoderne Kultur sucht – auf wie vordergründige Weise auch immer – eine Verschmelzungserfahrung mit dem Sein, und ihre Droge heißt z. B. »Ecstasy«.

Die Eingliederung des eigenen Selbst in den Weltprozess und das göttliche Leben der Welt schenkt dem Mystiker und der Mystikerin die Möglichkeit, sich dem, was in allem wirkt, nicht entgegenzustemmen, sondern sich dem hinzugeben und es in sich wirken zu lassen. Nicht das persönliche Wollen, Handeln und Streben führt hier zur Vollendung, sondern das wesentliche Sein, das Ruhen im göttlichen Ganzen. Die Zugehörigkeit und Rückkehr aller Kreatur, alles Geschaffenen zu Gott als Ziel des Weltprozesses vollzieht der Mystiker zunächst in sich selbst und treibt durch dieses Eingehen in Gott den Entwicklungsprozess der Welt mit vorwärts auf sein letztes Ziel hin.

Dies schließt die eigene ethische Tat nicht aus, sondern gerade ein, so dass es neben der oft als Quietismus beurteilten Richtung – in der nur die Stille und das passive Stillhalten gilt – auch eine aktive Mystik, eine Mystik der Tat, des Widerstands und der Weltverantwortung, ja der Weltveränderung gibt. Für diese Mystik plädiert Dorothee Sölle in ihrem Buch *Mystik und Widerstand.*

Nicht Rückzug und abgrenzende Verengung des Herzens schafft also nach dieser mystischen Vorstellung den inneren Frieden, sondern Weitung des Herzens, Weitherzigkeit, Großherzigkeit, die Aufnahmebereitschaft für alle Gestalten und Formen des Lebens, für die Vielfalt der Lebewesen um uns herum und die Vielfalt der Menschen selbst. Das »still« gewordene Herz des Mystikers bleibt nicht in sich verschlossen, kreist nicht mehr unentwegt um sich selbst, sondern hat die Ruhe und den Raum, sich in Liebe und Mitgefühl zu öffnen für die Welt.

Auch in der Therapie erlebe ich es immer wieder, dass Menschen sich erst dann wieder einer wirklichen Mitverantwortung für die Welt öffnen können, wenn ihre persönlichsten Probleme befriedet sind, wenn sie ihre gegeneinander kämpfenden Kräfte innerlich einen und akzeptieren können. Es gibt ja auch einen Aktionismus, der Menschen veranlasst, sich in politische Aufgaben zu stürzen, ohne je die eigenen Probleme anzugehen, die sie oft auf die Außenwelt projizieren und dort behandeln, anstatt bei sich selbst. Für solche Menschen ist das Wort aus dem alten China gedacht: »Ist das Herz in Ruhe, so ist im Lande Frieden.«[157] Ein sehr nachdenkenswertes Wort, das zunächst wohl auf das Herz des Regierenden oder der Regierung als Ganzes gemünzt ist. Wenn er oder sie ein ruhiges, großes Herz habe, so meint der Spruch, dann herrsche im Lande Frieden. Gewiss steht hier dies Herz nur als pars pro toto für das Herz eines jeden Bürgers und jeder Bürgerin, denn von diesem hängt es schließlich ab, ob Frieden oder gefährliche Spannungen im Lande herrschen, ob die Menschen einander ausgrenzen und in Fremdenfeindlichkeit und Konkurrenzgebaren verharren, oder ob sie einander akzeptieren in all ihrer Verschiedenheit, weil sie begreifen, dass dem Ganzen mit jedem Einzelnen, der herausfällt, etwas fehlte, dass die Verschiedenartigkeit auch der Reichtum des Ganzen ist.

Der Archetyp des Einen Ganzen nämlich ist ein Archetyp des Umfassenden, des Umgreifenden – und damit ein Archetyp der Integration. Eng ist der Archetyp des Friedens mit der Vorstellung der Ganzheit verbunden, so im altisraelischen biblischen Begriff »Schalom« – Frieden –, der nicht dazu da war, dass man Betrachtungen über ihn anstellte, sondern dass man ihn im Alltag gebrauchte: Wen man mit »Schalom« begrüßte, der war angenommen, aufgenommen in die Gemeinschaft, wem man »Schalom« wünschte, den segnete man damit.

Wie innerer Friede und Frieden mit den nahen und entfernten Mitmenschen zusammenhängen und miteinander erschlossen werden können, zeigt die alte buddhistische Meditationsübung der »Metta-Meditation«, wo von Liebe, Nähe und Mitgefühl zu den nächsten Menschen ausgegangen wird, um von da wie in konzentrischen Kreisen auf immer weitere Gruppen von Menschen, schließlich auch auf Staat und Politik überzugehen. So können Meditation und Weltverantwortung zusammenhängen und wirksam ineinander greifen.[158]

Anhang

Anmerkungen

1 Vgl. Ingrid Riedel: Seelenruhe und Geistesgegenwart. Was uns Tatkraft gibt, Walter, Zürich/Düsseldorf 1999, S. 171–212.
2 Überarbeitete Fassung meines Beitrags *Dinos, Zauberer und Engel – Konstellationen des kollektiven Unbewussten und/oder Modetrends?*, in: Analytische Psychologie 34, 2003, S. 251–265.
3 Tilmann Evers: Mythos und Emanzipation. Eine kritische Annäherung an C. G. Jung, Junius, Hamburg 1987.
4 Vgl. Verena Kast: Die Dynamik der Symbole. Grundlagen der Jungschen Psychotherapie, 4. Auflage, Walter, Düsseldorf/Zürich 1999, S. 17–29.
5 Malcolm Godwin: Engel. Eine bedrohte Art, 5. Aufl., Zweitausendeins, Frankfurt a. M. 1996.
6 C. G. Jung: Zur Psychologie des Kindarchetyps (1940), in: GW 9/1, § 259–305.
7 C. G. Jung/Karl Kerenyi: Einführung in das Wesen der Mythologie. Der Mythos vom göttlichen Kind und eleusinische Mysterien, erw. Neuaufl., Walter, Zürich/Düsseldorf 1999.
8 C. G. Jung: GW 9/1, § 273.
9 Ebd., § 275.
10 Ebd., § 274.
11 Ebd.
12 Ebd., § 275.
13 Ebd., § 278.
14 Ebd.
15 Verena Kast: Imagination als Raum der Freiheit. Dialog zwischen Ich und Unbewußtem, dtv, München 1995.
16 C. G. Jung: GW 9/1, § 287.
17 Ebd.
18 Ebd., § 289.
19 Ebd., § 299.
20 Gitta Mallasz: Die Antwort der Engel. Ein Dokument aus Ungarn, aufgezeichnet von Gitta Mallasz, dt. Fassung und herausgegeben von Lela Fischli, 11. Aufl., Daimon, Einsiedeln 2001.
21 Jürgen Habermas: Die neue Unübersichtlichkeit, Suhrkamp, Frankfurt a. M. 1985, S. 52.
22 C. G. Jung: GW 15, § 152.
23 Ebd., § 153.
24 James P. O'Donnell: Die Geisterzüge von Berlin, in: *Reader's Digest* 1/1979.

25 Ebd.
26 Uwe Bahnsen/James P. O'Donnell: Die Katakombe – Das Ende in der Reichskanzlei, 2. Aufl., Rowohlt, Reinbek bei Hamburg 2005.
27 Überarbeitete Fassung des Kapitels »Heilende Bilder. Vom Umweltbewusstsein des Unbewussten«, in: Ingrid Riedel: Seelenruhe und Geistesgegenwart, S. 171–212.
28 Auszug aus: Ingeborg Bachmann: Böhmen liegt am Meer, in: dies.: Werke, Bd. 1, herausgegeben von Christine Koschel/Inge von Weidenbaum/Clemens Münster, Piper, München/Zürich 1978, S. 167.
29 Vgl. James Lovelock: Gaia: die Erde ist ein Lebewesen. Anatomie und Physiologie des Organismus Erde und wie wir unseren Planeten vor der Gefährdung durch den Menschen bewahren können, Heyne, München 1996.
30 Rose Ausländer: Und, in: dies.: Wieder ein Tag aus Glut und Wind. Gedichte, Bd. 6, S. Fischer, Frankfurt a. M. 1986, S. 191.
31 C.G. Jung: Erinnerungen, Träume, Gedanken, aufgezeichnet und herausgegeben von Aniela Jaffé, 14. Aufl., Walter, Düsseldorf/Zürich 2005, S. 179.
32 Hans Rupprich (Hg.): Albrecht Dürer. Schriftlicher Nachlass, Bd. 1, Berlin 1956, S. 214.
33 Franz Winzinger: Dürer, Rowohlt, Reinbek b. Hamburg 1971, S. 138 f.
34 Der Traum wurde erstmals veröffentlicht in: Philippe Dätwyler (Hg.): Not-Wendigkeiten. Auf der Suche nach einer neuen Spiritualität. 13 Essays, Arche, Zürich 1985.
35 C.G. Jung: Erinnerungen, Träume, Gedanken, S. 179.
36 Ebd., S. 180.
37 Ebd., S. 184.
38 Ebd.
39 Malidoma P. Some: Vom Geist Afrikas. Das Leben eines afrikanischen Schamanen, übersetzt von Konrad Dietzfelbinger, Hugendubel, München 2004.
40 C.G. Jung: Erinnerungen, Träume, Gedanken, S. 181.
41 In der Methode des »Sandspiels« mit symbolischen Figuren wurde dieses Probehandeln auch in die Therapie eingebracht, zunächst bei Kindern, heute auch vielfach bei Erwachsenen. Jedes therapeutisch-symbolische Sandspiel ist zugleich so etwas wie ein »Sandkastenspiel«, wie es auch die Politiker betreiben, wenn sie ein Projekt, das sie in der Wirklichkeit planen, strategisch probehandelnd durchspielen.
42 C.G. Jung: Traumanalyse. Nach Aufzeichnungen der Seminare 1928–1930, herausgegeben von William McGuire, Walter, Olten 1991, S. 326.
43 C.G. Jung: GW 8, § 619.
44 Vgl. Mark Solms / Oliver Turnbull: Das Gehirn und die innere Welt. Neurowissenschaft und Psychoanalyse, Walter, Düsseldorf/Zürich 2004, S. 16 ff.
45 Gerald Hüther: Die Macht der inneren Bilder. Wie Visionen das Ge-

hirn, den Menschen und die Welt verändern, 2. Aufl., Vandenhoeck & Ruprecht, Göttingen 2004.
46 Antonio Damasio: Ich fühle, also bin ich. Die Entschlüsselung des Bewusstseins, List, Berlin 2000.
47 Solms/Turnbull: Das Gehirn und die innere Welt, S. 70/71.
48 C.G. Jung: GW 10, § 195.
49 C.G. Jung: GW 9/1, § 291.
50 Thomas Görnitz/Brigitte Görnitz: Der kreative Kosmos. Geist und Materie aus Information, Spektrum Akademischer Verlag, Heidelberg 2002.
51 Erich Neumann: Die Psyche und die Wandlung der Wirklichkeitsebenen, in: ders.: Die Psyche als Ort der Gestaltung. Drei Eranos-Vorträge, herausgegeben von Gerhard M. Walch, S. Fischer, Frankfurt a. M. 1992.
52 Vgl. hierzu Brigitte Dorst: C.G. Jung und die Transpersonale Psychologie, in: Jung Journal 11/12, 2004, S. 22–28.
53 C.G. Jung: Erinnerungen, Träume, Gedanken, S. 280.
54 Marie-Lousie von Franz: Die religiöse Funktion in der Analyse, in: Ursula Eschenbach (Hg.): Die Behandlung in der Analytischen Psychologie, Bd. III, Bonz, Stuttgart 1983, S. 59/60.
55 Vgl. dies.: Die heilende Funktion der transpersonalen Psyche nach C.G. Jung, in: Edith Zundel/Bernd Fittkau (Hg.): Spirituelle Wege und Transpersonale Psychotherapie, Junfermann, Paderborn 1989, S. 263.
56 Murray Stein: Die Realität der Seele, in: Helga Egner (Hg.): Psyche und Tranzendenz im gesellschaftlichen Spannungsfeld heute, Walter, Düsseldorf/Zürich 2000, S. 18–20.
57 C.G. Jung: GW 9/1, § 555.
58 Überarbeitete Fassung meines Beitrags »Die Kunst der Abhängigkeit«, in: Peter Buchheim/Manfred Cierpka/Theodor Seifert (Hg.): Psychotherapie im Wandel. Abhängigkeit, Springer, Berlin/Heidelberg/New York u. a. 1991, S. 197–211.
59 Paul Watzlawick: Anleitung zum Unglücklichsein, 6. Aufl., Piper, München 2004.
60 Antoine de Saint-Exupéry: Der kleine Prinz, 12. Aufl., Karl Rauch Verlag, Düsseldorf 2002, S. 95.
61 Verena Kast: Die Dynamik der Symbole, S. 76.
62 Ton Lemaire: Die Zärtlichkeit. Gedanken über die Liebe, Patmos, Düsseldorf 1975, S. 124. Vgl. dazu auch: Mathias Jung: Zärtlichkeit – die Zartheit und Zerbrechlichkeit des Menschen, in: Ingrid Riedel (Hg.): Zeit zum Lachen – Zeit zum Weinen. Emotionen, die das Leben intensiver machen, Herder, Freiburg 2003, S. 94–104.
63 Vgl. Erik H. Erikson: Kindheit und Gesellschaft, aus d. Engl. v. Marianne von Eckardt-Jaffe, 13., durchges. Aufl., Klett-Cotta, Stuttgart 1999; ders.: Identität und Lebenszyklus, aus d. Engl. v. Kate Hügel, Suhrkamp, Frankfurt 1976.

64 Vgl. Ingrid Riedel: Hans mein Igel. Wie ein abgelehntes Kind sein Glück findet, 5. Aufl., Kreuz, Zürich 1991.
65 Max Frisch: Mein Tagebuch 1946–1949, Suhrkamp, Frankfurt 1950, S. 33.
66 Vgl. Verena Kast: Trotz allem Ich. Gefühle des Selbstwerts und die Erfahrung von Identität, Herder, Freiburg 2003, S. 205 ff., ein reichhaltiges Buch, dem ich die Anregung zu den folgenden Überlegungen verdanke.
67 Vgl. Richard Senett: Der flexible Mensch. Die Kultur des neuen Kapitalismus, aus d. Engl. v. Martin Richter, Berlin Verlag, Berlin 1998.
68 Vgl. Verena Kast: Trotz allem Ich, S. 25 f.
69 Ebd., S. 206.
70 Ebd., S. 209.
71 Vgl. ebd., S. 207.
72 Vgl. ebd.
73 Luise Reddemann: Imagination als heilsame Kraft. Zur Behandlung von Traumafolgen mit ressourcenorientierten Verfahren, Klett-Cotta, Stuttgart 2001.
74 Vgl. Verena Kast: Trotz allem Ich, S. 208.
75 Vgl. ebd., S. 208 f.
75a Vgl. Verena Kast, Abschied von der Opferrolle, Herder, Freiburg 2003 (5. Aufl.)
76 Dieser Ausdruck stammt aus Ingeborg Bachmanns Gedicht *Alle Tage,* in: dies.: Werke, Bd. l, S. 46.
77 Ulrich Beck/Wilhelm Vossenkuhl/Ulf E. Ziegler: Eigenes Leben. Ausflüge in die unbekannte Gesellschaft, in der wir leben, Beck, München 1995, S. 11; ferner: Ulrich Beck: Risikogesellschaft. Auf dem Weg in eine andere Moderne, Suhrkamp, Frankfurt a. M. 1986.
78 Verena Kast: Vom Sinn der Angst. Wie Ängste sich festsetzen und wie sie sich verwandeln lassen, Herder, Freiburg 1996, S. 43 ff.
79 Vgl. den Untertitel des Buches von Verena Kast: Der Schatten in uns. Die subversive Lebenskraft, Walter, Düsseldorf/Zürich 1999.
80 Horst-Eberhard Richter: Flüchten oder Standhalten. Rowohlt, Reinbek bei Hamburg, 1976.
81 Ernst Bloch: Das Prinzip Hoffnung, Bd. 1, Suhrkamp, Frankfurt a. M. 1959, S. 3.
82 Ebd., S. 1.
83 Die Gedanken zur Gelassenheit im letzten Abschnitt dieses Kapitels sind in erweiterter Form nachzulesen in: Ingrid Riedel: Vom Lassen und Sich-lassen-Können, in: Christiane Neuen (Hg.): Gelassenheit. Vom Umgang mit Angst und Krisen, Walter, Düsseldorf/Zürich 2004, S. 53–71.
84 Friedrich Schiller: Maria Stuart, III, 4, zitiert nach: Jakob und Wilhelm Grimm: Deutsches Wörterbuch, Bd. 5, S. Hirzel, Leipzig 1854–1960, Bd. 5, Sp. 2870, www.dwb.uni-trier.de.

85 Immanuel Kant, zitiert nach: Grimm: Deutsches Wörterbuch, Bd. 5, Sp. 2870.
86 Vgl. Grimm: Deutsches Wörterbuch, Bd. 5, Sp. 2865.
87 Rosa Luxemburg: Briefe aus dem Gefängnis, 16., erw. Aufl., Dietz, Berlin 2000.
88 Ebd.
89 Robert Hinshaw/Lela Fischli (Hg.): C.G. Jung im Gespräch. Interviews, Reden, Begegnungen, übersetzt von Lela Fischli, Daimon, Zürich 1986, S. 294.
90 Ebd.
91 Dorneus und seine Sicht des unus mundus ist vielfach zitiert in: C.G. Jung: GW 14/11, §§ 395 ff.
92 C.G. Jung: Erinnerungen, Träume, Gedanken, S. 229.
93 Richard Wilhelm/C.G. Jung: Geheimnis der Goldenen Blüte. Das Buch von Bewusstsein und Leben, Neuaufl., Hugendubel, München 2005.
94 Vgl. Verena Kast: Trauern. Phasen und Chancen des psychischen Prozesses, 26. Aufl., Kreuz, Stuttgart 2004, S. 25–56; 59–78.
95 Robert Hinshaw/Lela Fischli (Hg.): C.G. Jung im Gespräch, S. 89.
96 Ebd., S. 290f.
97 Ebd., S. 291.
98 Ebd., S. 290–292.
99 Ebd., S. 308.
100 Ebd., S. 309.
101 Ebd.
102 C.G. Jung: GW 18/1, § 567.
103 Robert Hinshaw/Lela Fischli (Hg.): C.G. Jung im Gespräch, S. 268.
104 Ebd., S. 319.
105 C.G. Jung, zitiert nach: Aniela Jaffé: Der Mythos vom Sinn im Werk von C.G. Jung, Walter, Olten/Freiburg 1978, S. 171.
106 Ders.: GW 18/1, § 567.
107 Robert Hinshaw/Lela Fischli (Hg.): C.G. Jung im Gespräch, S. 81.
108 C.G. Jung: Briefe II, herausgegeben von Aniela Jaffé in Zusammenarbeit mit Gerhard Adler, Walter, Olten/Freiburg 1972, S. 189.
109 Vgl. C.M. Cook / Michael A. Persinger: Experimental induction of the »sensed presence« in normal subjects and an exceptional subject, in: Perceptual and Motor Skills 85.2, 1997, S. 683–693, zitiert nach: Stefan Klein: Die Glücksformel. Oder Wie die guten Gefühle entstehen, 10. Aufl., Rowohlt, Reinbek bei Hamburg 2005, S. 254 f.
110 C.G. Jung: GW 18/11, § 1495.
111 Ders., zitiert nach: Aniela Jaffé: Der Mythos vom Sinn im Werk von C.G. Jung, S. 51.
112 Robert Hinshaw/Lela Fischli (Hg.): C.G. Jung im Gespräch, S. 258.
113 Vgl. C.G. Jung: GW 11, § 509.
114 Ebd., § 497.
115 Vgl. ebd., § 501.

116 Ders.: GW 10, § 655.
117 Ebd.
118 Vgl. Verena Kast: Die Dynamik der Symbole, S. 114 ff. Vgl. C.G. Jung: GW 8, § 339.
119 Robert Hinshaw/Lela Fischli (Hg.): C.G. Jung im Gespräch, S. 296.
120 Martin Heidegger: Bauen, Wohnen, Denken, in: Vorträge und Aufsätze, Teil II, Neske, Pfullingen 1954, S. 24.
121 Vgl. C.G. Jung: GW 11, § 247.
122 Verena Kast: Der Schatten in uns, S. 124 ff.
123 Der Ausdruck »innere Feindesliebe« in Bezug auf den Schatten geht, wenn auch von mir geprägt, auf entsprechende Gedanken C.G. Jungs zurück: GW 11, § 519; § 529.
124 Robert Hinshaw/Lela Fischli (Hg.): C.G. Jung im Gespräch, S. 79.
125 Ebd.
126 C.G. Jung: Briefe I, herausgegeben von Aniela Jaffé in Zusammenarbeit mit Gerhard Adler, Walter, Olten 1972, S. 223.
127 C.G. Jung: Briefe III, herausgegeben von Aniela Jaffé in Zusammenarbeit mit Gerhard Adler, Walter, Olten 1973, S. 328.
128 Guido Mattanza et al.: Zur Wirksamkeit Analytischer Psychotherapien. Eine Forschung der Schweizerischen Gesellschaft für Analytische Psychologie und des C. G. Jung Institutes in Zürich-Küsnacht in Kooperation mit der Praxisstudie Analytische Langzeittherapie (PAL). Forschungsbericht, Schweizerische Gesellschaft für Analytische Psychologie, Bern 2003. Die Veröffentlichung ist 2006 im Karger-Verlag vorgesehen, eine Kurzfassung gibt es im Internet unter www.ihm-institut.ch/downloads/Teill.pdf.
129 C.G. Jung spricht von der zeitgenössischen Psychologie als einer »Psychologie ohne Seele« (GW 11, § 490; § 496; § 507).
130 Ebd., § 167.
131 Ders.: Erinnerungen, Träume, Gedanken, S. 327.
132 Friedrich Nietzsche: Also sprach Zarathustra, in: Werke in drei Bänden, Bd. 2., herausgegeben von Karl Schlechta, Hanser, München/Wien 1955, S. 350.
133 Vgl. C.G. Jung: Erinnerung, Träume, Gedanken, S. 99.
134 Paul Tillich: Der Mut zum Sein, de Gruyter, Berlin 1991.
135 2 Kor 20.
136 Joh 7,38.
137 C.G. Jung: GW 16, § 445.
138 Ders.: Erinnerungen, Träume, Gedanken, S. 99.
139 Ders.: GW 11, § 106.
140 Dorothee Sölle: Mystik und Widerstand. »Du stilles Geschrei«, 7. Aufl., Piper, München 2004, S. 246.
141 Zitiert nach: Artikel »Mystik« in: RGG (Lexikon Religion in Geschichte und Gegenwart).
142 Ebd.

143 Vgl. zu diesen Bildern: Ingrid Riedel/Maria Uihlein: Bildbotschaften. Visuelle Grenzerfahrungen, Lavori, Freiburg 2004.
144 C.G. Jung: GW 14/11, § 326.
145 Vgl. www.stkw.ch.
146 Vgl. www.lassalle-institut.org.
147 André Frossard: Gott existiert. Ich bin ihm begegnet, 13. Aufl., VDM, Berlin 2002.
148 Vgl. C.G. Jung: GW 14/11, § 324; § 326 f.; § 379.
149 Ders.: GW 16, § 48; § 416.
150 Richard Wilhelm/C.G. Jung: Geheimnis der Goldenen Blüte.
151 Vgl. C.G. Jung: GW 14/11, § 422.
152 Vgl. ebd., § 327ff.
153 Vgl. ders.: GW 9/1, § 291.
154 Mt 7,12.
155 Hans Küng: Projekt Weltethos, 9. Aufl., Piper, München 2004.
156 Vgl. Dorothee Sölle: Mystik und Widerstand, S. 13f.
157 Zitiert nach meinem vergriffenen Buch *Seelenruhe und Geistesgegenwart,* S. 214, dem ich den Schlussgedanken entnehme.
158 Vgl. Das Sutta von der Güte (Metta-Sutta), in: Hans Wolfgang Schumann: Buddhismus. Stifter, Schulen und Systeme, 6. Aufl., Walter, Olten/Freiburg 1991, S. 100.

Literatur

Ausländer, Rose: Wieder ein Tag aus Glut und Wind. Gedichte, Bd. 6, S. Fischer, Frankfurt a. M. 1986.

Bachmann, Ingeborg: Werke, Bd. 1, herausgegeben von Christine Koschel/Inge von Weidenbaum/Clemens Münster, Piper, München/Zürich 1978.

Bahnsen, Uwe/James P. O'Donnell: Die Katakombe – Das Ende in der Reichskanzlei, 2, Aufl., Rowohlt, Reinbek bei Hamburg 2005.

Beck, Ulrich: Risikogesellschaft. Auf dem Weg in eine andere Moderne, Suhrkamp, Frankfurt a. M. 1986.

Beck, Ulrich/Wilhelm Vossenkuhl/Ulf E. Ziegler: Eigenes Leben. Ausflüge in die unbekannte Gesellschaft, in der wir leben, Beck, München 1995.

Bloch, Ernst: Das Prinzip Hoffnung, Bd. l, Suhrkamp, Frankfurt a. M. 1959.

Cook, C. M. / Michael A. Persinger: Experimental induction of the »sensed presence« in normal subjects and an exceptional subject, in: Perceptual and Motor Skills 85.2, 1997, S. 683–693.

Damasio, Antonio: Ich fühle, also bin ich. Die Entschlüsselung des Bewusstseins, List, Berlin 2000.

Dätwyler, Philippe (Hg.): Not-Wendigkeiten. Auf der Suche nach einer neuen Spiritualität. 13 Essays, Arche, Zürich 1985.

Dorst, Brigitte: C. G. Jung und die Transpersonale Psychologie, in: Jung Journal 11/12,2004,8.22–28.

Erikson, Erik H.: Identität und Lebenszyklus, aus d. Engl. v. Kate Hügel, Suhrkamp, Frankfurt 1976.

Erikson, Erik H.: Kindheit und Gesellschaft, aus d. Engl. v. Marianne von Eckardt-Jaffe, 13., durchges. Aufl., Klett-Cotta, Stuttgart 1999.

Evers, Tilmann: Mythos und Emanzipation. Eine kritische Annäherung an C. G. Jung, Junius, Hamburg 1987.

Franz, Marie-Lousie von: Die heilende Funktion der transpersonalen Psyche nach C. G. Jung, in: Edith Zundel/Bernd Fittkau (Hg.): Spirituelle Wege und Transpersonale Psychotherapie, Junfermann, Paderborn 1989, S. 263–275.

Franz, Marie-Lousie von: Die religiöse Funktion in der Analyse, in: Ursula Eschenbach (Hg.): Die Behandlung in der Analytischen Psychologie, Bd. III, Bonz, Stuttgart 1983, S. 44–62.

Frisch, Max: Mein Tagebuch 1946–1949, Suhrkamp, Frankfurt 1950.

Frossard, Andre: Gott existiert. Ich bin ich ihm begegnet, 13. Aufl., VDM, Berlin 2002.

Godwin, Malcolm: Engel. Eine bedrohte Art, 5. Auf., Zweitausendeins, Frankfurt a. M. 1996.

Görnitz, Thomas/Brigitte Görnitz: Der kreative Kosmos. Geist und Materie aus Information, Spektrum Akademischer Verlag, Heidelberg 2002.

Grimm, Jakob und Wilhelm: Deutsches Wörterbuch, Bd. 5, S. Hirzel, Leipzig 1854–1960, Bd. 5, www.dwb.uni-trier.de.
Habermas, Jürgen: Die neue Unübersichtlichkeit, Suhrkamp, Frankfurt a. M. 1985.
Heidegger, Martin: Bauen, Wohnen, Denken, in: Vorträge und Aufsätze, Teil II, Neske, Pfullingen 1954.
Hinshaw, Robert / Lela Fischli (Hg.): C. G. Jung im Gespräch. Interviews, Reden, Begegnungen, übersetzt von Lela Fischli, Daimon, Zürich 1986.
Hüther, Gerald: Die Macht der inneren Bilder. Wie Visionen das Gehirn, den Menschen und die Welt verändern, 2. Aufl., Vandenhoeck & Ruprecht, Göttingen 2004.
Jaffé, Aniela: Der Mythos vom Sinn im Werk von C. G. Jung, Walter, Olten/Freiburg 1978.
Jung, C. G.: Briefe, 3 Bde., herausgegeben von Aniela Jaffé in Zusammenarbeit mit Gerhard Adler, Walter, Olten/Freiburg, 1972 f.
Jung, C. G.: Erinnerungen, Träume, Gedanken, aufgezeichnet und herausgegeben von Aniela Jaffé, 14. Aufl., Walter, Düsseldorf/Zürich 2005.
Jung, C. G.: Gesammelte Werke, 20 Bde., herausgegeben von Lilly Jung-Merker/Elisabeth Rüf/Leonie Zander, Walter, Olten 1971 ff.
Jung, C. G.: Traumanalyse. Nach Aufzeichnungen der Seminare 1928–1930, herausgegeben von William McGuire, Walter, Olten 1991.
Jung, C. G. / Karl Kerenyi: Einführung in das Wesen der Mythologie. Der Mythos vom göttlichen Kind und eleusinische Mysterien, erw. Neuaufl., Walter, Zürich/Düsseldorf 1999.
Jung, Mathias: Zärtlichkeit – die Zartheit und Zerbrechlichkeit des Menschen, in: Ingrid Riedel (Hg.): Zeit zum Lachen – Zeit zum Weinen. Emotionen, die das Leben intensiver machen, Herder, Freiburg 2003, S. 94–104.
Kast, Verena: Abschied von der Opferrolle. Das eigene Leben leben, 5. Aufl., Herder, Freiburg 2005.
Kast, Verena: Der Schatten in uns. Die subversive Lebenskraft, Walter, Düsseldorf/Zürich 1999.
Kast, Verena: Die Dynamik der Symbole. Grundlagen der Jungschen Psychotherapie, 4. Aufl., Walter, Düsseldorf/Zürich 1999.
Kast, Verena: Imagination als Raum der Freiheit. Dialog zwischen Ich und Unbewußtem, dtv, München 1995.
Kast, Verena: Trauern. Phasen und Chancen des psychischen Prozesses, 26. Aufl., Kreuz, Stuttgart 2004.
Kast, Verena: Trotz allem Ich. Gefühle des Selbstwerts und die Erfahrung von Identität, Herder, Freiburg 2003.
Kast, Verena: Vom Sinn der Angst. Wie Ängste sich festsetzen und wie sie sich verwandeln lassen, Herder, Freiburg 1996.
Klein, Stefan: Die Glücksformel. Oder: Wie die guten Gefühle entstehen, 10. Aufl., Rowohlt, Reinbek bei Hamburg 2005.

Küng, Hans: Projekt Weltethos, 9. Aufl., Piper, München 2004.
Lemaire, Ton: Die Zärtlichkeit. Gedanken über die Liebe, Patmos, Düsseldorf 1975.
Lovelock, James: Gaia: die Erde ist ein Lebewesen. Anatomie und Physiologie des Organismus Erde und wie wir unseren Planeten vor der Gefährdung durch den Menschen bewahren können, Heyne, München 1996.
Luxemburg, Rosa: Briefe aus dem Gefängnis, 16., erw. Aufl., Dietz, Berlin 2000.
Mallasz, Gitta: Die Antwort der Engel. Ein Dokument aus Ungarn, aufgezeichnet von Gitta Mallasz, dt. Fassung und herausgegeben von Lela Fischli, 11. Aufl., Daimon, Einsiedeln 2001.
Mattanza, Guido, et al.: Zur Wirksamkeit Analytischer Psychotherapien. Eine Forschung der Schweizerischen Gesellschaft für Analytische Psychologie und des C. G. Jung Institutes in Zürich-Küsnacht in Kooperation mit der Praxisstudie Analytische Langzeittherapie (PAL). Forschungsbericht, Schweizerische Gesellschaft für Analytische Psychologie, Bern 2003.
Neumann, Erich: Die Psyche und die Wandlung der Wirklichkeitsebenen, in: ders.: Die Psyche als Ort der Gestaltung. Drei Eranos-Vorträge, herausgegeben von Gerhard M. Walch, S. Fischer, Frankfurt a. M. 1992.
Nietzsche, Friedrich: Also sprach Zarathustra, in: Werke in drei Bänden, Bd. 2, herausgegeben von Karl Schlechta, Hanser, München/Wien 1955.
O'Donnell, James P: Die Geisterzüge von Berlin, in: *Readers Digest* 1/1979.
Reddemann, Luise: Imagination als heilsame Kraft. Zur Behandlung von Traumafolgen mit ressourcenorientierten Verfahren, Klett-Cotta, Stuttgart 2001.
Richter, Horst-Eberhard: Flüchten oder Standhalten. Rowohlt, Reinbek bei Hamburg, 1976.
Riedel, Ingrid: Die Kunst der Abhängigkeit, in: Peter Buchheim / Manfred Cierpka/ Theodor Seifert (Hg.): Psychotherapie im Wandel. Abhängigkeit, Springer, Berlin/Heidelberg/New York u. a. 1991, S. 197–211.
Riedel, Ingrid: Hans mein Igel. Wie ein abgelehntes Kind sein Glück findet, 5. Aufl., Kreuz, Zürich 1991.
Riedel, Ingrid: Seelenruhe und Geistesgegenwart. Was uns Tatkraft gibt, Walter, Zürich/Düsseldorf 1999.
Riedel, Ingrid: Vom Lassen und Sich-lassen-Können, in: Christiane Neuen (Hg.): Gelassenheit. Vom Umgang mit Angst und Krisen, Walter, Düsseldorf/Zürich 2004, S. 53–71.
Riedel, Ingrid/Maria Uihlein: Bildbotschaften. Visuelle Grenzerfahrungen, Lavori, Freiburg 2004.
Rupprich, Hans (Hg.): Albrecht Dürer. Schriftlicher Nachlass, Bd. 1, Berlin 1956.

Saint-Exupéry, Antoine de: Der kleine Prinz, 12. Aufl., Karl Rauch Verlag, Düsseldorf 2002.
Schumann, Hans Wolfgang: Buddhismus. Stifter, Schulen und Systeme, 6. Aufl., Walter, Olten/Freiburg 1991.
Senett, Richard: Der flexible Mensch. Die Kultur des neuen Kapitalismus, aus d. Engl. v. Martin Richter, Berlin Verlag, Berlin 1998.
Sölle, Dorothee: Mystik und Widerstand. »Du stilles Geschrei«, 7. Aufl., Piper, München 2004.
Solms, Mark / Oliver Turnbull: Das Gehirn und die innere Welt. Neurowissenschaft und Psychoanalyse, Walter, Düsseldorf/Zürich 2004.
Some, Malidoma R: Vom Geist Afrikas. Das Leben eines afrikanischen Schamanen, übersetzt von Konrad Dietzfelbinger, Hugendubel, München 2004.
Stein, Murray: Die Realität der Seele, in: Helga Egner (Hg.): Psyche und Transzendenz im gesellschaftlichen Spannungsfeld heute, Walter, Düsseldorf/Zürich 2000, S. 18–20.
Tillich, Paul: Der Mut zum Sein, de Gruyter, Berlin 1991.
Watzlawick, Paul: Anleitung zum Unglücklichsein, 6. Aufl., Piper, München 2004.
Wilhelm, Richard / C. G. Jung: Geheimnis der Goldenen Blüte. Das Buch von Bewusstsein und Leben, Neuaufl., Hugendubel, München 2005.
Winzinger, Franz: Dürer, Rowohlt, Reinbek b. Hamburg 1971.

Zitatnachweise

S. 68 Ingeborg Bachmann, Böhmen liegt am Meer (Auszug). In: Ingeborg Bachmann: Werke. Bd. 1: Gedichte. © 1978 Piper Verlag GmbH, München.

S. 81 Rose Ausländer, Und (Und Wiesen gibt es noch/…). Aus: dies., Wieder ein Tag aus Glut und Wind. Gedichte 1980–1982. © S. Fischer Verlag GmbH, Frankfurt am Main 1986.

S. 120–141 Überarbeitete Fassung von: Ingrid Riedel, Die Kunst der Abhängigkeit. In: Peter Buchheim/Manfred Cierpka/Theodor Seifert (Hg.), Psychotherapie im Wandel. Abhängigkeit. Springer, Berlin/Heidelberg/New York u. a. 1991, S. 197–211. Mit freundlicher Genehmigung der Springer Science and Business Media.

S. 149 f. Max Frisch, Tagebuch 1946–1949. © Suhrkamp Verlag, Frankfurt 1950, S. 33.